이정모

슬기사

이정모의 서양과학사

슬기사람 과학하다

이정모 지음

살림

우리는 역사를 왜 배우는가? 조상들의 찬란한 역사를 찬양하고 물려준 유산을 뿌듯해하며 남들에게 자랑하기 위해서일까? 그러면서 우리의 다음 세대에게 애족 애국 의식을 고취하기 위해서일까? 나는 이런 식의 역사 교육을 받았다. 하지만 그 교육의 목적은 달성하지 못했다. 왜냐고 묻는 사람이 있다면 되묻고 싶다. 어떻게 그게 가능하냐고 말이다.

역사를 배우는 목적이 자부심과 자랑이라고 한다면 그 누구도 달성하기 어려울 것이다. 왜냐하면 우리가 역사에서 배우는 모든 나라들은 망했기 때문이다. 문명을 탄생시킨 이집트와 메소포타미아의 왕국들이 망했고, 찬란한 로마제국도 망했으며, 로마와 그리스의 유산을 이어받은 아라비아도 결국엔 망했다. 원나라도 망하고 명나라도 망했다. 천 년 왕조 신라도 망했고 각각 500년을 이어온 고려와 조선도 망했다. 모두 다 망했다.

모든 나라가 망할 수밖에 없는 게 역사다. 그렇다면 우리는 역사를 왜 배우는가? 바로 그 '망함'을 배우는 거다. 그 찬란했던 나라들이 왜 망했는지, 어떻게 하면 조금이라도 더 지속할 수 있는지, 또 왕조가 망하는 게 당시 민중들에게는 어떤 이득이 있었는지, 그렇다면 어떻게 해야 권력을 무너뜨리고 새 세상을 만들 수 있을지 깨닫기 위해 역사를 배우는 거다.

자연사도 마찬가지다. 자연사박물관에 전시된 대부분의 생명체들은 망한 생명체다. 멸종한 생명체라는 말이다. 3억 년 동안 지구 바다를 지배했던 삼엽충도 멸종했고, 1억 6,000만 년 동안 육상을 지배했던 공룡도 멸종했다. 지금 육상 척추동물 생물량의 32퍼센트를 차지하고 있는 단일 종 호모 사피엔스도 언젠가는 멸종할 수밖에 없다.

우리가 자연사박물관을 세우고 자연사를 배우는 까닭은 멸종한 동물들 앞에서 멋진 사진을 찍기 위해서가 아니다. 왜 그들이 멸종했는지 배우기 위해서다. 지금까지 모든 생명의 멸종은 자연 선택의 결과였다. 우주적인 혹은 지구적인 사건으로 기후가 바뀌고 생태계가 변하자 생명체의 생존 조건이 바뀌었다.

모든 생명체는 환경에 적응하면서 살았다. 적응할 수 없는 환경이라면 서식지를 바꾸었고, 그래도 소용이 없는 경우에는 자연스럽게 멸종했다. 멸종은 그다지 슬픈 일이 아니다. 멸종은 새로운 생명이 등장할 수 있도록 생태계에 자리를 비워주는 자연스러운 현상이다. 중요한 것은 내가 멸종하지 않는 것. 우리가 자연사를 배우는 까닭은 어떻게 하면 우리 인류가 조금이라도 더 지속할 수 있을지 고민하기 위해서다.

자연사와 역사와 만나는 시작점에 과학사가 있다. 과학사의 목적은 우리가 풍요롭게 살아남는 것이다. 다행히 우리, 호모 사피엔스는 매우 특이한 생명체다. 적어도 우리의 가시거리 안에서 찾아볼 수 없는 독보적인 존재다. 호모 사피엔스는 환경에 적응하는 데 만족하지 않고 환경을 바꾸는 특이한 능력이 있다.

그다지 오래된 능력은 아니다. 지금부터 1만 2,000년 전, 그러니까 기껏해야 500세대 전에 호모 사피엔스가 이상한 행동을 시작했다. 지구의 입장에서는 자기 역사 46억 년 그리고 생명의 역사 38억 년 동안 경험하지 못한 사건이었다. 환경에 적응하는 대신 환경을 바꾸었다. 바로 농사를 짓기 시작한 것이다. 멀쩡한 벌판에 불을 질러 밭으로 바꾸었다. 멀리 흐르던 물을 물길을 내어 당겨와 농사를 짓고 식수로 썼다. 도시를 만들었고 스스로 개미와 벌 같은 계급사회를 구성했다.

30만 년 전 등장한 인류가 갑자기 똑똑해져서 농사를 짓게 된 것은 아니다. 지구 환경이 바뀌었다. 1만 년 사이에 지구 기온이 4도나 올라 평균기온이 15도가 되었다. 지구 역사상 처음으로 농사를 지을 수 있는 환경이 된 것이다. 농사는 사람과 자연생태계를 구분 짓는 두 번째 사건이었다. 농업혁명은 자연생태계의 일원이었던 사람을 생태계와 구분되는 사람으로 만들었다.

사건은 사건을 부른다. 또 한차례의 혁명이 일어났다. 혁명의 근거는 에너지였다. 700만 년 전 침팬지와 공통 조상에서 갈라선 후 다양한 형태의 인류로 진화하면서 짐승처럼 살다가 호모 에렉투스 때에야 불을 피울 줄 알게 되었다. 큰 변화였다. 하지만 그들이 사용하는 에너지는 자연 상태의 날것 그대로였다.

나무를 때서 얻는 에너지로는 변화의 한계가 있었다. 산업혁명이란 결국 석탄과 석유라고 하는 화석연료를 맘껏 낭비하면서 살 수 있는 조건을 만든 변화였다. 산업혁명의 결과는 인류의 풍요와 장수다. 만약에 산업혁명이 없었다면 현재 지구 인구는 10억 명 정도일 것이다. 내가 태

6

어났을 확률은 8분의 1에 불과하다.

하지만 지구는 무한하지 않다. 우리는 유한한 지구에서 마치 무한하다는 듯 에너지를 사용하고 있다. 구석기 시대 말보다 그 수가 2,000배 증가한 인류 개개인이 그들보다 각각 30배 이상의 에너지를 쓰고 있다. 이제 에너지 보급의 목적은 체온을 유지하고 뇌 활동을 보장하는 데 그치지 않는다. 여기에 이르기까지 과학과 기술이 지속적으로 충격을 가했다. 과학이 발전하면서 우리의 시야는 점점 넓어졌다. 맨눈으로 볼 수 없는 작은 것과 멀리 떨어진 것들을 보게 되었다.

시야가 넓고 깊어지자 우주도 넓고 깊어졌다. 우주와 생명의 비밀이 풀리기 시작했다. 미생물을 알게 되면서 건강해졌고, 전자를 사용하게 되면서 눈에 보이지 않는 힘을 사용하게 되었다. 풍요와 장수의 결과로 우리는 인류세라고 하는 여섯 번째 대멸종을 경험하고 있다.

어이할꼬? 과학과 기술의 발전으로 생긴 문제를 명상과 기도로 해결할 수는 없다. 다시 과학과 기술로 풀어내야 한다. 이 책은 과학과 기술의 흐름을 보여준다. 고등학생을 염두에 두고 썼지만 중학생과 성인들도 편하게 읽을 수 있을 것이다. 우리가 과학사를 배우는 까닭은 선배 과학자들의 놀라운 혜안에 감탄하기 위해서가 아니다. 어떻게 하면 조금이라도 지구 위에 살아있는 생명체로 더 존재할 수 있을지 고민하기 위해서다.

2021년 과천에서
이정모

차례

제1장

문명의 탄생

인간이란 무엇인가?

······

과학사는 말 그대로 과학과 관련한 역사다. 지구에 살고 있는 3천만 종 이상의 생물 가운데 과학과 역사에 관심이 있는 단 하나의 종, 즉 호모 사피엔스(슬기사람)의 이야기다. 과학사는 과학일까, 역사일까?

다양한 문화권에는 세상의 시작에 관한 이야기들이 제각각 전해 온다. 이 창조설화에는 공통점이 있다. 인간은 원하든 원하지 않든 정체불명의 '낙원'에서 떠난다는 것이다. 왜 그럴까? 아마도 그래야만 인간의 역사가 시작되기 때문일 것이다. 인간이 없는 역사가 무슨 의미가 있겠는가? 역사를 만들고 기록한 존재가 바로 인간인데 말이다.

그렇다면 인간의 정체는 무엇일까? 왜 인간에게는 역사와 과학이 있을까?

······

낙원을 떠난 인간

낙원을 떠난 인간은 초라하고 불쌍했다. 덩치라도 코끼리처럼 크면 좋으련만 인간의 몸집은 작았다. 사자처럼 강한 이빨이나 독수리처럼 강인한 발톱도 없었다. 곰처럼 추위를 막아줄 털가죽이나 코뿔소처럼 단단한 껍질도 없었다. 물속에서 숨을 쉬거나 하늘을 날기는커녕 땅에서조차도 느려 터졌다. 인간에게는 자신을 보호하고 다른 동물을 공격할 만한 수단이 없었다. 인간은 춥고 배고프고 무서웠다. 하루하루가 인간에게는 모험이었다.

하지만 어느덧 세월이 흐르고 인간은 지구의 지배자가 되었다. 지구에 인간이 살지 않는 영역은 거의 없다. 인간의 무게만큼 존재하는 개미보다 거주지역이 더 넓다. 기후가 좋은 평야 지대는 말할 것도 없고 사자가 얼룩말을 쫓는 아프리카의 초원이나 개미 한 마리 살지 않는 남극 땅에도 사람이 산다. 그것도 모자라 마실 물 한 모금, 들이마실 산소 한 모금 없는 화성도 정복해야 한다고 목소리를 높인다.

보잘것없던 인간이 아주 짧은(!) 순간에 지구의 지배자로 자리 잡은 원동력은 무엇일까? 도구 덕분일까, 언어 덕분일까? 아니면 집단생활 때문일까? 그렇게 생각하는 사람들이 많다. 그래서인지 호모 사피엔스에게는 호모 파베르(Homo faber, 도구적 인간), 호모 로쿠엔스(Homo loquens, 언어적 인간), 호모 폴리티쿠스(Homo politicus, 정치적 인간)라는 그럴싸한 별명들이 붙어 있다.

인간만 도구를 사용할까?

우리는 분명히 도구를 사용한다. 칫솔과 전기밥솥은 말할 것도 없고 스마트폰과 자동차 없는 삶은 생각할 수 없다.

하지만 도구 사용이 인간만의 특징은 아니다. 탄자니아의 침팬지는 도구를 사용하여 흰개미 낚시를 한다. 흰개미 구멍에 가느다란 풀줄기를 집어넣으면 여기에 흰개미들이 달라붙는다. 외적이 침입했다고 받아들이기 때문이다. 그러면 침팬지가 풀줄기를 끄집어내어 거기에 달린 흰개미들을 훑어 먹는다. 세네갈의 침팬지 가운데는 딱딱한 야자열매를 편편한 돌 위에 놓고 돌로 내리쳐서 깨뜨려 알맹이를 먹는 집단도 있다.

침팬지는 사람과 DNA가 98.8%나 같은 똑똑한 동물로 예외라고 생각할 수도 있다. 그렇다면 다른 예를 살펴보자. 갈라파고스핀치라는 새는 선인장 가시나 작은 가지를 입에 물고 나무 틈새에 있는 벌레를 찍어 먹는다. 그리고 해달은 가슴에 돌을 놓은 후 거기에 조개를 깨뜨려 먹으며 마음에 드는 돌을 발견하면 겨드랑이에 끼고 다닌다. 도구를 사용하는 정도가 아니라 아끼고 사랑할 줄도 아는 것이다. 도구를 사용하는 동물의 예는 수없이 많다.

심지어 우리나라에서는 머리 나쁘기로 소문난 까마귀도 도구를 만들 줄 안다. 과학자들이 베티라고 이름 붙인 까마귀는 철사를 갈고리처럼 구부려 통 속에 있는 먹이를 낚아 올렸다. 도구의 사용은 인간만의 특징이 아니다.

인간만 언어를 사용하고 집단생활을 할까?

인간에게는 그 어떤 동물보다 복잡한 언어와 사회구조가 있다. 이것은 분명히 인간의 특성이다. 생각해 보자. 지금까지 살아오면서 혼자 침묵하며 지낸 시간이 얼마나 되는지.

우리는 말하지 않고 살 수 없다. 옆에 누군가가 있으면 무슨 말이라도 해야 한다. 또 주변에 아무도 없으면 라디오라도 켜서 누군가의 소리를 들어야 하고, 하다못해 손가락을 놀려 문자메시지라도 주고받아야 한다. 먹이를 향해 배를 땅바닥에 붙이고 최대한 조용히 접근하는 사자와 달리 인간 킬러들은 수다를 떨고, 개그맨은 끊임없이 떠들수록 국민의 사랑을 받는다.

언어란 집단생활의 결과물이다. 가족과 부족, 국가도 부족해서 동창회, 향우회, 조기축구회, 취미 동아리 같은 각종 모임들을 만든다. 모임마다 새로운 단어들을 생산해낸다.

그렇다면 이것이 인간만의 특성일까? 대부분의 동물들도 일정하게 영역을 나누어 집단생활을 하며, 어미 세대에서 자식 세대로 사냥기술과 자신을 보호하는 법과 도구 사용법을 전수한다. 그리고 비록 인간의 언어와는 구조가 다르지만 대부분 의사소통 수단을 가지고 있다. 보름달이 뜬 절벽 위에서 암컷을 찾아 울부짖는 늑대의 울음이나 새끼에게 뒤처지지 말라고 경고하는 코끼리의 울음 그리고 아름다운 새소리는 무엇인가? 바로 그들의 언어다.

직립의 결과 커진 두뇌

도구와 집단생활 그리고 언어가 인간만의 특징이 아니라면, 무엇이 인간을 인간답게 만들었을까?

인간이 다른 동물, 특히 유인원들과 비교되는 첫 번째 특징은 바로 '산고産苦'다. 아기는 결코 쉽게 태어나지 못한다. 아기를 낳기 위해 엄마는 죽을힘을 다하고, 아기 역시 힘든 과정을 겪는다. 이 과정에서 수많은 엄마와 아기가 죽었다. 엄마의 골반은 작고 아기의 머리는 너무 크기 때문이다.

이것은 '직립'의 결과다. 직립이란 똑바로 선다는 뜻이다. 똑바로 선다는 게 두 발로 걷는다는 것(bipedalism, 이족보행)만을 뜻하는 것은 아니다. 여기에는 더 큰 의미가 숨겨져 있다.

직립을 하게 되면서, 즉 똑바로 서서 걷게 되면서 골반은 작아지고 뇌는 커졌다. 침팬지와 인류 최초의 발자국 화석을 남긴 루시(Lucy)라는 별명이 붙은 오스트랄로피테쿠스 아파렌시스와 현생 인류인 호모 사피엔스의 골반과 머리 그리고 태어날 때와 성장한 다음의 뇌 용량을 비교해 보면 그 차이가 확연하게 나타난다.

침팬지는 성장한 다음에도 체중이 35kg 정도로 작다. 하지만 골반은 사람보다도 크다. 골반의 공간이 머리가 나올 만큼 충분하다. 태어날 때 뇌의 용량은 130ml 정도다.

침팬지의 뇌가 작은 이유는 손바닥을 땅에 대고 네 발로 걷기 때문이다. 그렇다면 네 발로 걷는 것과 뇌 용량이 무슨 상관이 있을까? 네 발로 걷는 동물의 척추는 지면과 평행하다고 생각해 보자. 척추는 후두

대공後頭大孔(foramen magnum)이라는 두개골의 구멍을 통해 두개골과 연결되어 있다. 이때 두개골은 척추에 대롱대롱 매달려 있다. 이 경우 머리가 커지면 척추에 안정적으로 매달리기 어렵기 때문에 두뇌가 커지는 데 한계가 생긴다. 하지만 직립하는 인간은 후두대공이 위로 솟아 있다. 이것은 두개골이 척추 위에 똑바로 놓여 있다는 뜻이다. 안정적인 받침대가 생긴 뇌는 커질 여력이 충분해졌다.

오스트랄로피테쿠스의 뇌는 430~550ml이며, 호모 에렉투스의 경우에는 1,000ml, 그리고 현대인의 뇌는 평균 1,400ml 정도인데 태어날 때도 400ml에 가깝다(커다란 콜라 페트병의 용량은 1,500ml다).

직립의 결과 골반은 작아졌다. 작아진 골반과 커진 두개골은 인간의 산고로 이어졌다.

그렇다면 커다란 뇌 덕분에 인간이 지구를 지배하게 된 것일까? 설마! 뇌의 용적이 가장 중요한 요소라면 대륙은 아프리카코끼리(뇌 용적 4,000ml)가 지배해야 하고, 해양은 대왕고래(뇌 용적 8,000ml)가 지배해야 한다. 그렇다면 뇌보다 더 중요한 것은 무엇일까?

직립이 네 손을 자유롭게 하리라

인간은 똑바로 서기 전까지 나무 위에서 살았다. 그런데 똑바로 설 수 있게 되면서 시야가 넓어져 맹수의 공격을 알아차릴 수 있는 시간적 여유가 생겼다. 인류는 더 이상 나무에 머물지 않고 초원으로 내려와 더 넓은 세계를 누리게 되었다.

직립은 커다란 뇌, 넓은 시야와 더불어 인류에게 선물을 한 가지 더 주었다. 바로 자유로워진 손이다. 걷는 데는 두 발이면 충분했고, 더 이상 나무에 매달리는 데 손을 사용하지 않아도 되기 때문에 손이 자유로워졌다. 예민한 감각이 있는 손은 물건을 쥐고 섬세하게 움직일 수 있었다.

자유로운 손은 자연선택이 인간에게 선사한 가장 중요한 도구다. 손은 사자의 이빨이나 독수리의 발톱 그리고 맹수의 빠른 발과 새의 날개보다 더 강한 무기이자 수단이 되었다. 손으로 일을 할 수 있기 때문이다. 자유로운 손이 노동을 탄생시킨 것이다.

1876년 독일의 철학자 프리드리히 엥겔스(Friedrich Engels, 1820~1895)는 말했다. "직립 보행으로 손이 자유로워지고, 손의 자유는 인간의 자연 지배를 가능하게 했다. 손은 노동을 낳고, 노동은 인간의 사회적 협력을 필요로 했다. 이러한 사회적인 노동 속에서 언어가 발생하고, 뇌수와 그것에 봉사하는 감각기관이 진화하였다. 그리하여 의식과 추상력, 추리력이 발달하고 이것들이 다시 노동과 언어에 반작용하여 더욱 발달을 촉진시켰다."

인간으로의 진화에 결정적인 역할을 한 것은 뇌의 변화라기보다는 노동이며, 노동은 직립보행의 결과로 손이 자유로워졌기 때문이라는 말이다. 똑바로 선 우리의 손은 자유를 얻었고, 자유를 얻은 인간은 노동을 하기 시작했다. 노동은 다시 인간의 진화를 촉진시켜서 마침내 슬기인간(Homo sapiens)으로 발전시켰다.

〈그림 1-1〉 유인원의 분기

인간의 진화

현생 인류를 뜻하는 호모 사피엔스는 '생각하는 인간' 또는 '슬기로운 인간'을 뜻한다. 현대 과학에 의하면 우주는 약 138억 년, 태양은 약 50억 년, 그리고 지구는 약 47억 년 전에 생겼다고 한다. 지구가 충분히 식고 바닷속에서 최초의 생명이 탄생했을 때가 약 38억 년 전이다. 6,600만 년 전에 지구를 지배하던 공룡이 멸종하자 포유류 시대가 시작되었다. 그리고 700만 년 전 침팬지와 인류가 공통조상에서 갈라서면서 최초의 인류가 등장했다.

인류 역사 700만 년은 생명의 역사 38억 년에서 어느 정도나 차지하는 것일까? 1월 1일 0시에 생명의 역사가 시작되었다고 가정해 보자. 최초의 원생생물은 2월 말쯤 나타났다. 그 후 바다와 육지는 한동안 고요했다. 11월이 되어서야 바다에 물고기가 나타났고, 12월 1일에야 육지에 동물이 상륙했다. 공룡은 12월 10일에 등장해서 12월 24일 갑자기 사라졌다. 육상은 포유류가 지배하기 시작했다.

그러다가 12월 31일 오전 10시 침팬지와 인류가 공통조상에서 갈라섰다. 오후 4시가 되자 인류는 직립해서 두 발로 걷기 시작했고 밤 11시 40분에 호모 사피엔스가 아프리카에서 등장했다. 그리고 밤 11시 50분 아프리카를 탈출했다. 아프리카 바깥에는 호모 에렉투스, 네안데르탈인, 데니소바인 등 이미 다양한 인류가 살고 있었다. 호모 사피엔스는 단 5분 만에 이들을 모두 해치웠다. 그리고 독자가 이 책을 읽고 있는 지금은 자정이다.

인류사에는 다양한 인류가 등장한다. 700만 년 전에는 사헬란트로푸스가 살았고 500만 년 전에 살았던 아르디피테쿠스 라미두스는 발가락으로 나무를 쥘 수 있었다. 역시 아프리카에서 500만 년 전에 등장한 오스트랄로피테쿠스는 50만 년 전까지 존재했지만 이들은 아프리카를 벗어나지 못했다.

그리고 280만 년 전부터 호모(Homo)속이 시작되었다. 호모 하빌리스, 호모 에렉투스, 호모 하이델베르겐시스 등 다양한 호모속 인류에게는 공통점이 있다. 이들의 뼈가 발견된 근처에서는 다양한 도구도 발견된다는 것이다. 그 이전이라고 해서 침팬지도 사용하는 도구를 인류가 사용하지 않았을 리는 없다. 단지 남아 있지 않을 뿐이다. 호모속 옆에서 도구가 발견되는 이유는 한 가지다. 그 도구가 바로 돌로 만든 '석기石器'이기 때문이다.

석기는 바로 '손'으로 만들었다. 과학사는 인간의 역사다. 그런데 인간이 다른 짐승과 구별되는 결정적인 지점은 바로 '손'이다. 따라서 역사는 인간이 손으로 한 '노동'의 기록이다. 역사 가운데 과학사는 노동이 만들어낸 생각의 역사다.

석기 시대 인류의 발자취

· · · · · ·

외계인이 지구인의 역사를 100분짜리 영화로 만
들어 지구에서 상영한다면 아마 지구인들은 너
나 할 것 없이 영화관으로 몰려들 것이다. 그들
의 눈을 통해 우리 문명의 수준과 우주에서의 위
치 같은 객관적인 시각을 알 수 있으리라는 기
대감 때문이다. 그런데 이 영화의 관람객들은 현
재 자신의 모습과 비슷한 인물과 문명이 등장할
때까지 무려 99분 30초를 기다려야 한다. 인류의
역사 중 99.5%는 돌도끼를 휘두르는 원시인들이
주인공인 구석기 시대이다.

· · · · · ·

불, 인류의 문명을 밝히다

약 200만 년 전에 시작하여 약 1만 년 전까지 계속된 구석기 시대의 대표적인 인류는 180만 년 전쯤 등장한 호모 에렉투스(Homo erectus, 곧 선 인간)다. 이들의 키는 평균 167cm 정도로 상당히 컸고, 뇌의 용량도 900~1,100ml나 되는 등 이전의 원시 인류와는 확연히 다른 모습이었다.

무엇보다도 이들은 다른 짐승이나 예전 인류와는 달리 창조의 흔적을 남겼다. 그들은 자유로워진 손으로 나무를 깎아 창을 만들고 돌을 다듬어 아름다운 손도끼를 만들었다. 그렇게 만들어진 돌 도구는 '때려서 만든 돌 도구'라 하여 타제석기打製石器, 곧 뗀석기라고 한다. 뗀석기는 아무 돌로나 쉽게 만들 수 있는 것이 아니었다. 깨뜨려서 도구를 만들 수 있는 부싯돌을 구하기 어려웠을뿐더러, 손에 쥐고 사용하기 편한 모양으로 만드는 일은 더욱 힘들었다. 그래도 석기를 만들면 먹잇감을 사냥하거나 버려진 동물의 사체를 다듬는 일이 훨씬 쉽고 빠르므로 구석기인들은 점차 더 발전된 도구를 만들었다. 처음 스마트폰을 가졌을 때의 기분을 떠올려 보라. 자신의 석기를 손에 쥔 구석기인들이 바로 그 황홀한 느낌에 빠졌을 것이다.

하지만 '불의 사용'만큼 인간과 짐승을 구분 짓는 요소가 있을까? 짐승들은 불을 사용하기는커녕 두려워한다. 초기 구석기인들도 그랬다. 자연적으로 발생한 들불과 산불은 두려움의 대상이어서 가까이하지 않았으며, 자식들에게도 절대 불가에 가지 말라고 가르쳤다. 물론 어디에나 규칙을 깨는 개체들이 꼭 있게 마련이다. 그 가운데 일부(아마도 어린아이일 것이다)는 호기심을 억누르지 못하고 꺼져 가는 들불의 잔해로 불놀이를 했다. 그들은 거듭되는 불놀이 끝에 불이 얼마나 쓸모 있는지 깨달았고, 나중에는 불을 꺼뜨리지 않는 방법을 터득했으며, 결국 불을 피울 수도 있게 되었다.

그렇다면 언제부터 인류는 불을 사용했을까? 중국 베이징 인근의 저우커우덴周口店 동굴에서 원시 인류의 화석이 발견되었다. 베이징원인 北京猿人이라 불리는 이 원시 인류는 호모 에렉투스에 속한다. 이들은 약 40~50만 년 전의 홍적세에 살았는데, 이때는 제1빙하기의 가장 혹독한 추위가 끝날 무렵이었다. 그런데 이 동굴에서는 베이징원인의 뼈와 함께 다른 동물의 타 버린 뼈 그리고 재와 숯이 발견되었다. 이것은 인류가 사용한 불의 가장 오래된 흔적이다. 하지만 남아 있는 흔적이 그렇다는 것일 뿐 호모 에렉투스는 이미 150만 년 전부터 불을 사용했다.

불의 사용은 두 발로 걷고 도구를 사용하는 것만큼이나 인류를 변화시켰다. 불이 가져온 이점은 무궁무진했다. 우선 맹수에게 쫓겨 보이지 않는 울타리에 갇혀 살던 인류는 그 무엇보다 위협적인 무기를 들고 과감하게 밖으로 나올 수 있었다. 또한 불이 추위를 막아 준 덕분에 아프리카를 떠나 예전에는 사람이 살지 못하던 곳까지 진출할 수 있었다. 그때부터 인류는 1년에 20km 이상을 이동하였는데, 이것은 2,000년이면 지구를 한 바퀴 돌 수 있는, 그 당시로서는 엄청난 속도였다. 불은 인류에게 더 넓은 공간과 미지의 세계를 허락했다.

불은 인류의 식탁 역시 바꾸어 놓아서 이제는 음식을 익혀 먹게 되었다. 열을 가하면 식물에 들어 있던 독이 사라지고 고기는 소화가 잘 되었다(인류에게 화학에 대한 인식이 탄생하는 순간이다!). 음식을 먹고 소화하는 데 필요한 노력과 시간은 줄어들었고, 그 결과 몸은 더 튼튼해졌다. 뿐만 아니라 익힌 음식은 인류의 생물학적·사회적 진화에 핵심적인 요소였다. 소가 풀을 먹는 데 적응한 것처럼 인류도 익은 음식에 적응하여 해부학적·생리학적 변화를 보였다. 익은 음식은 익히지 않은 음식보다 소화 과정에서 에너지를 생산해내기 쉽다. 덕분에 턱과 이빨 그리고 내장의 크기와 소화에 소모되는 에너지의 양이 줄었다. 남는 에너지는 뇌의 크기를 키웠고, 결과적으로 불은 인류에게 많은 식량과 큰 두뇌를 선사하였다.

불을 사용하면서부터 해가 진 뒤에도 활동할 수 있게 되어, 원시 인류의 하루는 길어졌다. 공간뿐만 아니라 시간도 확장된 것이다. 원시 인류는 불 주위에 모여 앉아 늘어난 시간을 즐겼다. 불이 제공하는 단란한 분위기는 원시 공동체의 결속력을 더욱 강하게 해주었다. 이들은 불 주위에 모여 동물의 움직임을 모방한 춤을 추었으며, 의식을 담당할 사제를 탄생시켰다. 그리고 불 앞에서 노인은 젊은이에게 지혜를 전달했다. 도구는 어떻게 만들어야 하는지, 사냥의 비결은 무엇인지 또 동물과 식물의 특징은 어떠한지에 관한 지식이 세대를 거듭할수록 축적되었다.

매머드 사냥, 인류의 입을 열다

인류와 함께 육지에 살았던 가장 큰 포유류는 매머드다. 코끼리의 조상으로 알려진 매머드는 큰 놈은 길이가 5m, 어깨 높이가 4m에 이르렀다. 코끼리와 마찬가지로 초식동물이지만 상아는 코끼리보다 훨씬 커서 큰 것은 2m가 넘었다. 일부 지역을 제외하고 대부분의 매머드 집단은 신석기 시대 직전인 1만 3,000~1만 5,000년 전에 소멸했는데, 그때까지는 구석기인들의 좋은 먹잇감이었다. 구석기인들은 이렇게 커다란 매머드를 도대체 어떻게 사냥했을까?

구석기인들의 매머드 사냥법은 1903~1969년 시행된 에스파냐 안프로나 계곡의 유적 연구를 통해 알려졌다. 구석기인들은 매머드를 에워싼 다음 주변에 불을 지르고 막대기에 불을 붙여 공격했다. 매머드는 놀라서 늪이나 협곡으로 쫓겼고, 거기에서 기다리던 또 다른 무리의 구석기인들에게 공격을 받거나 늪에 빠지고 말았다. 최후까지 매머드는 빗발치는 창 공격을 받았다. 다시 말해 수십 명의 구석기인들의 손과 뇌의 공격을 받은 것이다.

그 당시 구석기인들은 물과 부싯돌을 얻기 쉽고, 물에 잠기지 않는 높은 강둑에서 살았다. 사냥한 매머드를 거주지까지 통째로 끌고 갈 수 없어서 돌촉으로 가죽을 벗기고 힘줄과 근육을 끊어 고기를 해체해야 했는데, 이때 경험 많은 노인들의 지혜가 필요했다. 그들은 어디를 끊어야 고기가 잘 잘리는지 알려 주었고 해체한 고기를 함께 운반했다.

매머드 사냥은 한마디로 협업協業(많은 일꾼이 협력하여 계획적으로 노동하는 일)이었다. 매머드 공격 시점을 정하고, 사냥감을 원하는 곳으로 몰며, 고기를 해체하여 운반하는 과정에는 효과적인 의사소통 기술이 필요했다. 물론 얼굴 근육이나 어깨, 손과 발을 움직여서 '거기' '나에게 다오' '던져' 정도의 의사 표현은 할 수 있다. 하지만 일이 점점 복잡해지면서 신체만을 이용한 의사소통은 한계에 부딪혔고, 나무와 풀 뒤에 숨어 있을 때나 어둠 속에서는 몸짓 언어가 아무 소용이 없었다. 구석기인들에게는 이제 자유롭고 새로운 의사소통 수단, 곧 '말'이 필요해졌다. 구석기인들의 말은 처음에는 동물의 울음과 비슷했으나 점차 혀끝과 목청을 사용해 소리가 세분화되었다. 시간이 흐르면서 말은 가장 효과적인 의사소통 수단이 되었으며, 인류의 문화에 극적인 영향을 미치는 강력한 기술로 거듭났다. 곧추서서 두 발로 걸으면서 손이 자유로워진 인간은 노동을 하게 되었고, 노동하는 인간은 말을 발명하게 된 것이다.

그림 그리는 구석기인

한편 지구를 지배하던 호모 에렉투스들의 후예가 등장했다. 40만 년 전에는 네안데르탈인이 출현해 유라시아 대륙에서 번성하였으며 30만 년 전 아프리카에 등장한 호모 사피엔스는 20만 년 후에는 아프리카를 탈출하였다. 즉 호모 사피엔스는 아프리카 바깥에서 다양한 인류와 공생하였던 것이다.

네안데르탈인과 호모 사피엔스는 같은 시대를 살았으며 서로 교류하였다. 아프리카 바깥의 현생 인류는 네안데르탈인의 유전자를 1~4% 가지고 있다. 네안데르탈인은 현대인보다 키는 조금 작았으나 몸은 더 다부졌고, 뇌가 더 컸으며, 동굴에 살면서 불을 일상적으로 사용하였다. 또 시신을 매장하는 풍습이 있었는데, 이때 죽은 자들이 생전에 사용하던 물건을 함께 묻었다. 네안데르탈인 역시 구석기를 사용했으며 동굴 벽화를 그렸다. 네안데르탈인은 3만 년 전 갑자기 진화의 무대에서 퇴장해 버렸다.

호모 사피엔스는 바늘, 밧줄, 그물, 악기, 활, 화살, 낚싯바늘, 창 발사기 등의 다양한 도구를 만들었고, 바느질한 옷을 입었으며, 집을 지었다. 또한 수백 킬로미터 떨어진 집단과 교역하였다. 특히 3만~1만 년 전의 후기 구석기 시대에 살았던 호모 사피엔스는 지구 곳곳에 수많은 그림을 남겼다. 예술은 다른 짐승이 할 수 없는 인간 특유의 행동이다. 호모 사피엔스에게는 장차 일어날 일을 생각하고, 머릿속에 있는 이미지를 동굴의 어두운 벽에 그림으로 재현하는 능력이 있었다.

예술 활동도 했던 구석기인들에게 과연 과학은 없었을까? 투창, 불의 사용 등에 관한 기술과 풍향, 동물의 습성에 대한 지식을 보면 그 토대가 되는 과학이 있었을 거라고 짐작할 수 있다. 그러나 과학이 발달한 후 기술이 생기는 것은 절대 아니다. 오히려 반대의 경우가 더 많다. 기술은 과학과 분리되어 있으며, 분명히 과학에 앞서 등장한다. 구석기인들 역시 과학 없이도 실용적인 솜씨를 발휘할 수 있었을 것이다. 식량 채집을 하며 주변 동식물에 대한 지식(분류학)이 생겼을 것이고, 달이 변하는 모습을 동물의 뼈에 새긴 것(천문학)을 보면 이때부터 이미 과학이 시작되었다고 생각할 수도 있겠다. 그러나 어쨌든 그 당시 구석기인들은 떠돌이 식량 채집꾼이었을 뿐이다(구석기인들도 씨를 뿌리면 나중에 곡식을 거둘 수 있다는 사실을 알았지만 그때는 그럴 필요가 없었다).

구석기 시대에는 인구 증가율이 매우 낮았다. 떠돌이 생활을 하느라 체지방이 쌓이지 않았고, 식량 부족 등의 문제로 신생아를 살해했으며, 잦은 이동으로 유아를 돌보기도 힘들었기 때문이다. 그들은 100명 이하의 작은 집단을 이루고 사냥·채집 활동을 하며 살았다. 말이 '도구'지 기껏해야 나무창과 돌도끼가 전부였던 그들의 무기로 날쌘 동물을 잡는 것은 매우 어려운 일이었고, 계절에 따라 나는 열매도 충분하지 못했다. 게

다가 먹이를 저장할 방법도 없어서 그들에게는 먹고 남는 것, 곧 잉여* 생산물이 없었다. 하루하루 생존하는 데 급급하여 아무런 잉여 생산물을 만들지 못했기에, 사회적 지위의 분화도 확실하지 않아 지배 계층이 형성되지도 않았다. 개체마다 힘과 지혜에 차이가 있어 권력과 지위의 차등은 있을지언정, 집단 구성원은 본질적으로 모두 평등하였다.

구석기 시대가 시작된 뒤 200만 년이 되자, 인류는 남아메리카 대륙의 남쪽 끝까지 퍼져 나갔다. 지금으로부터 약 1만 2,000년 전까지 인구가 서서히 증가하여, 지구상에는 600만~2,000만 명이 살게 되었다. 수렵만으로 살 수 있는 인구 밀도의 한계인 km²당 1.2명에 도달한 것이다. 이제 인류는 식량 채집만으로는 살 수 없게 되었다.

구석기 시대에서 신석기 시대로

인구의 증가로 인류는 삶의 방식을 혁명적으로 바꾸어야 했다. 그리하여 원시 인류의 삶은 구석기 시대에서 신석기 시대로 넘어가게 되었다.

구석기와 신석기를 구별하는 기준은 석기 도구를 만드는 방법의 차이다. 신석기인들은 크고 연마된 도끼, 맷돌, 절구, 공이 등을 만들어 사용했다. 이들은 칼을 숫돌에 갈듯 부싯돌을 갈아서 석기를 만들고 다듬었다. 그래서 신석기 시대의 도구를 마제석기磨製石器, 곧 간석기라 한다. 신석기인들은 사냥과 채집 대신 농업과 목축으로 식량을 공급했다. 밀·

---

* 잉여(剩餘) : '쓰고 남은 나머지'란 뜻이다. '잉여 식량'이란 먹고 남은 식량이다. 잉여 생산품과 잉여 식량은 재산이 된다.

보리·기장(볏과의 한해살이풀)·토마토·감자 농사를 지었고, 개·소·양·돼지·염소를 키웠다. 사냥이 삶에서 차지하는 비중이 작아지면서 여성의 지위는 높아졌고, 가축을 키우면서 식량은 획기적으로 늘었다. 가축은 인간이 소화시키지 못하는 풀을 인간이 소화시킬 수 있는 고기로 전환해 주었기 때문이다. 가축은 살아 있는 채로 보관이 가능한 식량이면서, 알·젖·뼈·가죽·배설물 등의 부산물을 공급하는 동시에 농사를 위한 힘과 운반력까지 제공하였다. 또한 신석기인들은 진흙을 불에 달구면 수분이 날아가서 인공적인 돌이 된다는 것을 알았다. 이를 활용해 그들은 그릇을 만들어 음식과 물을 담아 나르고 저장할 수 있었다.

한곳에서 정착 생활을 하면서 신석기 시대 인구는 계속 증가하였다. 농사를 지으면서 탄수화물의 섭취가 늘어 모유 수유 기간이 짧아지고, 이동의 부담도 없어지자 출산이 늘어난 것이다.

그러나 인간의 삶은 구석기 시대보다 힘들어졌다. 농사로 얻는 식량이 그다지 다양하지 못했고, 농사에 많은 시간을 뺏기면서 여가 생활도 줄어들었다. 이 와중에도 후기 신석기 시대에 들어서면 잉여 식량이 늘어나고 교역이 증가하면서 사회에는 계급이 형성되기 시작했다.

인류에게 더 이상의 적수는 없다

신석기 시대는 구석기 시대보다 훨씬 많은 일이 일어났지만, 그 기간은 구석기 시대에 비하면 찰나에 불과한 1만 년 정도밖에 되지 않는다. 구석기 시대와 신석기 시대를 지나면서 인간에게는 적수가 사라졌다.

인간은 먹이 사슬이라는 균형을 깨뜨렸고, 인구는 터무니없이 증가하여 오세아니아와 남아메리카에까지 인간의 발길이 닿았다. 또한 이들 집단의 지혜는 문화와 과학을 창조하였고, 이는 지배자의 권위를 높이고 이용하는 데 사용되기 시작했다. 맹수에게 잡힐까 두려워 나무에서 내려오지도 못하던 원시인이 두 발로 서고, 노동을 하고, 불을 사용하고, 말을 하고, 상상을 함으로써 현대인이 된 것이다.

기후변화와 문명의 태동

......

신석기 시대를 거치면서 호모 사피엔스, 곧 현대
인에게는 맞수가 될 만한 동물들이 사라졌다.

늑대는 진화하여 인간과 함께 어울려 사는 개가
되었고, 야생의 밀도 진화를 거듭하여 인간의 주
요 식량으로 자리 잡았다.

불과 수천 년이라는 짧은 시간 동안 뚜렷한 진화
가 일어난 까닭은 '자연 선택'이라는 메커니즘에
'인위 선택'이라는 모터가 너해졌기 때문이다. 인
간이 야생의 개체 가운데 기르기 편한 동물과 먹
기 좋은 식물을 선택해 온 것이다.

그런데 왜 30만 년 전 출현한 호모 사피엔스는
1만 2,000년 전부터 갑자기 농사를 짓기 시작한
것일까?

......

빙하기, 옷 입는 인류만 살아남다

30만 년 전 등장한 호모 사피엔스가 1만 2,000년 전 갑자기 농사를 짓기 시작한 이유는 무엇일까? 그 사이에 더 똑똑해진 것일까? 아마도 조금 더 똑똑해지기는 했을 것이다. 언어가 발달해 선조의 지혜가 후손들에게 전달됐을 테니 말이다.

하지만 결정적인 이유는 아니다. 왜냐하면 30만 년 전이나 지금의 호모 사피엔스나 뇌의 용적이 거의 비슷하다. 그런데 갑자기 1만 2,000년 전에 농사를 시작했다. 왜?

과학자들은 기후 변화가 원인이라고 설명한다. 그 과정은 인류와는 상관없이 매우 긴 기간에 걸쳐 서서히 일어났다.

고생대가 끝날 무렵 지구 대륙은 한 덩어리가 되었다. 그것을 우리는 판게아 또는 초대륙이라고 부른다. 공룡이 살았던 중생대는 지구의 모든 대륙이 하나로 연결되어 있었던 것이다. 영원한 것은 없다. 6,600만 년 전 중생대도 끝이 났고 판게아도 분리되기 시작했다. 마침내 3,500만 년 전에는 남극 대륙도 떨어져 나갔다.

남극 대륙 주변에 강한 해류가 발달하면서 열대의 따뜻한 바닷물이 남극 대륙 쪽으로 흘러가지 못했다. 그러자 남극 대륙에 빙하가 형성되기 시작했다. 대기 중 이산화탄소 농도 역시 꾸준히 낮아졌다. 6,600만 년 전 중생대 말 2,000ppm(0.2%)에 달하던 대기 중 이산화탄소 농도가 300만 년 전에는 400ppm(0.04%)까지 낮아졌다. 지구 기온 역시 꾸준히 낮아졌다. 기온이 낮아지면 수온도 낮아지고 이산화탄소는 바닷물에 더욱더 많이 녹아들어 갔다.* 결국 지구의 기온은 점차 낮아졌다.

과거의 이산화탄소 농도를 어떻게 알 수 있을까? 지층에서 시추코어를 뽑아내어 지질을 조사한다. 기다란 원형 막대 형태의 시추코어를 반으로 쪼개서 절반은 지질학자들이 연구하고 다른 절반은 보관한다. 빙하에서도 시추코어를 뽑아낼 수 있다. 이 얼음기둥에서 각 층의 이산화탄소 농도를 계산할 수 있는 것이다.

30만 년 전 호모 사피엔스가 등장한 후에도 대기 중 이산화탄소 농도는 오르락내리락하면서도 꾸준히 떨어졌다. 남극 빙하 코어에 따르면 10만 년 전에는 180ppm(0.018%)까지 떨어졌고 그 결과 마지막 빙하기가 도래했다.

지난 10만 년 동안의 기온 변화는 그린란드 빙하에서 알 수 있다. 빙하기에는 북반구 고위도 지역까지 빙하가 확장되었다. 기온이 낮으니 바닷물이 증발되는 양이 줄었고 사막이 넓어졌다. 또한 열대와 고위도 사이의 기온 차이가 커져 바람은 세게 불었다. 바람에는 모래 같은 먼지가 많았다.

빙하기는 호모 사피엔스를 제외한 모든 다른 인류에게는 재앙이었다. 변덕스러운 날씨와 혹독한 기후에 맞서야 했다. 식량 활동을 하기 어려웠고 인구가 감소했다. 결국 짝짓기에 실패한 사람들이 많아지면서 멸종으로 이어졌다. 하지만 호모 사피엔스는 달랐다.

호모 사피엔스는 바늘귀가 있는 바늘을 발명했다. 다른 인류와는 달리 옷을 지어 입을 수 있었다. 팔과 다리를 가릴 수 있게 되자 겨울에도

---

* 액체에 녹는 기체의 용해도를 구하는 헨리의 법칙에 따르면 액체에 녹는 기체의 양은 압력이 높을수록, 그리고 액체의 온도가 낮을수록 더 많아진다.

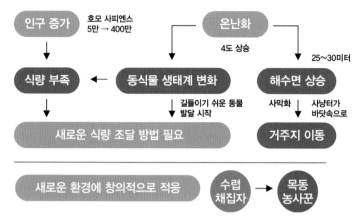

〈그림 1-2〉 왜 수렵과 채취를 포기했을까?

식량 활동을 할 수 있었다. 3만 년 전 다른 모든 인류는 사라지고 오로지 호모 사피엔스만 남게 되었다.

홀로세, 생태 지도가 바뀌다

그런데 약 2만 년 전부터 기후가 따뜻해지면서 빙하가 점차 줄어들었다. 2만 년에서 1만 년 전 사이에 대기 중 이산화탄소 농도가 100ppm 정도 상승하여 280ppm이 되면서* 기온이 4~5도 상승하였다.** 마지막 빙하기가 끝

---

*   대기 중 이산화탄소 농도 280ppm은 산업혁명이 시작된 1750년대까지 꾸준히 유지되었다. 그렇지만 2019년 이산화탄소 농도는 무려 410ppm에 이른다.
** 마지막 빙하기가 끝날 때는 1만 년 동안 기온이 4~5도 상승한 데 반해, 최근 100년 동안에만 무려 1도 이상 상승했다. 기후과학자 조천호 박사는 이 변화를 "시속 100km로 달리던 차가 갑자기 시속 2,000km로 질주하는 상황"이라고 비유했다(조천호, 『파란하늘 빨간지구』, 동아시아, 2019년 참조).

났다. 그리고 홀로세(Holocene)가 시작되었다. 이때가 1만 2,000년 전이다.

홀로세란 '완전한 시대'라는 뜻이다. 기후 변동성이 매우 작은 시기였다. 구석기에서 신석기로 전환된 시기였으며, 신석기인들은 농사를 짓기 시작했다.

지리생물학자 재레드 다이아몬드 역시 『총, 균, 쇠』에서 수렵과 채집 생활을 하던 구석기인들이 목축과 농사를 지으면서 사는 신석기인으로 변한 계기를 지구 기온 상승으로 보고 있다.

지구 기온이 5~6도 상승하면서 빙하기가 끝나자 두 가지 커다란 변화가 생겼다. 첫 번째는 해수면 상승이다. 빙하가 녹으면서 물이 바다로 흘러들었다. 원래 대부분의 사람들은 춥지도 덥지도 않고 먹을 게 충분한 바닷가 근처에서 살았다. 사냥터가 바닷속에 잠기자 거주지를 이동해야 했다. 두 번째는 생태계의 변화다. 새로운 거주지에는 이전과는 다른 동물과 식물이 살고 있었다. 낯선 동식물의 생태계에 적응하기란 쉽지 않았다. 기존의 식량 조달 방법으로는 늘어난 인구가 먹고살 수 없었다. 구석기인들은 새로운 환경에 창의적으로 적응해야 했다. 결국 수렵과 채집의 생활을 접고 목동과 농사꾼이 된 것이다. 인류가 농사를 짓게 된 이유는 거의 전적으로 기후변화의 결과인 셈이다.

1만 2,000년 전에 농사를 시작했는데 농업은 사냥과 달랐다. 사냥과 채집의 결과는 축적되지 않았다. 사냥에는 다 같이 목숨을 걸어야 했고 사냥의 결과물은 저장할 수 없기에 모두 골고루 나눠 먹었다. 그런데 농사의 결과물은 축적이 가능했다. 부자와 가난한 사람이 생겼다. 계급이 탄생하게 된 것이다.

그런데 궁금하다. 농사는 1만 2,000년 전 시작되었는데 왜 문명은

5,000년 전에야 시작되는가? 그 사이 무려 7,000년 동안 문명이 탄생하지 못한 이유가 무엇일까? 역시 기후가 문제였다.

2만 년 전의 해수면은 지금보다 130m 정도 낮았다. 2만 년 전부터 기온이 올라가기 시작하면서 해수면이 빠르게 올라갔다. 빠를 때는 100년에 2.5m나 오르기도 했다. 농사를 짓기 시작한 1만 2,000년 전에는 기온이 안정되었다. 해수면은 지금보다 80m 낮은 지점까지 올라왔다.

하지만 이후에도 해수면은 100년에 1m씩 올랐다. 해수면이 높아지는 상황에서는 대규모 농사를 지을 수도 없고, 도시를 건설할 수도 없었다. 아무리 훌륭한 도시를 건설해도 거주지를 옮겨야 했기 때문이다. 해수면 상승이 안정될 때까지 꾸준히 거주지를 옮겼다. 5,000년 전에야 해수면 상승이 멈췄다. 세계지도가 오늘날 우리가 보는 모습과 거의 같아지게 되었다.

이제 문명은 탄생할 준비가 되었다. 7,000년 전 메소포타미아 지역에서 가장 먼저 문명이 발생한 이후 2,000년 사이에 이집트, 인더스, 황허에서 문명이 발생했다.

제2장

이집트와 메소포타미아 과학

그곳에는 강이 흐른다

......

청동기 시대에는 생산력과 더불어 인구가 크게 늘었다. 하지만 수렵 채집 사회와 달리 농업사회는 부가 쌓이는 계급이 따로 있었다. 이에 따라 빈부의 격차가 생겼으며, 이것은 권력과 계급의 발생을 가져왔다. 그리고 다양한 전문가가 등장했다. 계급의 정점에 있었던 왕의 존재와 문명의 발달 사이에는 어떤 관계가 있을까?

......

문명, 그곳에는 강이 흐른다

신석기 시대에 들어서면서 채집과 수렵 생활을 그만두고 원시 농업을 시작한 결과, 노동의 강도는 세졌지만 정착 생활과 풍부한 식량 덕분에 인구가 급속히 증가하였다. 인구 증가는 다시 노동력의 증가로 이어져 더 많은 식량을 생산하는 선순환善循環(좋은 현상이 끊임없이 되풀이됨)이 계속되었으나 오래가지 못하고 한계에 봉착했다. 식량 증가 속도가 인구 증가 속도를 따라잡지 못했던 것이다. 이제 새로운 생산 관계가 필요했다.

새로운 생산 관계란 곧 왕국의 형성을 말한다. 인류의 역사를 보면 거대한 왕국을 만들어 낸 곳은 문명을 일구어냈고, 그렇지 못한 곳은 사라지거나 인근 왕국에 귀속되고 말았다. 이처럼 문명을 꽃피우기 위해서는 왕이 필요했다. 사람들이 굳이 왕이란 권력 아래에서 피지배자로 살아야 했던 이유는 무엇일까?

〈그림 2-1〉 문명의 발상지

문명의 발상지를 살펴보면 그 답을 쉽게 찾을 수 있다. 최초의 왕국은 기원전 5500년경 메소포타미아에 건설되었다. 메소포타미아는 그리스어로 '강과 강 사이의 땅'이라는 뜻으로, 현재 이라크의 티그리스강과 유프라테스강 사이를 가리킨다. 여기서는 수메르, 아카드, 바빌로니아, 아시리아, 신바빌로니아 왕국이 나타났다 사라졌다. 이어 기원전 3500년경에는 이집트 나일강의 삼각주 지역에서 왕국이 형성되었다. 그리고 900년이 지난 뒤에는 인도의 인더스강 유역에서 문명이 탄생하였고, 700년 뒤에는 중국 황허강 유역에서, 1,300년 뒤에는 중앙아메리카에서, 다시 200년이 흘러 남아메리카의 강가에서도 왕국이 생겨났다. 이때 앞선 문명이 다음 문명에 영향을 준 것으로 보이지는 않는다. 그러나 각 문명은 독자적으로 발달했지만 서로 비슷한 길을 걸었다.

우리나라의 경우 한 나라의 역사가 매우 길다. 신라는 거의 1,000년이나 계속되었으며, 고려와 조선도 500년씩 이어졌다. 다른 나라에서는 찾아볼 수 없는 역사다. 유럽의 왕국은 불과 수십~수백 년인 경우가 허다하다. 그런데 이집트는 한 왕국이 3천 년이나 계속되었다. 그 어디서도 유례를 찾아볼 수가 없다. 어떻게 이런 일이 가능했을까?

문명이 발달하기 위해서는 외부와의 다양한 교류가 필요하다. 하지만 그 반대의 경우도 있는데 이집트가 그 대표적인 예다. 이집트 왕국은 오늘날의 이집트와는 달리 나일강을 중심으로 남북으로 기다란 띠처럼 생긴 나라였다. 남쪽은 나일강 유역뿐이었고, 북쪽은 나일강의 삼각주 지대였다. 이집트의 동, 남, 서 3면은 사막이고 북쪽은 바다다. 이집트 사람들이 바깥으로 나가기 어려운 지형이다. 따라서 외부의 침략도 쉽지 않았다.

물을 다스릴 왕이 필요해

농사를 짓는 사람들은 늘어나는 인구만큼 더 넓은 땅이 필요했지만 갈 곳이 없었다. 늘어난 가족을 먹여 살릴 정도로 물이 풍부하고 면적도 넉넉한 토지를 구할 수 없었기 때문이다. 따라서 금속 도구를 사용하는 강한 공동체가 석기를 사용하는 약한 공동체를 정복하고 지배하기 시작하였다. 일찌감치 권력의 맛을 본 사람들은 작은 신석기 마을들을 차례로 정복하고, 더 넓은 땅과 더 많은 사람을 지배하였다.

강은 해마다 홍수로 넘쳐흘러 근방의 논밭이 물에 잠겼다. 따라서 강물이 넘치지 않도록 둑을 쌓고, 물이 닿지 않는 논밭에 물길을 트며, 물에 잠긴 논밭은 정리하여 다시 농사를 지을 수 있도록 하는 일이 중요했다. 물이 관리되지 않으면 문명, 도시, 고밀도 농업이 모두 불가능하기 때문이다.

주기적인 집중 호우와 가뭄에 대비하여 물을 관리하기 위해서는 많은 노동력과 관개灌漑 기술이 필요했다. 다시 말해 더 많은 식량을 생산하고, 이를 위한 거대한 관개 사업을 추진할 강력한 왕권의 등장이 절실하게 된 것이다.

이러한 치수治水 작업의 필요성은 거대한 지배 체제, 곧 왕국을 탄생시켰다. 왕에게 복속되는 것은 선택 사항이 아니었다. 가장 강력한 지배자는 왕이 되었고, 나머지 사람들 사이에도 제사장, 수공업자, 노동자, 농민, 노예 같은 다양한 계급이 생겨났다. 농업 사회는 빠르게 계급화되기 시작했다.

청동기 문화

......

청동기 시대에는 생산력과 더불어 인구가 크게 늘었다. 이에 따라 빈부의 격차가 생겼으며, 이것은 권력과 계급의 발생을 낳았다. 그렇다면 계급의 정점에 있던 왕의 존재와 문명의 발달 사이에는 어떤 관계가 있을까?

......

금속, 최초의 신소재

당시 왕들의 권위는 '금속'으로 상징되었다. 금속은 이전까지는 인류가 경험하지 못한 신소재였다. 돌로도 깨지지 않는 신기한 돌, 금속은 우연히 발견되었다. 그 정체는 바로 청동. 청동은 구리(Cu)와 주석(Sn)이 섞인 합금으로 적당히 단단해서 무기와 장신구로 사용되었다.

메소포타미아와 이집트에서는 기원전 3500년경부터 기원전 1500년 전후까지, 그러니까 지금부터 약 5,500~3,500년 전을 청동기 시대라고 할 수 있다(청동기 시대의 시작 연대는 지역마다 다르다. 유럽에서는 대략 기원전 1800년 전이고, 한반도의 청동기 시대는 기원전 2000년부터 기원전 400년경까지의 시기에 해당한다).

여기서 의문 한 가지. 청동기 시대는 어떻게 철기 시대보다 앞섰을까? 답은 간단하다. 그들이 사용하는 장작불로 청동은 녹일 수 있었지만 철(Fe)은 녹이지 못했기 때문이다. 철의 녹는점은 2,250℃인 데 반해, 구리는 훨씬 낮은 온도인 1,005~1,080℃에서 녹는다. 이것도 그 당시로서는 다룰 수 없는 온도였다. 그러나 다행히 구리가 70~80% 함유된 청동의 녹는점은 750~800℃이며, 구리 함량이 60%로 줄어들면 청동의 녹는점도 630℃로 떨어진다. 이게 바로 최초의 왕국 건설자들이 청동을 다룰 수 있었던 이유다.

금의 녹는점은 1,060℃다. 그렇다면 메소포타미아 문명에서 철과 금 가운데 어느 게 더 비쌌을까? 당연히 철이다. 철을 녹이기 위해서는 숯이라는 새로운 에너지원과 풀무라는 첨단기술이 도입되어야 했기 때문이다.

질문은 계속 이어진다. 청동기 시대 사람들은 처음부터 야금학冶金學*

을 알았을까? 또 구리의 함량에 따라 청동의 녹는점이 달라진다는 것은 어떻게 알았을까? 사실 그들도 몰랐다. 청동은 인류가 녹는점을 낮추려는 의도로 합금한 결과 얻어진 게 아니다. 단지 구리·주석·아연(Zn)이 알맞은 비율로 섞여 있는 광물을 운 좋게도 그들이 채취했을 뿐이다.

청동기 시대에도 철기 무기는 있었지만 강도는 비슷했다. 철에 섞인 불순물이 철의 강도를 떨어뜨렸는데, 당시의 제련 기술로는 철의 순도를 높일 수 없었기 때문이다. 이에 비해 청동기는 제련 과정에 저절로 스며들어 간 불순물 금속이 합금되어 만들어지는 것으로 기술 연구가 가능했다.

거푸집과 대량생산

청동기 시대라고 해서 인간들이 주로 청동기를 사용할 수는 없었다. 청동은 귀한 물건이었다. 대부분의 도구는 여전히 토기와 석기였다. 청동기는 권력자의 무기이자 상징으로 쓰였다. 많은 지역에서는 청동기 시대 없이 곧장 철기 시대로 넘어가기도 한다.

청동은 단단하지 않아서 실생활에 별 쓸모가 없었으며 대부분 지배자의 제식祭式용으로 쓰였다. 하지만 전쟁에는 그 쓰임이 다양한 무기였다. 한번 만들면 돌보다 편했다. 부서지거나 부러진 청동 무기는 대장장이가 다시 녹여 가공하면 새것처럼 사용할 수 있었다. 거기다가 표준화된 제품을 대량생산할 수 있었다. 재료만 풍부하면 거푸집을 통해서 균

---

* 광석에서 금속을 골라내는 일이나 골라낸 금속을 정제(精製)·합금(合金)·특수 처리하여 여러 가지 목적에 맞는 금속 재료를 만드는 기술을 연구하는 학문이다.

〈그림 2-2〉 녹슨 쇠

일한 제품을 대량으로 만들 수 있었다.

철은 쉽게 녹이 슨다. 녹슨 쇠는 부스러진다. 녹이 주변의 멀쩡한 조직도 산화시키는 성질이 있기 때문이다. 청동 역시 쉽게 녹슨다. 그런데 청동의 녹은 그 자체로 강력한 산화 피막이 된다. 즉 녹이 더 스는 것을 막아주는 역할을 한다. 우리가 박물관에서 철기 시대보다 더 오래된 청동기 시대의 유물을 많이 볼 수 있는 이유이다. 또 위대한 인물의 기념상을 철이 아니라 청동으로 만드는 것도 같은 이유다. 청동상은 오래되면 초록색으로 변하는데 이 초록색이 바로 녹이다.

기술만 있다고 문명이 만들어지지는 않는다. 자원이 풍부해야 한다. 구리는 흔한 금속이 아니다. 또 구리와 합금해야 하는 주석의 산지는 매우 한정되어 있다. 따라서 메소포타미아는 주석을 수입하기 위해 먼 곳과 교역을 해야 했다.

단순한 물물교환이 아니라 대규모 교역을 위해서는 운반 수단 외에도 필요한 것이 있었다. 바로 글자와 숫자 그리고 달력이다.

기하학과 달력

······

메소포타미아, 이집트, 인더스, 황허 문명을 세계 4대 문명이라 일컫는다.

하필 왜 이곳에서 문명이 발생했을까? 그들에게 더 뛰어난 유전자가 있었을까? 아니면 그들이 다른 지역 사람들보다 더 부지런했을까? 그것도 아니라면 이들에게는 탁월한 지도자가 있었기 때문일까?

세계 4대 문명의 탄생 배경과 이집트와 메소포타미아 문명을 살펴보자.

······

태양력의 기원

　태양을 기준으로 하는 태양력을 만들려면 먼저 1년의 길이를 알아야 한다. 그렇다면 옛날 사람들은 1년의 길이를 어떻게 계산했을까? 고대인들이 사용한 여러 가지 방법 가운데 가장 쉽고 정확한 방법은 막대기를 이용해 해의 그림자를 측정하는 것이다. 먼저 평평한 땅에 노몬(gnomon)이라고 하는 막대기를 꽂고, 노몬을 중심(G)으로 하는 적당한 크기의 원을 그린다. 그리고 오전(B)과 오후(A)에 가장 긴 그림자와 원이 만나는 점을 표시한다. 그러면 직선 AB는 동서 방향을 나타내고 그 선분

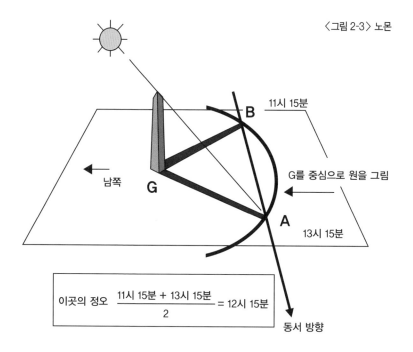

〈그림 2-3〉 노몬

11시 15분

G를 중심으로 원을 그림

남쪽

13시 15분

이곳의 정오 $\dfrac{11시\ 15분\ +\ 13시\ 15분}{2} = 12시\ 15분$

동서 방향

에 수직이등분선을 그으면 남북 방향의 선이 생기게 되는데 이 선을 자오선子午線이라고 한다. 고대 이집트인들은 (당시에는 나침반이 없었지만) 이 방법을 이용하여 피라미드의 네 모퉁이를 정확히 동서남북 방향과 일치시킬 수 있었다.

자오선이 그어지면 이제 자오선에 오는 해의 그림자만 재면 된다. 그림자가 자오선에서 다시 자오선에 올 때까지의 시간이 하루다. 이 그림자는 동지 때 가장 길고, 하지 때 가장 짧으며, 춘분과 추분 때는 길이가 같다. 따라서 하지~하지 또는 동지~동지까지의 기간으로 1년의 길이를 알 수 있다.

이론상으로는 간단해 보이지만 실제로는 쉽지 않다. 우선 날씨가 문제다. 4절기(춘분, 하지, 추분, 동지) 때 날씨가 좋지 않은 경우가 있으므로 여러 해 반복해서 재어야 한다. 또 지면이 조금만 기울어도 큰 차이가 생긴다. 그리고 태양이 하나의 점이 아니기 때문에 그림자가 칼로 자른 듯 선명하지도 않다.

이런 어려움을 생각하면 고대 이집트에서 태양력이 가장 먼저 생긴 이유를 짐작할 수 있다. 흐린 날이 많지 않고, 피라미드가 거대한 노몬 역할을 하므로 오차 비율을 현격하게 줄일 수 있었다. 또한 그들은 작은 구멍을 통해 햇빛을 노몬에 비추게 하는 방법을 사용하기도 했다. 덕분에 그들은 다른 문명권의 사람보다 비교적 일찍 1년의 길이를 정확히 알 수 있었다.

고대 이집트 사람들은 1년이 365.25일보다 약간 짧다는 사실을 알고 있었다. 그들은 기원전 6000년경부터 태양력을 사용하였다. 그들은 1년을 360일로 정하였다. 여기서 착안하여 원을 360°로 나누었는데, 이 개념은 오늘날까지도 그대로 사용되고 있다.

시간을 다스리는 자, 권력을 잡다

백성은 왕에게 권력을 주었다. 그렇다면 왕은 백성에게 무엇을 주었을까? 왕은 백성에게 '달력'을 주었다! 달력은 농사에 필수적인 요소다. 농사는 태양의 힘에 농부의 힘의 더해져 이뤄진다. 따라서 농사에 도움이 되는 달력은 태양력이다.

이집트 태양력은 1년을 매우 실용적인 방식으로 나누었다. 일단 1년을 농업에 요구되는 현실에 따라 3계절로 구분하였다. 계절은 각각 범람(지금의 7~10월), 파종(11~3월), 추수(3~6월)로 나누었다. 각 계절은 120일씩이며 나머지 5일은 '에파고메네'라는 축제와 제사 기간으로 보냈다. 그들은 나일강이 대략 1년마다 범람하여 상류의 비옥한 진흙을 강 유역에 쌓아 놓는 때 새해를 시작한 것이다.

시간이 지나면서 이집트 달력은 점차 쓸모가 없어졌다. 1년을 365일로 계산했기 때문이다. 약 4분의 1일 차이 때문에 범람·파종·추수의 시기가 점점 앞당겨졌다. 400년 후에는 새해의 시작이 100일이나 빨라져 달력으로는 '범람', 즉 홍수를 예고하고 있지만 실제 계절은 '추수'였다. 나일 강의 범람이 달력과 다시 일치하려면 1,461년이나 기다려야 했다.

하지만 실제로 큰 혼란은 없었다. 고대 이집트의 제관祭官(제사를 맡은 관원)들에게는 농부들이 알지 못하는 홍수 예보 시스템이 있었기 때문이다. 제관들은 나일강이 범람할 때면 언제나 새벽하늘에 유난히 밝게 빛

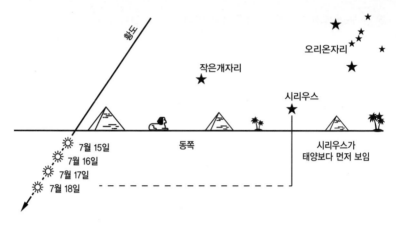

〈그림 2-4〉 나일강의 범람과 시리우스

나는 별을 알고 있었다. 당시 나일강가의 하늘에는 7월 중순(범람)이면 언제나 시리우스(Sirius)가 밝게 빛났다.

그전에는 해보다 늦게 지평선 위로 떠올라 볼 수 없었던 큰개자리의 시리우스(소티스)가 이맘때쯤이면 해보다 먼저 떠서 새벽녘 동쪽 지평선 위로 모습을 드러냈다. 천문 지식이 있던 이집트의 제관들은 여명에 보이는 시리우스를 보고 한 해의 시작을 알렸다.

제관들은 한 해의 시작을 알았지만, 농부들은 제관이 알려주지 않으면 언제 씨앗을 뿌릴 준비를 해야 할지 몰랐다. 농업은 당시 거의 유일한 산업이었다. 따라서 시간을 다스리는 자가 권력을 잡았다.

그렇다면 이집트 달력에서는 1년 365일을 어떻게 나누었을까? 이집트의 제관들은 1년을 30일 단위의 열두 달로 나누고, 나머지 5일은 한 해의 끝을 기념하는 '에파고네메'라는 축제일로 삼았다. 윤년이 없었지만, 잘못된 달력에도 불구하고 시리우스가 농사에 결정적인 영향을 미치는 범람을 정확히 알려주었기에 달력은 개혁되지 않았다.

마케도니아에서 비롯된 외래 왕조인 프톨레마이오스* 왕조 시대에 이집트의 달력은 개혁된다. 기원전 238년 프톨레마이오스 3세는 '카노푸(Kanopu) 포고'를 내려 에파고메네를 4년마다 한 번씩 5일 대신 6일간 쉬도록 하였다. 이것이 바로 윤년이고, 오늘날의 2월 29일에 해당한다.

이로써 수천 년간 내려온 고대 이집트 달력 체계는 외래 왕조에 의해 깨지고 새로운 달력이 도입되었다. 이제 농부들은 제관의 예보 없이도 스스로 농사에 대한 모든 것을 결정할 수 있게 되었다.

이집트 문명이 지구의 공전 주기를 기준으로 한 태양력을 사용한 데 반해, 이보다 앞서 발생한 메소포타미아 문명은 달의 움직임을 바탕으로 한 태음력을 사용하였다. 메소포타미아 달력은 1년을 12개월로, 일주일을 7일로 나누었다.

바빌로니아인들은 한 달의 길이가 29.53일이라는 사실도 알고 있었다. 이에 따라 열두 달을 교대로 29일과 30일로 정하였다. 또 태양년과 차이가 나는 11일은 윤달로 보정하였다. 기원전 6세기경 네부카드네자르 2세는 예루살렘을 점령하고 이스라엘 사람을 포로로 잡아갔다. 포로들은 나중에 귀환하면서 바빌로니아 달력을 가져가 유대 달력을 만들었다. 이때 일주일은 7일로 정착되었고, 7이라는 '신성한' 숫자는 유대교 창조 설화에 그대로 남았다.

오랜 기간 동안 달과 해의 움직임을 관찰해 온 바빌로니아의 제관들은 기원전 5세기경에 이르러 마침내 그 움직임이 19년을 주기로 일치한

---

* 주전원과 이심원을 이용하여 천동설을 설명한 클라우디우스 프톨레마이오스(75~160)와는 다른 사람이다.

다는 규칙을 발견했다. 다시 말해 태양력 19년은 태음력으로 235개월인 것이다. 이것을 바탕으로 19년 동안 7번의 윤달을 추가하는 윤년 법칙*이 만들어졌다.

글을 쓰고 수를 세다

청동기 시대는 신화의 시대였다. 그리스 신화와 단군 신화도 청동기 시대에 등장한다. 왕들은 신화를 이용하여 왕권을 강화했다. 신화에 우주관을 담으려다 보니 천문학과 수학이 함께 발전했으며, 이것을 기록할 문자도 필요했다. 물론 수학과 문자가 등장한 데는 상업과 토목 공사 그리고 제도 정비라는 실용적인 필요 역시 한몫했다.

이에 따라 메소포타미아에서는 쐐기 문자**가 만들어졌고, 이집트에는 상형 문자가 등장했다. 이는 글자를 어디에 쓰는가에 따라 정해졌다. 이집트인들은 나일 강의 풍부한 갈대를 이용하여 파피루스를 만들었다. 여기에는 다양한 물감을 이용하여 복잡한 그림 같은 상형 문자를 기록할 수 있었다. 하지만 메소포타미아에서는 파피루스가 생산되지 않았기 때문에 기록할 때 점토판을 사용했다. 파피루스와 달리 점토판에는 복잡한 상형 문자를 쓰거나 색깔을 입힐 수 없었으므로 그들이 만든 글자

---

* 지구가 태양을 한 번 공전하는 데는 365일 5시간 48분 46초가 걸리므로, 태양력에서는 그 나머지 시간을 모아 4년마다 윤년을 두어 하루를 늘린다. 이에 비해 태음력에서는 1년을 354일로 정하기 때문에 계절과 역월(曆月)을 조절하기 위해 19년에 7번의 비율로 윤달을 넣어 1년을 13개월로 하여 윤년을 만든다.

** 기원전 3000년경부터 약 3,000간간 메소포타미아를 중심으로 고대 오리엔트에서 광범위하게 쓰인 문자. 회화 문자에서 생긴 문자로, 점토 위에 갈대나 금속으로 새겨 썼기 때문에 문자의 선이 쐐기 모양으로 보인다.

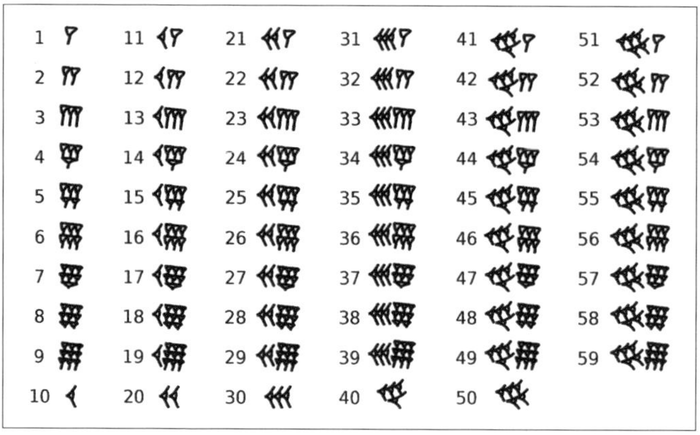

〈그림 2-5〉 메소포타미아의 60진법

가 쐐기 모양인 건 어찌 보면 당연한 결과였다. 그러나 표음 문자인 쐐기 문자는 상형 문자에 비해 다른 나라로 쉽게 퍼져 나갈 수 있었고, 메소포타미아인들은 최초로 도서관을 세울 수 있었다.

한편 이들 나라에서는 토지 측량과 거대 건축물 건설을 위한 기하학이 발달했다. 그들은 직각삼각형의 원리를 응용했고, 넓이와 부피를 계산했으며, 원주율을 알았다. 또 상업과 회계가 발달함에 따라 분수 셈을 하고 방정식까지 풀었다. 이집트는 현재 우리가 쓰는 십진법을 사용했다. 단, 각각의 숫자를 개별적인 기호로 나타내고 자릿수에도 값을 주지 않았다. 이런 숫자 체계는 실제 계산에 매우 불편했다.

이에 반해 메소포타미아에서는 60진법이 사용되었다. 처음에는 '0'의 개념이 없었지만 60진법은 최초로 각각의 자리에 값이 매겨진 체계였다. 각각의 자리는 60의 제곱들(제곱, 세제곱, 네제곱 등)을 나타냈다. 오늘날에도 '1시간은 60분, 1분은 60초'라든가 '원은 360°'라는 데서 60진법의 흔적을 찾아볼 수 있다.

그런데 그 당시 수학자들은 그리스의 에우클레이데스(기하학의 창시자. 영어 이름인 유클리드로 널리 알려져 있음)와 같은 확실성을 추구하지 않았다. 그들은 원리를 탐구하거나 확고부동한 기준을 구하려 하지 않고, 계산만 맞으면 된다는 식으로 넘어갔다. 따라서 당시의 과학은 자연 관찰을 토대로 탄생하였는데도 자연의 진리를 추구하지 않았다. 과학자와 기술자들은 단지 '왕의 남자'일 뿐이었던 것이다.

여기서 잠깐!

메소포타미아의 60진법을 연습해 보자. 위의 그림은 한 개의 숫자를 나타내고 있다. 이 값을 그림 〈2-5〉에 있는 60진법 숫자 표를 참조하여 10진법의 숫자로 나타내 보자.

$$(1 \times 60^3) + (57 \times 60^2) + (46 \times 60^1) + (40 \times 60^0) = 424,000$$

고대 문명의 기술과 과학

이집트의 의학은 마술적인 요소가 강했다. 기원전 1550년경의 파피루스에는 700여 개의 마술과 민간요법이 적혀 있다. 이 문서를 보면 그

〈그림 2-6〉 이집트 피라미드

당시에도 혈액과 순환계에 대한 초보적인 지식이 있었으며, 약초와 약물을 치료에 사용했던 사실을 알 수 있다. 또한 치아를 뽑거나 두개골을 절개한 흔적이 남아 있는 것으로 미루어 보아 초보적인 외과 수술을 시행한 것으로 추측할 수 있다.

이를 보면, 이집트에는 동시대 다른 지역에서는 상상할 수 없을 정도로 높은 수준의 과학과 기술이 존재했다. 하지만 이집트는 너무도 풍요로운 땅이었고 나일강 유역을 둘러싼 사막과 지중해는 3,000년 동안 외적을 막아 주었다. 이집트인들은 우주의 체계를 고민하기보다 오로지 실용성만을 추구했고, 그들의 과학 기술 가운데 현재 남아 있는 것은 십진법과 태양력 정도가 고작이다.

이에 반해 메소포타미아는 외적의 침입이 쉬운 곳이어서 외부와 끊임없이 교류하였다. 남부의 수메르인들은 도시의 원형元型을 건설하였는데, 여기에는 상하수도뿐만 아니라 수세식 화장실도 있었다. 또한 이들은 발효주인 맥주를 마셨으며 바퀴도 만들었다. 하늘을 12개 구역으로 나누어 황도 12궁을 정한 것도 바로 이들이다.

메소포타미아의 수메르 시대에는 약초뿐만 아니라 동물에서 채취한 다양한 약으로 내과 처방을 하였다. 또 청동으로 만든 메스를 이용해 외과 수술을 하기도 하였다. 그러나 바빌로니아 시대에는 이전처럼 의학이 발달하지 못했다. 그 이유는 바로 상거래는 물론 일상생활의 온갖 사안에 대한 법률을 한데 모은『함무라비 법전』때문이다. 법전에는 외과 수술에 성공한 의사는 보수를 받지만 환자를 죽게 하거나 불구로 만들면 의사의 팔을 잘라도 된다는 규정이 포함돼 있었다. 당연히 의사들은 선뜻 메스 들기를 주저했다. 모름지기 시행착오 없는 발전이란 없는 법. 사람들이 주술에만 의존하는 사이 메소포타미아의 의학은 제자리걸음을 했다.

이집트와 메소포타미아 문명의 주요한 특징 가운데 하나는 피라미드와 지구라트 같은 거대 건축물이다. 거대한 돌을 옮겨 수백 미터 높이로 쌓거나 벽돌로 고층 건물을 짓기 위해서는 다양한 기술이 필요했다. 또한 메소포타미아와 이집트에서는 일찍부터 배가 운송 수단으로 사용되었다. 피라미드의 석재는 나일강 상류에서 배로 운반되었고, 메소포타미아에서도 장거리 수송에는 이륜차와 사륜차뿐만 아니라 배가 쓰였다. 초기에는 돛을 이용하였지만 양쪽 모두 기원전 3000년경에는 노를 이용하기 시작했다.

고대 문명의 거대 건축물은 그 시대의 발전된 생산력을 말해 준다. 수

많은 사람을 오랫동안 대규모 토목 공사에 동원했다는 것은 거대 건축물의 건설에 참가한 사람들에게 필요한 식량, 옷, 도구 등을 다른 사람들이 대신 생산할 수 있을 만큼 생산력이 높아졌다는 사실을 증명한다. 이전에 그런 건축물이 없었던 건 생산력이 그만큼 발전하지 못했기 때문이다.

문명이라고? 그러면 다른 곳은?

문명화된 사회에서는 사회적 불평등과 전쟁이 끊임없이 나타난다. 이런 곳이 채집과 수렵을 하는 사회보다 더 나은 세상이라고 할 수 있을까? 그래서 최근에는 문명 대신 복합 사회라는 용어를 사용하기도 한다.

이쯤에서 4대 문명 바깥의 사람들은 어떻게 살았는지 궁금해 하는 독자들도 있을 것이다. 예를 들어, 4대 문명보다 수천 년 늦은 13세기에야 시작된 중앙아메리카의 아스텍 문명권에서는 수레가 사용되지 않았다. 그렇다면 이들은 수천 년 전 4대 문명권의 사람들보다 멍청했을까? 그렇지 않다. 아스텍 문명의 유물을 보면 그들도 바퀴를 알고 있었다. 단지 그들의 지리적 조건상 수레를 이용하는 것보다 사람의 힘으로 나르는 게 더 적합했을 뿐이다. 발명 또는 발견의 순서로 문명의 우열을 따지는 사고방식은 위험하고 편협하다.

제3장

과학의 탄생

이오니아 시대

......

"과학이란 무엇일까?" 이 질문에 흔히 "우리의 생활을 편리하게 해주는 것"이라고 대답한다. 그렇다면 침대가 과학인가? 빅뱅이나 진화를 밝힌다고 해서 우리의 삶이 편리해지지는 않는다. 태양이 지구를 돌든, 지구가 태양을 돌든 우리가 살아가는 데는 별 상관이 없다. 또 열역학에 대한 이해가 뛰어나다고 해서 보일러를 잘 놓는 것은 아니다. 그렇다면 과학이란 무엇인가?

과학이란 우주를 이해하는 체계다. 체계라는 것은 하나의 이론으로 주장되는 것이 아니라 수많은 이론의 세트로 완성된다는 것을 의미한다. 어떤 현상을 설명하는 이론이 이론으로 성립될 수 있는 까닭은 다른 이론이 그것을 뒷받침하기 때문이다. 따라서 단지 우주를 이해하기 위해서만도 많은 노력과 지식이 필요하다. 과연 누가 이런 과학을 시작했을까?

......

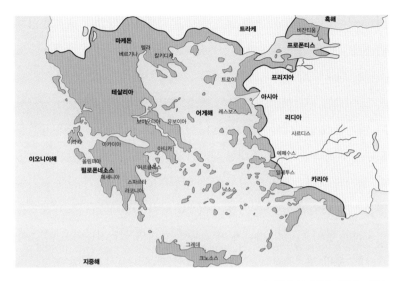

〈그림 3-1〉 BC 6~4세기 그리스

왜 하필 그리스에서 과학이 시작됐을까?

이집트와 메소포타미아 문명을 원초문명이라고 한다. 최초로 발생한 문명이라는 뜻이다. 문명과 과학은 별로 상관이 없다. 이집트와 메소포타미아에는 현대와 비교할 수 있는 토목사업이 성행했지만 그것은 기술과 왕권의 조합에 의한 것일 뿐 어떠한 과학적인 성찰의 결과는 아니었다. 과학은 '의심'에서 출발한다. 그리고 의심은 권력의 중심이 아닌 변두리에서 일어난다. 우주를 만든 신에 대해 진지하게 의심을 품기에는 원초문명의 중앙권력은 너무 강하였다.

이집트와 메소포타미아의 문명이 제일 먼저 도달한 곳은 그리스였다. 기원전 6~7세기의 그리스는 지금의 그리스 영토와 에게해 동쪽에 있는 터키 서부 해안을 포함한 꽤 넓은 영토를 차지하고 있었다. 하지만 강력한 중앙집권 국가가 형성된 이집트와 메소포타미아와 달리 그리스는 도시국가 형태로 발생했다.

그 이유는 간단하다. 이집트와 메소포타미아 문명은 큰 강과 광활하고 비옥한 범람지대에서 일어났다. 이 문명은 관개농업과 식량생산을 토대로 발생하였으므로 거대한 관개사업을 위한 강력한 왕권이 필요했다. 하지만 그리스에는 큰 강과 넓은 범람원은커녕 신석기 시대를 거치면서 적은 인원만 버틸 수 있는 생태계만 남아 있었다. 그리스의 농업은 저수지의 물이 아니라 계절에 따라 내리는 비와 산악지대의 눈이 녹아 흐르는 물에 전적으로 의존했다. 따라서 거대한 토목사업이 필요하지 않았기 때문에 작은 도시국가들이 발생했다.

또한 그리스에서는 무역이 발달하였다. 그리스는 식량을 자급자족할 수 없었다. 대신 물이 많이 필요하지 않은 양과 염소를 키웠고 지하수로 충분히 재배할 수 있는 올리브와 포도를 수출하고 필요한 곡물을 수입했다. 결과적으로 에게해를 둘러싼 땅에서 생겨난 그리스 문명은 이집트 문명과는 반대로 상업적이고 외향적인 해상문명의 성격을 띠었다.

그리스인들은 해상무역 과정에서 동방과 교류하며 새로운 지식을 쉽게 접할 수 있었고, 기원전 8세기에 이미 알파벳이 그리스에 들어와서 지식의 기록과 전달이 비교적 용이했다. 하지만 그리스에서 과학이 탄생할 수 있었던 가장 결정적인 요소는 중앙권력에 억압받지 않으면서 자유롭게 '의심'할 수 있는 경제적인 토대가 있었다는 것이다.

그리스, 그것도 이오니아(현재의 터키 서해안)에서 새로운 전통이 탄생한 데는 몇 가지 이유가 있다. 우선 이오니아 지방이 그리스 본토와는 단절된 식민지 도시였다는 사실이다. 또 철기 문화로 생산력이 증대되었고 기원전 7세기에 화폐를 사용하기 시작하여 부가 상공업 계급의 손에 쌓여 귀족의 신전에 의탁하지 않고도 독립적으로 생각할 수 있을 만큼의 여유가 생겼기 때문이다.

그리스 본토의 작은 도시국가들이 아테네와 스파르타를 중심으로 동맹을 맺고 끊임없이 전쟁을 하는 사이에 에게해 건너편의 이오니아 지방에서는 새로운 전통이 생겨났다. 그것은 "자연은 자연의 아르케*"라는 것이다. 신의 손에 의해 자연계가 창조된 것이 아니며, 자연의 근원은 자연에 있다는 뜻이다.

신을 배제한 최초의 과학자 탈레스

「소금 장수와 어리석은 당나귀」라는 유명한 이솝 우화가 있다. 이야기 속에 당나귀 등에 소금을 싣고 다니는 장사꾼의 이름이 탈레스(Thalēs, BC 624~546)이다. 비록 우화 속에서는 소상인으로 등장하지만 실제로는 거대한 무역선으로 에게해 건너 이집트에 올리브유를 수출했던 거상이었다.

탈레스는 이오니아 지방의 작은 도시 밀레토스에서 태어났다. 어릴 때 이집트에서 공부한 탈레스는 귀국 후에도 기하학, 천문학, 기상학 등의 분야를 연구하였다. 일식을 예측하기도 하였으며 태양의 지름을 현

---

* 아르케(arche) : '처음'이라는 뜻의 그리스어. '군대를 싸움으로 인도하다'라는 뜻의 동사인 archo에서 나왔다. 일련의 사건의 시초라는 뜻으로 쓰인다. 철학 용어로는 '원리'라고 번역한다.

대의 값과 큰 차이 없이 측정하였다. 또한 '지름은 원을 이등분한다' '두 빗변의 길이가 같은 삼각형의 두 밑각은 같다' '반원에 내접하는 각은 직각이다' 같은 기하학의 몇 가지 기본법칙을 발견하였고 기하학 지식을 바탕으로 피라미드의 높이를 계산하기도 했다.

하지만 그의 가장 큰 업적은 두 가지다. 첫째는 수학에 명제 증명의 사고를 도입하여 그리스 기하학의 기본정신을 세웠다는 것이고, 둘째는 자연의 아르케를 밝힌 것이다.

그가 생각한 자연의 아르케는 바로 '물'이었다. "물은 만물을 낳고 만물은 물로 다시 돌아간다." 물은 얼음과 수증기로 변했다가 다시 물로 돌아온다. 또 물이 범람한 후 비옥해진 땅에서 새싹이 돋고 애벌레가 나온다. 물에서 생명체가 발생된 것이다. 또 우박으로 포도 농사를 망치게 된 것은 제우스신의 노여움을 샀기 때문이 아니라 대기 속의 물이 얼어붙어 생긴 피해일 뿐이다. 그는 우주의 근원을 신화가 아닌 자연으로 설명한 최초의 사람이다. 이 업적으로 우리는 그를 인류 최초의 철학자 또는 인류 최초의 과학자로 기억한다.

물, 불, 공기, 흙

언제나 처음이 어렵다. 누군가가 신화가 아닌 자연으로 자연을 설명하자 다른 주장이 봇물 터지듯 나왔다. 그리고 의심은 의심을 낳았다.

"만물이 물에서 비롯되었다고? 좋다! 그렇다면 물과 반대 성질인 불이 과연 물에서 나왔을까?"

탈레스와 동시대 사람인 아낙시만드로스(Anaximandros, BC 611~546)는 자연의 아르케는 무한한 것이라고 했고, 아낙시메네스(Anaximenes, BC 585~528)는 공기라고 했다. 그가 사용한 공기는 그리스어로 프네우마(pneuma)인데 이것은 숨결, 목숨, 영혼을 뜻한다. 아낙시메네스는 공기가 농축되면 물, 불, 흙이 되고 이것들이 모여서 자연계를 만들어 낸다고 생각했다.

한편 밀레토스 바로 위에 위치한 에페수스의 몰락한 귀족 출신 헤라클레이토스(Heraclitus of Ephesus, BC 540~475)는 자연의 아르케는 불이라고 했다. 이것은 그가 아궁이의 불에서 만물을 만드는 동력을 보았기 때문인데, 여기에는 자기의 고향인 에페수스가 페르시아군이 일으킨 불에 타서 허무하게 사라져버린 경험이 작용했다. 헤라클레이토스에 따르면 세계 질서는 '일정한 정도로 타오르고 일정한 정도로 꺼지는 영원히 사는 불'이다. 그가 생각한 불은 연료·불꽃·연기뿐 아니라 공기까지 포함한다. 이 공기가 비로 변하고, 비가 모인 바다의 일부가 땅으로 변한다. 동시에 같은 크기의 땅과 바다가 공기와 불로 되돌아간다. 그 결과 물, 불, 공기, 흙 사이에는 동적인 평형이 이루어지는데, 이것이 세계의 질서다.

겉으로 보기에는 평형을 이루지만 절대로 가만히 있는 게 아닌 동적인 세계의 질서를 헤라클레이토스는 "사람들은 같은 강에 발을 담그지만 흐르는 물은 늘 다르다"라고 설명했다. 하지만 그의 설명은 당대뿐만 아니라 후대에도 주목받지 못했다.

기원전 6세기에 활동한 탈레스와 그의 생각을 이어받은 밀레토스학파 사람들은 결국 만물의 근원을 '물' '무한한 것' '공기' 또는 '불'로 여겼는데 이것은 세계를 일원론으로 설명하려는 것이다. 그런데 기원전 5세기

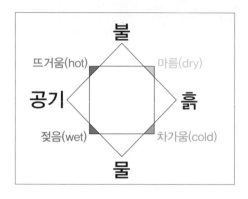

〈그림 3-2〉 사원소

의 엠페도클레스(Empedocles, BC 493~430)는 다원론으로 세계를 설명하려고 했다. 그는 흙, 물, 공기, 불을 만물의 사원소로 하고 이 요소들이 다양하게 조합되어 자연계의 변화가 일어나는 것이라고 설명했다.

수의 조화, 피타고라스학파

피타고라스(Pythagoras, BC 670~495)는 밀레토스 부근의 사모스섬에서 태어났다. 청년 시절 탈레스와 아낙시만드로스의 제자였던 그는 이탈리아 남부로 거처를 옮겨 정치, 종교, 철학, 수학을 하나로 묶은 비밀단체를 결성하였는데, 이것을 피타고라스학파라고 한다. 피타고라스학파는 학문단체라기보다는 종교단체에 더 가까웠다.

그것은 윤회설을 바탕으로 하는 영혼관에서 잘 알 수 있다. "영혼은 사라지지 않는다. 다른 생물로 거듭난다. 존재하는 모든 생물은 어떤 순환을 통해 다시 태어난 것이지 절대적으로 새로운 것은 없다. 생명이 있는 모든 것은 친족이다." 피타고라스는 영혼을 일종의 조화라고 보았기 때문에 영혼을 정화하는 수단으로 음악과 철학을 선택하였다.

피타고라스는 밀레토스학파와는 달리 만물의 아르케를 '수數'라고 보았다. 왜냐하면 물, 불, 공기, 흙과 같은 네 가지 원소가 존재하기 위해서는 입체적인 공간이 필요한데, 공간이 만들어지기 위해서는 점, 선, 면이 있어야 하며, 이것을 위해서는 먼저 수가 있어야 하기 때문이라는 것이다. 또한 음악의 조화이든 사물의 조화이든 일종의 수의 규칙적인 성질이 필요했기 때문이다.

예를 들어 현의 길이를 1/2로 줄이면 음이 한 옥타브 올라가고 2/3로 줄이면 5도 높은 음이 나며, 3/4으로 줄이면 4도 높은 음이 난다는 사실을 증명했다.

당시 사람들은 지구가 평평하다고 생각했지만 피타고라스는 지구가 둥글다고 생각했다. 구형이 가장 완벽한 기하 형태라고 보았기 때문이다. 따라서 해와 달 그리고 수성, 금성, 화성, 목성, 토성도 모두 원운동을

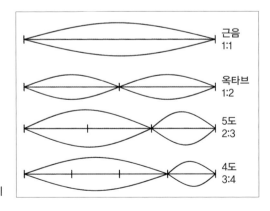

근음
1:1

옥타브
1:2

5도
2:3

4도
3:4

〈그림 3-3〉 화음과 비례

한다고 생각했다. 이때 각 행성의 공전 반지름 사이에는 음악과 같은 정수 비比가 있다고 주장했다.

피타고라스는 수에는 정수와 정수의 비(즉 유리수)만 있다고 주장했다. 그런데 히파소스라는 제자가 변의 길이가 1인 정사각형의 대각선은 정수나 정수의 비로 표현하지 못한다는 사실을 발견했다. 그러자 그를 바다에 빠트려 죽였다. 후에 다른 제자가 다시 이것을 증명하여 무리수를 발견하였다.

피타고라스의 사상은 현대물리학에도 영향을 미쳤다. 불확정성의 원리를 발견한 베르너 하이젠베르크는 『현대 물리학의 고대 자연철학적 사상』에서 "피타고라스의 발견은 인류 학문 활동의 가장 큰 원동력이라고 할 수 있다. (……) 수학적 구조가 화성의 본질이듯 우리를 둘러싼 자연의 질서도 자연법칙의 수학적 핵심에 근거를 두고 있다고 보아야 한다. 이러한 확신이 처음으로 표현된 것이 바로 천구天球의 음악이다"라고

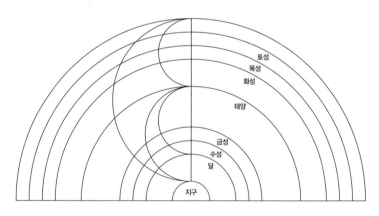

〈그림 3-4〉 천구의 음악 모형

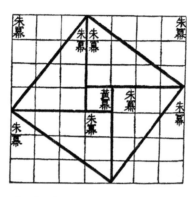

〈그림 3-5〉 중국의 피타고라스 정리 '구고현'

했다.

　피타고라스의 이름은 $a^2+b^2=c^2$이라는 간단한 공식으로 아직까지도 교과서에 남아있지만 사실 '직각삼각형의 빗변의 제곱은 나머지 두 변의 제곱의 합과 같다'라는 피타고라스의 정리는 메소포타미아인과 중국인에게도 이미 알려져 있었다. 다만 그가 최초로 증명했기 때문에 그의 이름을 남길 수 있었던 것이다.

물질을 쪼개고 쪼개면……

　양자물리학자인 리처드 파인만(1918~1988)이 물었다. "대격변이 일어나서 모든 과학 지식이 파괴되고 단 한 개의 문장만 다음 세대에 전달할 수 있다면 가장 적은 낱말로 가장 많은 정보를 담을 수 있는 문장은 무엇일까?" 그리고 대답했다. "만물은 원자로 이루어졌다(All things are made of atoms)."

20세기 최고의 물리학자가 가장 중요하게 여긴 원자를 처음 생각해 낸 사람은 기원전 5세기의 레우키포스다. 레우키포스는 물질을 쪼개고 쪼개면 더 이상 나눌 수 없는 알갱이가 되는데 그것을 원자라고 했다.

레우키포스와 그의 제자들의 주장을 종합한 사람은 데모크리토스 (Democritos, BC 460~370)이다. 이 세상은 원자와 원자들이 결합하고 분리할 수 있는 장소인 허공만 존재한다. 처음에는 허공 속에 무수한 원자들이 소용돌이치고 있지만 이것들이 부딪치고 결합해서 무거운 것은 중심으로, 가벼운 것은 바깥쪽에 모여 중심부에는 흙과 물이 그리고 주변부에는 공기와 불이 생긴다. 이어서 생명도 탄생한다. 또한 움직이기 쉬운 둥글고 작은 원자에서 인간의 영혼이 나왔고, 생활기술과 문화 그리고 인간의 역사가 나왔다. 여기에는 신이 존재하지 않는다. 신은 무시무시한 자연현상 앞에서 공포감을 느낀 원시인들이 억지로 만들어 낸 것에 불과하다.

이오니아 철학자들의 고민

최초의 철학자들이 본 세계의 근원(물, 불, 공기, 흙, 무한한 것, 원자)은 모두 무한하면서 영원히 살아 움직이는 것이다. 그런데 아르케의 개념 속에는 불생, 불멸, 불변하는 영원한 '존재'의 측면과 갖가지 사물로 탄생하고 변화하며 소멸하는 '생성'이라는 상반되는 두 가지 성격이 포함되어 있다. 그렇다면 자연의 아르케를 어떻게 알 수 있을까? 감각일까, 이성일까?

데모크리토스에 의하면 "인식에는 두 가지, 즉 지각에 의한 것과 감성에 의한 것이 있다"라고 한다. 관념의 세계에는 감성과 이성의 두 단계가 있다는 이오니아 전통을 발전시켜 감성과 이성을 통일한 것이다.

기원전 6~5세기에 활동한 그리스의 변방 이오니아의 철학자들은 처음으로 그들의 실생활과는 아무런 상관이 없는 우주의 체계에 대해 진지하게 고민하였다. 결국 그들은 자연의 아르케는 어떤 한 가지라는 일원론과 우주는 원자와 허공으로 구성되어 있다는 원자론을 탄생시켰으며 신들을 몰아냈다.

이들이 이렇게 실생활에 쓸모없고 과격(?)한 생각을 할 수 있었던 까닭은 무엇일까? 고대 왕국의 과학과 기술은 국가의 지원을 받았고 유용성이 가장 엄격한 기준이었다. 하지만 이오니아의 철학자들은 국가의 간섭을 받지 않는 자유인으로 이론적이고 추상적인 사고를 할 수 있었기 때문이다.

하지만 그들의 생각은 이오니아 지방이라는 지역적 한계 속에 머물러 있었다. 아테네의 철학자들은 전혀 다른 생각을 하게 된다.

아테네 시대

······

고대 그리스의 도시국가들은 노예제 사회였다. 노예제 사회는 노예가 없으면 존재할 수 없는 사회다. 그래서 그리스인들은 노예를 얻기 위해 전쟁을 하고 식민지를 개척했으며 외국과도 무역 활동을 벌였다. 이 과정에서 새로운 문화를 접한 사람들은 개방적인 성향을 갖게 되었다.

노예제 사회가 발전하면서 자유민 사이에도 귀족과 평민이라는 계급이 발생했다. 이오니아의 철학자들이 평민의 입장을 대변한다면 아테네의 철학자들은 귀족의 이익을 옹호했다.

이오니아 시대의 과학과 아테네 시대의 과학 사이에는 어떤 차이가 있을까?

······

노예제 사회의 등장

인간은 일단 '소유'라는 개념이 생기고 내 것과 네 것을 구별하기 시작한 다음부터 무조건 자기의 것을 불려 나가려 했다. 그리하여 나날이 재산이 늘어난 가족이 있는가 하면, 점점 몰락하는 가족도 생겼다. 그 당시 가장 중요한 재산은 농토였으므로 가난한 사람과 부자의 차이는 농토의 크기에 따라 결정되었다.

그리스의 도시국가에서는 농토를 소유한 사람만이 공동체를 구성하는 시민이 될 수 있었다. 농토를 잃은 사람이 먹고살기 위해서 할 수 있는 건 남의 밑으로 들어가는 일뿐이었다. 그들은 공동체 구성원, 즉 시민으로서의 모든 권리를 빼앗겼다. 한마디로 노예가 된 것이다.

노예제 사회에서는 모든 것을 노예가 생산했다. 노예들은 농사를 짓고 포도를 땄으며, 거대한 건축물을 세우고 물 위에 다리를 놓았다. 광산에서 금을 캐고 배의 노를 젓는 일도 모두 노예의 몫이었다. 물론 주인의 시중을 들며 주인을 위해 요리도 했다. 노예제 사회는 노예가 없으면 한시도 지탱할 수 없었다.

그런데 노예가 점차 부족해졌다. 도시국가 안에서 농토를 잃는 사람의 수에는 한계가 있기 때문이다. 그렇다면 노예를 어떻게 공급받을 것인가? 그렇다. 전쟁이다! 그리스의 도시국가들은 새로운 노예를 공급하기 위해 수많은 전쟁을 치렀다. 그리스인들에게 전쟁은 포로를 노예로 삼고 그들의 가축을 약탈할 수 있는 좋은 수단이었다. 시민들은 노예의 고통 위에서 안락한 생활을 누릴 수 있었다.

귀족과 자유민의 대립

그리스 도시국가는 귀족, 농민, 상인 및 수공업자, 노예의 네 무리로 구성되었다. 귀족과 농민, 상인·수공업자는 정도의 차이가 있긴 해도 모두 노예를 착취하며 생활했다. 당연히 노예와 나머지 세 무리 사이에는 기본적인 대립이 생겼다. 그리고 귀족과 농민, 상인·수공업자끼리도 서로 대립하였다.

농민들은 고작 2~3명의 노예를 부리며 농사짓는 농민인 동시에, 전쟁이 나면 집과 가족을 고스란히 노예에게 맡긴 채 직접 창과 칼을 들고 나가서 싸워야 하는 군인이었다. 그들은 새로운 노예를 잡아 오기 위해 전쟁에 나섰지만, 실질적인 이익은 귀족들이 거의 다 차지했다. 귀족들은 전쟁에 참여하지 않아도 되고 설사 전쟁에 나간다고 하더라도 장군이나 장교의 지위로 전쟁에서 많은 것을 얻어 왔다.

전쟁이 계속되자 전쟁에 필요한 칼, 창, 화살, 갑옷, 전차 등을 만드는 수공업이 발달했다. 또 식민지가 늘어남에 따라 그리스와 식민지 사이에는 물자들이 활발하게 오갔다. 그 결과 상업의 발달로 재산을 모은 수공업자와 상인들의 세력이 확대되어 귀족과 대립하기 시작했다.

하지만 전쟁이 거듭되면서 직접 창과 칼을 들고 싸운 농민과 상인·수공업자들은 점차 몰락해 갔다. 전쟁을 위해서는 많은 돈이 필요했지만 권력자들은 세금을 내지 않으려 했고 노예들은 세금을 낼 수 없었다. 결국 전쟁 자금은 농민이나 상인·수공업자인 자유민들이 부담했다. 자유민들은 무거운 세금에 짓눌려 신음했다.

귀족과 자유민의 대립은 정치에만 있었던 것이 아니다. 철학과 예술

〈그림 3-6, 7〉 라파엘로의 〈아테네 학당〉과, 가운데 플라톤과 아리스토텔레스

에서도 나타났다. 귀족은 자신들이 신의 자손이므로 평민인 자유민에 대해 특권을 갖는 게 당연하다고 여겼다. 그런데 이오니아의 철학자 탈레스는 "만물은 물에서 생겨났다"라고 생각했다. 땅과 하늘, 인간과 동물 모두가 물에서 태어났다는 것이다. 이 말은 옛날부터 귀족의 지배를 당연한 일로 여겨 오던 사람들의 믿음에 커다란 충격을 주었다. 탈레스는 귀족이 신의 자손이 아니라 평민과 똑같이 물에서 생겨났다고 주장한 것이다. 그의 주장은 귀족 중심의 사회에 대한 저항이었던 셈이다.

원자론을 주장한 데모크리토스는 "독재 아래의 부유한 삶보다 민주주의 사회에서의 가난한 삶을 택하겠노라!"라고 말했다. 하지만 모든 철학자가 그렇게 생각한 건 아니었다. 기원전 6세기 이오니아 지방에서 활동한 철학자들과는 달리 기원전 4세기에 그리스의 중심 아테네를 무대로 삼은 철학자들은 민주주의의 편에 서지 않았다. 그 대표적인 인물이 플라톤과 아리스토텔레스다. 두 사람은 그로부터 2,000년이 지난 뒤인 16세기 라파엘로가 그린 〈아테네 학당〉의 한가운데에 서 있게 된다.

플라톤, 신을 부활시키다

우리는 주변에서 실개천이 흐르는 초원이나 언덕 위의 하얀 집, 그리고 잘생긴 사내와 여인처럼 아름다운 것들을 본다. 이들은 모두 다른 사물이지만 누구나 똑같이 아름답다는 느낌을 받는다. 왜 그럴까?

아테네 교외의 숲에 '아카데메이아'라는 학교를 세워 청년을 교육하고 귀족 정치의 부활을 꾀했던 플라톤은 이렇게 설명했다. "풍경이나 집 그리고 여인이 있는 곳 말고 다른 곳에 아름다움의 이데아가 있는데, 아름다움의 이데아의 그림자가 풍경이나 집 또는 여인으로 우리 눈앞에 어른거린다. 그래서 우리는 서로 다르게 비치는 그림자를 보고 똑같은 아름다움을 느끼는 것이다. 우리가 아름다움의 이데아를 느낄 수 있는 까닭은 태어나기 전에 이데아의 세계에 살았기 때문이다. 현실 세계에서 여러 사물을 볼 때면 잊고 있던 이데아의 기억이 되살아나서 아름답다고 느끼는 것이다. 따라서 현실 세계는 이데아의 그림자에 불과한 가짜 세계이고, 이데아의 세계야말로 참된 세계다."

플라톤이 이렇게 주장한 까닭은 무엇일까? 현실 세계의 고통과 행복은 잠깐 동안의 그림자에 불과하므로, 즉 죽으면 다시 참된 세계로 돌아갈 수 있으므로 현실 세계가 괴롭더라도 조금만 참으라는 뜻이다. 플라톤은 현실 세계에서 귀족에게 착취당하고 고통을 겪는 평민과 노예의 아픔에 슬쩍 눈감으며, 더 나아가 이들이 현실의 상황을 체념하게 만들어 귀족의 지배를 정당화했다.

플라톤은 『국가론』이라는 책에서 인간을 세 무리로 나누었다. 첫째는 정치가로 그들이 갖추어야 할 덕목은 지혜이며, 둘째는 용기가 있어

〈그림 3-8〉 이데아(가운데)와 그림자(왼쪽)

야 하는 군인이다. 셋째는 자유민으로 근면과 절약이라는 덕목을 지녀
야 한다. 플라톤은 철인哲人, 곧 지혜 있는 사람이 지배하는 정치가 가장
좋다고 했는데, 여기서 지혜 있는 사람이란 귀족을 말한다. 간단히 말하
면 "정치는 귀족이 알아서 다 해 줄 테니 평민들은 열심히 일하고 조금
만 먹어라!"라는 뜻이다.

플라톤은 이오니아의 과학적 전통에도 정면으로 맞섰다. 그는 현실
세계와 이데아를 분리하면서, 현실을 받아들이는 감성과 이데아를 받아
들이는 이성을 완전히 분리시켰다. 플라톤은 농업 달력을 쓸모없는 것
이라 하고 피타고라스의 음향 실험을 조롱하는 등 실험과 관찰의 역할
을 낮게 평가했다.

우주 창조에 대해서도 플라톤은 신을 부활시켰다. 〈아테네 학당〉에서
플라톤이 왼손에 들고 있는 책은 『티마이오스』다. 이 책에는 데미우르고
스라는 신이 등장한다. 데미우르고스는 가상의 우주 모습, 곧 이데아에
기초하여 우주를 순서대로 만든다. 그다음에는 천사들이 인간을 만드는

데, 먼저 우주의 모양과 비슷한 공 모양의 머리를 완성하고 이어서 머리를 운반시키기 위한 몸뚱이를 만든다. 몸뚱이의 역할은 머리가 원하는 대로 움직이는 것이다. 팔다리와 몸통보다 머리가 먼저 만들어졌다는 플라톤의 설명은 인간의 손발을 이용한 노동을 얕잡아보는 귀족들의 생각을 반영하고 있다.

플라톤은 수학을 중요하게 생각했다. 그래서 플라톤의 데미우르고스는 수학적 원리에 따라 우주를 구성한다. 플라톤은 우주가 공 모양이라고 생각했다. 공이 가장 완벽한 기하학적 모형이라고 여겼기 때문이다.

플라톤은 사원소도 가장 간단한 입체 모형으로 설명하는 기하학적 원자론을 펼쳤다. 그에 따르면 흙은 정육면체여서 매우 안정적이며 물은 정이십면체, 공기는 정팔면체다. 그리고 불은 정사면체로 가장 작고 날카로우며 잘 움직인다. 엠페도클레스에서 비롯된 사원소설의 핵심은 원소들이 다양한 비율로 혼합되어 만물이 생긴다는 점이다. 또 흙을 제외한 원소들은 서로 변환이 가능하다. 그 이유는 물(정이십면체)과 공기(정팔면체), 불(정사면체)의 면은 모두 정삼각형이므로 서로 변환이 가능하지만, 흙(정육면체)은 정사각형의 면으로 이루어져 있기 때문이다.

〈그림 3-9〉 플라톤의 정다면체들

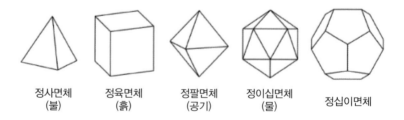

| 정사면체
(불) | 정육면체
(흙) | 정팔면체
(공기) | 정이십면체
(물) | 정십이면체 |

아리스토텔레스, 동물학을 창시하다

아리스토텔레스는 귀족 출신으로 17세에 아카데메이아에 들어가 플라톤의 제자가 되었다. 스승이 세상을 떠난 뒤에는 마케도니아의 알렉산드로스 대왕의 가정교사를 맡았고, 알렉산드로스가 세계 정복에 나서자 '리케이온'이라는 학교를 세웠다. 아리스토텔레스는 플라톤의 제자이면서도, 플라톤이 하찮게 여겼던 자연계·물질계의 운동과 그 원인을 연구했으며 감각과 경험을 강조했다.

아리스토텔레스는 위대한 체계의 수립자였다. 생각의 폭이 넓었고, 그 생각이 그럴듯하여 뒤집기 어려웠다. 한마디로 그에게는 논리적 일관성이 있었다. 또한 그는 여러 분야의 창시자이기도 했다. 무엇보다 생물학에 관한 저서를 많이 남겨 현존하는 그의 저술 가운데 5분의 1 이상이 생물학 분야에 속한다. 그는 120종의 어류와 60종의 곤충을 비롯해 500여 종의 동식물에 대한 분류 작업을 했으며, 50여 종의 동물을 해부하고 연구했다. 특히 가다랑어의 무리 헤엄, 표범의 세계, 달걀에서 병아리로의 발생 단계를 묘사하고, 물고기와 고래를 구분하는 등의 업적은 단순한 자연철학을 넘어선 '동물학'이라는 학문을 창시했다고 볼 수 있다.

아리스토텔레스는 자연과 운동을 객관적으로 파악하는 이오니아의 전통을 계승하여 과학을 비약적으로 발전시켰다. 하지만 그의 경험주의적 자연관의 밑바탕에는 "자연에는 질서가 있다"라는 생각이 깔려 있었다. 아리스토텔레스 과학에는 여전히 스승 플라톤의 '목적론'이 자리 잡고 있었던 것이다.

목적론이란 "자연은 미리 세워진 계획(형상)에 따라 질서를 만든다"

라는 생각이다. 예를 들어 아리스토텔레스는 동물에게 왜 골격이 있는지 묻고, 골격이 없다면 뼈들이 뿔뿔이 흩어져 몸 구석구석에 가시처럼 박히기 때문이라고 했다. 또 "인간에게 왜 손이 있는가?"라는 질문에는 "인간이 현명하기 때문이다. 열등한 동물에게 손을 주는 것보다 인간처럼 현명한 존재에게 손이라는 도구를 주는 편이 낫기 때문이다"라고 말했다.

아리스토텔레스는 중력이라는 개념을 사용하지 않고도 물체가 땅에 떨어지는 이유를 설명할 수 있었다. 모든 물체에는 자연스러운 장소가 있다는 게 그의 생각이었다. 하늘을 향해 던진 돌이 공기와 호수의 물을 지나서 바닥에 가라앉는 까닭은 흙(돌)이 원래 있어야 할 장소(중심)로 되돌아간 것이고, 물속에 공기를 불어넣은 풍선을 넣으면 풍선이 물 위로 떠오르는 것 역시 마찬가지 이유에서다. 이를 정리하면, 흙과 물은 무거워서 우주의 중심으로 움직이고, 공기와 불은 가볍기 때문에 본성적으로 중심에서 멀어지는 방향으로 움직인다. 따라서 우주의 중심에는 흙, 즉 지구가 있어야 하는 것이다.

플라톤과 아리스토텔레스의 목적론

플라톤과 아리스토텔레스의 목적론은 이오니아 철학자들의 원자론과 대비되는 개념이다. 아리스토텔레스는 원자를 인정하지 않았다. 만약 물질이 원자로 이루어졌다면 원자 사이에는 공간이 있어야 하고 그 공간은 진공이어야 하는데, 그는 진공을 믿지 않았다.

이오니아의 철학자들과 플라톤 그리고 아리스토텔레스는 질서가 생기는 방식을 각각 다르게 설명했다. 이오니아의 철학자인 고대 원자론자들은 우주가 무한히 많아서 어떤 것은 혼란스럽고 어떤 것은 부분적으로 질서가 있다고 생각했다. 그들에 따르면 우주의 질서는 우연히 나타난 것일 뿐이다. 이에 비해 플라톤은 데미우르고스라는 신이 이상적인 질서를 만들었다고 보았으며, 아리스토텔레스는 자연에는 원래 이상적인 질서로 나아가는 능력이 있다고 생각했다.

아리스토텔레스와 플라톤의 목적론은 고대 세계뿐만 아니라 17세기 과학혁명 때까지 거의 2,000년 동안 독보적인 지위를 인정받았다. 왜 그랬을까? 설마 그 당시의 사람들이 우리보다 머리가 나빴던 걸까? 물론 그렇지 않다! 다만 그들에게는 오늘날 우리에게 있는 지식의 자원이 없었을 뿐이다. 고대인들은 중력이라는 개념 없이 우주의 질서를 설명해야 했고, DNA와 유전, 진화라는 개념 없이 인간의 기원을 밝혀야 했다. 이때 목적론은 아주 그럴싸했다. 기독교가 유럽에 들어온 뒤에는 우주의 질서와 생명의 기원을 신의 목적에 따른 창조로 설명했다.

이오니아 철학자들의 원자론과 아테네 철학자들의 목적론 사이의 대립은 노예제 사회에서 귀족과 자유민 사이의 대립을 반영한다. 하지만 그 당시에도 경험이 아닌 순수한 이성을 통해 인식하고 설명하는 사변적인 과학만 존재했던 것은 아니다. 전쟁을 치르고 사회를 유지하기 위한 실질적인 기술도 발달했다.

알렉산드리아 시대

......

알렉산더나 알렉스는 서양에서 아주 흔한 이름
이다. 이 이름의 근원은 인류 역사상 가장 거대
한 왕국이었던 알렉산드로스 제국을 건설했던
알렉산드로스 대왕(BC 356~323)이다.

마케도니아의 왕 알렉산드로스는 스무 살의 나
이에 왕위에 올라 시리아, 이집트, 메소포타미아,
페르시아를 완전히 정복하였다. 그는 자신의 이
름을 붙인 도시를 건설하였지만 동방 원정을 떠
났고, 도시의 완성을 보지 못한 채 32세에 죽고
말았다. 그와 그의 제국은 단명하였지만 그가 건
설한 도시에는 정복 과정 중 수집한 각국의 문화
가 집결되었고 헬레니즘이라는 새로운 문화를
발생시켰다. 지금의 이집트 북부 항구도시인 알
렉산드리아가 바로 그곳이다.

......

알렉산드리아 시대의 도래

한때 유럽의 지성사를 지배했던 아테네는 스파르타와의 전쟁에서 패배한 후 알렉산드로스 대왕이 있는 마케도니아의 지배를 받았다. 알렉산드로스 대왕이 죽은 후(BC 322) 반反마케도니아 운동이 펼쳐지기도 했지만 성공하지 못했다. 이러한 혼란으로 아테네의 학자들은 자연학에 대한 관심이 줄어들었다. 이제 이오니아에서 시작한 그리스의 자연철학은 역사에서 사라지고 마는 것일까?

역사는 새로운 장소를 모색하고 있었다. 알렉산드로스 대왕이 완성을 보지 못한 도시 알렉산드리아가 바로 그곳이다. 아프리카 북부의 지중해 연안 도시 알렉산드리아는 아테네를 대신하여 정치·경제·문화의 중심지가 되었고, 시장이 확대됨에 따라서 수공업과 농업이 번창하였으며 무역의 중심지가 되었다.

한편 알렉산드리아는 알렉산드로스 대왕의 동방 원정에서 수집한 오리엔트 문명과 그리스 문명이 융합되는 장소였다. 알렉산드리아에는 '무세이온'이라는 학문 연구 센터가 설립되었는데 이곳으로 세계의 많은 학자가 모여들었다.* 무세이온 안에는 학자들을 위한 숙소도 있었고, 천문대·해부실·동물원·식물원의 부속시설이 있었으며, 도서관도 갖추어져 70만 권의 문헌이 소장되어 있었다.

알렉산드리아에서 오리엔트 문명과 융합된 그리스 과학은 이제 아테네

---

* 예술가들에게 영감을 준 영인이라는 의미로 사용되는 뮤즈는 그리스어로 무사(Mousa)이고 무사의 복수형은 무사이(Mousai)다. 무세이온(Museion)은 '무사의 집', 즉 무사를 섬기는 신전이 학당으로 발전한 것이다. 후에 박물관과 미술관을 의미하는 뮤지엄(museum)의 어원이 된다.

라는 좁은 울타리를 벗어나 광범위한 헬레니즘 과학으로 발전하게 된다.

스트라톤의 공기학

이오니아 시대 그리스 철학의 백미는 데모크리토스의 원자론이었지만 진공을 극도로 혐오한 아리스토텔레스의 영향으로 아테네에서는 원자론이 힘을 잃었다. 물론 아테네에도 원자론을 주장하는 피타고라스학파가 있기는 했지만, 그들의 원자론은 자연의 원인을 탐구하는 데모크리토스의 원자론과는 거리가 멀었다. 피타고라스학파의 원자론은 혼란스러운 사회 속에서 신의 노여움과 죽음에 대한 두려움, 미신 등에 현혹되지 않고자 여러 가지 현상을 합리적으로 설명하려는 수단에 불과했다. 이제 더 이상 아테네는 자연학의 중심지가 아니었다.

그런데 스트라톤(Straton, BC 335?~BC 269)은 데모크리토스의 원자론을 알렉산드리아로 옮겨놓았다. 역설적이게도 스트라톤은 아리스토텔레스가 세운 학교인 리케이온의 3대 학장이었다. 알렉산드리아로 넘어온 원자론은 단순한 자연철학이 아니라 '공기학'이라는 이름의 자연과학으로 발전한다.

스트라톤은 실험을 중요하게 생각했다. 그는 '눈에 보이지 않는 공기가 존재한다'는 것을 보여주는 실험을 하였다. 비어 있는 병을 거꾸로 하여 물에 넣으면 병에 물이 들어오지 않는다. 이것은 병이 빈 것이 아니라 그 안에 공기가 존재하기 때문이다. 그는 여기에서 그치지 않고 공기가 존재하지만 '공기 안에는 작은 공간이 무수히 많다'는 것 역시 증명했다. 2L 정도 되는 쇠공에 금속관을 납땜한 후, 관으로 공기를 불어 넣으면 얼마든지 공기가 들어간다는 것을 보여준 것이다.

이와 같은 스트라톤의 체계적인 실험은 그리스의 자연철학이 알렉산드리아의 새로운 생산기술과 만났기 때문에 가능했다.

하지만 스트라톤의 공기학은 아리스토텔레스의 영향을 완전히 벗어나지는 못했다. "진공은 있다"라는 데모크리토스와 "진공은 없다"라는 아리스토텔레스의 영향을 받은 스트라톤은 "외부 자연에는 진공이 없지만 물체 내부에는 진공이 있다"는 이상한 결론에 도달했다. 또한 그는 낙하할수록 낙하속도가 빨라진다는 낙하가속도에 대한 이해는 있었지만, 무거운 것이 먼저 떨어진다는 생각은 여전했다(과학사에는 이렇게 어중간한 입장인 사람들이 많다. 하지만 과학은 어중간한 타협으로 발전하는 게 아니다).

지금도 많은 사람들은 무거운 물체가 먼저 떨어진다고 생각한다. 1971년 아폴로 15호의 우주인들은 달에서 깃털과 망치를 동시에 떨어뜨리는 실험을 전 세계에 중계하였다. 물론 두 물체는 동시에 달의 표면에 닿았다.

에우클레이데스의 기하학

그리스 수학은 이집트에서 수입된 기하학과 바빌로니아에서 들여온 대수학으로 이루어졌다. 탈레스와 피타고라스 그리고 플라톤이 이집트에 유학하였으며, 플라톤은 아카데메이아의 강당 입구에 "기하학을 모르는 자는 들어오지 말라"라고 써 놓을 정도로 기하학을 중요하게 생각했다. 그러나 중요하게 여긴다고 반드시 발전하는 것은 아니다. 알렉산드로스 대왕 시대 이후 아테네에서는 더 이상 기하학이 발전하지 않았다. 그 대신 알렉산드리아에는 에우클레이데스가 있었다.

에우클레이데스(Eucleides, BC 330~260)는 영어로 '유클리드'라고 하는 기하학자다. 그에 대해서는 BC 300년경 무세이온에서 기하학을 가르쳤다는 사실 정도만 알려져 있지만 그가 남긴 총 13권의 『원론』을 모르는 사람은 없다.

에우클레이데스는 『원론』에서 그때까지 흩어져 있던 수많은 기하학 명제 465개를 모아 기본적인 것부터 시작하여 앞의 명제가 있어야만 증명되는 순서로 배열하였다. 이로써 기하학을 증명의 학문으로 완성한 것이다. 또한 피타고라스학파와 플라톤학파에 따라 명제를 연구하기도 했는데, 이것은 그리스 기하학 역사를 총망라한 것이기도 했다.

에우클레이데스에 대해서는 몇 가지 전설이 있다. 에우클레이데스가 무세이온에서 피타고라스 정리를 강의하던 날 한 제자가 물었다. "이런 것들을 배우면 제가 무엇을 얻을 수 있습니까?" 그러자 에우클레이데스는 종을 불러서 말했다. "저놈은 학문에서 이득을 얻으려 하는구나. 동전 한 닢을 줘서 보내라."

이 예화를 보면 에우클레이데스는 자신의 학문적 업적의 실용적인 쓰임새에 마음을 쓰지 않았던 것처럼 보인다. 하지만 이것은 전해 내려오는 이야기일 뿐 어떤 역사적인 근거가 있는 것은 아니다. 실제로 에우클레이데스는 자신의 기하학을 천문학, 광학, 기술에 응용하여 『구면천문학』『광학』『기계학』『음향학』 등의 책을 썼다고 알려져 있다. 알렉산드리아에서는 기하학이 그 자체로도 발전했지만 실제의 문제와 결부되어서도 발전한 것이다.

첫 번째 전설이 신빙성이 적은 데 반해 다음 전설은 그럴 듯하다. 당시 알렉산드리아를 다스리던 프톨레마이오스 1세는 『원론』의 방대함과 지루함에 놀랐다. 그는 기하학을 쉽게 배울 수 있는 방법이 있는지 에우클레이데스에게 물었다. 에우클레이데스의 대답은 간단했다. "기하학에 왕도란 없다."

천체 삼각형과 지구의 지름

°바다 한가운데의 어떤 섬에서 오도 가도 못 하는 사람이 태양의 크기를 잴 수 있을까? 우주에서 꼼짝없이 지구에 갇혀 있는 사람이 줄자도 없이 태양과 지구의 거리를 잴 수 있을까? 사모스섬 출신의 그리스 천문학자 아리스타르코스(Aristarchos, BC 310~230)는 기하학을 사용하면 가능하

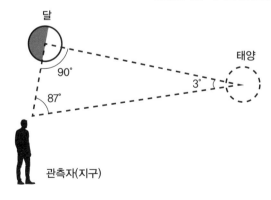

〈그림 3-10〉 아리스타르코스의 천체 삼각형

다고 생각했다.

　그는 반달이 뜬 날의 밤하늘에서 태양과 지구와 달을 꼭짓점으로 하는 커다란 삼각형을 상상했다. 반달이 뜬 날에는 각($\angle$)지구-달-태양이 90°다. 또한 그가 측정한 각($\angle$)달-지구-태양은 87°다. 삼각형의 내각의 합은 180°이므로 나머지 각($\angle$)지구-태양-달은 3°였다.

　각의 법칙에 따라 태양의 각이 작을수록 지구와의 거리는 점점 멀어진다. 이런 식으로 아리스타르코스는 천체 사이의 비율을 분명히 알 수 있었다. 기하학 법칙에 따르면 지구와 태양 간의 거리는 지구와 달의 거리의 19배였다. 따라서 태양의 지름도 달 지름의 19배였다. 그런데 그는 각을 잴 때 양팔을 사용하였다. 당연히 정확할 수가 없다. 현대 측정에 따르면 각($\angle$)달-지구-태양은 89.89°이며 각($\angle$)지구-태양-달은 0.11°에 불과하다. 그리고 실제 지구-태양 거리는 지구-달 거리의 400배다. 이러한 오차는 중요하지 않다. 그는 하늘에다 자신의 기하학으로 장식을 하나 달아 놓은 셈이다.

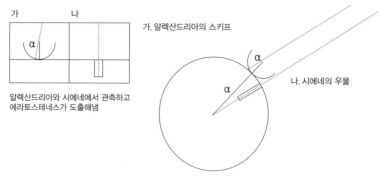

가. 알렉산드리아의 스키프

나. 시에네의 우물

알렉산드리아와 시에네에서 관측하고
에라토스테네스가 도출해냄

〈그림 3-11〉 에라토스테네스의 지구 지름 산출

무세이온의 5대 학장 에라토스테네스(Eratosthenes, BC 276~194)는 대담하게 기하학을 응용하여 지구의 크기를 측정하였다. 그 역시 아리스타르코스처럼 태양을 출발점으로 삼았다. 그는 이집트를 여행하는 동안 하지가 되면 시에네(오늘날의 아스완)에 있는 우물의 수갱 중심에서 태양의 모습이 물 위에 비친다는 것을 알게 되었다. 즉 태양이 정확히 이 지점 위에 있다는 말이다. 만일 태양 광선을 아래로 계속 연장하면 지구의 중심과 만나게 될 것이다. 알렉산드리아는 시에네에서 북쪽으로 700km 떨어진 곳이었다. 그런데 시에네의 우물에 그림자가 생기지 않는 바로 그 시간에 알렉산드리아에서는 그림자가 생기는 것을 확인했다.

에라토스테네스는 반구 모양의 도구 '스키프' 한가운데에 막대기를 꽂아 해시계를 만들었다. 이때 에라토스테네스는 태양광선이 지표면 전체에 평행하게 비춘다고 가정했는데, 이것은 아리스타르코스가 이미 태양과 지구의 거리가 엄청나게 먼 것이라고 계산했기 때문에 가능한 것이었다. 스키프는 안쪽 면에 생긴 그림자의 길이에서 각 a를 측정하고, 'a : 700km=360 : $2\pi R$'로 지구 지름 2R을 계산하였다. 에라토스테네스의 계산에 따르면 지구 지름은 약 11,200km였다. 오늘날 우리가 알고 있는 지구 지름 12,756km와 매우 근사한 값이다.

당시 학자 가운데 에라토스테네스의 주장을 믿는 사람은 거의 없었다. 에라토스테네스의 다른 연구에서 정확성이 떨어지는 몇 가지 사실이 밝혀졌기 때문이다. 그래서 그에게는 '아류'라는 뜻의 별명 '베타'가 생겼다.

두 사람 외에도 천문 관측과 결부하여 삼각법을 고안한 히파르코스(Hipparchos, BC 190~120)의 연구는 실제와 강하게 결합된 알렉산드리아 과학의 특징을 잘 보여준다.

지레의 과학자 아르키메데스

실용성을 강조한 알렉산드리아 과학의 특징을 가장 잘 보여주는 사람은 아르키메데스(Archimedes, BC 287~212)다. 그는 지중해의 시라쿠사섬에서 천문학자의 아들로 태어났다. 어릴 때 이미 물의 힘으로 작동하는 천상의天象儀를 만들었고, 이집트로 건너가 무세이온에서 에우클레이데스의 기하학을 배웠다.

아르키메데스는 '아르키메데스의 나사'를 발명한 것으로 유명하다. 이것은 물을 퍼 올리는 기계로 가늘고 긴 원통 속에 나사 모양으로 홈을 판 차축이 들어 있는 양수기다. 이것을 비스듬히 한쪽 끝을 물속에 넣고 내부의 차축을 회전시키면 나사 모양의 홈을 따라서 아래쪽 물이 위로 올라온다.

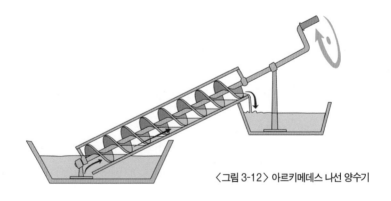

〈그림 3-12〉 아르키메데스 나선 양수기

〈그림 3-13〉 지레의 반비례 법칙

아르키메데스는 두 개 추의 균형을 잡기 위해 받침점의 위치를 정하는 법을 경험을 통해 이미 알고 있었다. 그는 무세이온에서 배운 기하학을 적용하여 '지레의 반비례 법칙'을 발견하였다. 경험적 지식을 기하학적 논증으로 확실히 한 것이다. 시라쿠사로 돌아온 아르키메데스는 "받침점과 긴 막대기만 있으면 지구도 움직일 수 있다"라며 지레의 위력을 호언하고, 모래사장에서 건조된 마스트가 세 개나 있는 거대한 함선을 도르래로 들어 올렸다(도르래의 원리는 지레의 원리의 변형일 뿐이다).

과학사에서 아르키메데스가 벌거벗은 채로 "유레카!"를 외친 이야기만큼 유명한 사건은 없다. 순금의 일부를 떼어내고 은을 보충한 금세공직인의 나쁜 짓을 폭로한 사건이다. 아르키메데스는 양팔 저울의 한쪽에는 모조 금관을 올려놓고, 다른 한쪽에는 왕이 내린 것과 같은 무게의

<그림 3-14> 아르키메데스 부력

순금 덩어리를 올려놓았다. 저울은 수평을 유지하였다. 하지만 저울을 물에 넣자 순금 덩어리 쪽으로 저울이 기울었다. 금관이 부피가 더 크고 밀어내는 물의 양이 많아 부력이 컸기 때문이다. 이것이 '아르키메데스의 원리'인 부력의 원리다(여기서도 지레의 원리가 응용된다). 그런데 이것은 그냥 전해지는 이야기일 가능성이 크다. 실제로는 배의 부력을 연구하는 과정에서 이 원리를 발견했을 것이다.

그는 자신이 발견한 원리를 『역학적 문제를 다루는 아르키메데스의 방법 : 에라토스테네스에게』라는 편지 형식의 글로 남겼다. 이 책은 1544년 라틴어로 번역되었는데 이것을 갈릴레오 갈릴레이가 같은 원리로 다시 실험하였다. 아르키메데스는 갈릴레오보다 2,000년이나 앞선 연구를 한 것이다.

아르키메데스 시대에 카르타고와 로마는 지중해의 패권을 차지하기 위해 포에니 전쟁을 벌이고 있었다. 시라쿠사는 카르타고의 편에 섰으며, 아르키메데스는 지레를 응용한 다양한 무기로 로마군을 괴롭혔다.

하지만 시라쿠사도 마침내 함락되었으며 아르키메데스도 두 명의 로마 병사에 의해 살해되었다.

　바야흐로 로마 시대가 시작된 것이다.

제4장

로마제국의 과학

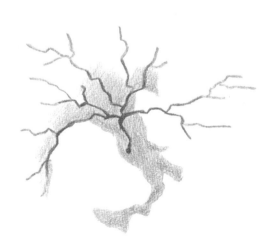

모든 길은 로마로 통한다 :
로마와 노예제의 종말

......

아테네가 그리스의 도시국가로 겨우 이름을 부지하고 있을 때 이탈리아반도에서는 또 다른 노예제 국가가 번영의 길을 걷고 있었다. 바로 지금은 도시의 이름으로만 남아 있는 로마다.

기원전 27년, 500년에 걸쳐 노예를 획득하고 영토를 확장한 전쟁의 결과 대로마제국이 성립되었다. 로마인들의 힘찬 발걸음은 동쪽으로는 비잔티움, 서쪽으로는 스페인, 남쪽으로는 시칠리아, 북쪽으로는 알프스산맥을 넘어 라인강까지 이르렀다.

로마제국의 과학과 기술의 진보를 어떻게 평가해야 할까? 물론 로마 노예제 사회에서는 수공업 기술이 전문화되어 각종 도구가 생기고 발전했지만 여기에서는 거대과학을 중심으로 살펴보자.

......

모든 길은 로마로 통한다

　로마인들은 길을 아주 잘 닦았다. 한두 해 쓰고 마는 도로가 아니라 수백 년을 너끈하게 견딜 수 있게 만들었다. 기원전 312년 로마인은 유럽 최초의 간선도로를 놓았다. 로마에서 카푸아까지 이어지는 총 260km의 아피아 도로(Via Apia)가 바로 그것. 그들은 길을 낸 후 거기에 모르타르, 쪼갠 돌, 화산재를 채운 후 그 위에 다각형의 돌을 끼워 넣었다. 그리고 1마일(약 1.6km)마다 이정표(milestone)를 세워 여행자가 알아야 할 사항을 적어 놓았다. 여행자는 어디를 가도 로마와 몇 마일 떨어져 있고, 또 다른 도시와의 거리는 얼마나 되는지 정확히 알 수 있었다.

　아피아 도로는 800년이 지나도 이상이 없었으며 부분적으로는 아직도 남아 있다. 이런 훌륭한 도로가 로마를 중심으로 사방팔방으로 뻗어 있었기 때문에 '모든 길은 로마로 통한다(Omnes viae Romam ducunt; All roads lead to Rome)'라는 유명한 말이 생긴 것이다. 로마로 통하는 길은 로마의 침략과 지배강화에 맞춰 건설되었다. 전체 길이 76,000km의 대도로망이 로마를 중심으로 방사선 모양으로 뻗었다(2019년 말 기준 우리나라의 도로 길이는 111,314km다). 다른 민족을 정복하기 위해 군대가 이 길을 행진했고 승전 후 그들이 획득한 노예들과 정복당한 민족이 바치는 공물과 세금이 이 길을 통해 로마로 들어

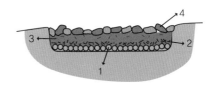

1. 바닥에 돌을 깐다.
2. 바닥을 깨진 돌, 자갈, 모래, 시멘트로 다진다.
3. 시멘트와 부서진 타일 조각을 섞는다.
4. 포장용 돌로 마감한다.

〈그림 4-1〉 아피아 도로

왔다. 이집트에서 곡물과 파피루스, 아름다운 유리병이 들어오고, 그리스에서는 대리석과 청동이, 사모스와 메로스에서는 로마인의 파티에 진미로 제공되는 백조와 공작이 들어왔다. 스페인에서는 곡식, 술, 꿀, 기름, 감, 금, 은이 왔고, 지금의 프랑스인 갈리아 사람들은 밀과 술을 바쳤으며, 현재 영국이 있는 브리타니아에서는 주석을 보냈다. 길은 로마의 젖줄이었다. 하지만 로마에서 나가는 물건은 거의 없었다. 로마는 (지중해 연안의) 세계의 중심이었기 때문이다.

아치, 로마의 유산

〈그림 4-2〉의 지도는 AD 100년경 로마제국의 영토를 나타내고 있다. 대로마제국은 당시 유럽인에게 알려진 세계 가운데 메소포타미아를 제외한 모든 영역을 모두 포괄하고 있었다. 이 거대한 제국을 건설하고 통치하게 한 원동력은 무엇이었을까? 로마인들에게 아테네와 알렉산드리아의 과학 전통은 아무런 의미가 없었다. 그들에게 과학은 없었다. 로마 황제들은 전통을 지키기 위해 알렉산드리아의 박물관을 지원했지만, 로마인들은 과학과 기하학 같은 그리스 학문을 경멸했다.

하지만 로마인들은 최고의 기술자들이었다. 과학이나 자연철학이 주로 도시에서 발달한 것과 달리 기술은 고대 세계 어디에나 있었다. 대부분의 기술자는 과학 세계에서 동떨어진 채 부지런히 생업에 종사하는 익명의 실행가들이었다. 로마제국은 여러 기술을 중심으로 성장했다. 노예와 약탈 그리고 피지배 민족이 내는 세금으로 유지하던 로마에게 도

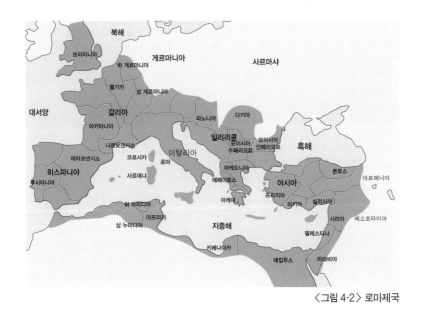

〈그림 4-2〉 로마제국

로와 수로는 필수적인 기반시설이었다.

영토 확장과 함께 인구도 늘어난 로마는 물 사용량 역시 급격히 증가하자 근처 산에서 물을 끌어오기 위한 수로를 건설하였다. 1세기 로마는 수로를 통해 하루에 12억L의 물을 공급받았다. 수로는 협곡이나 계곡을 통과해야 했으므로 이를 위해 수도교가 건설되었다. 수도교는 로마 시대에 물을 공급하기 위해 처음 세워진 교량 형태이다. 물은 수도교의 위층에 설치된 콘크리트의 수로를 따라 높은 곳에서 낮은 데로 흘러갔고, 골짜기를 건널 때는 1층이나 2층 또는 3층의 아치가 만들어졌다. 로마제국 곳곳에 세워진 수도교는 로마제국 건축술의 우수함과 신비로움을 극명하게 드러내는 작품이라고 할 수 있다.

1세기의 수도감독관이자 군인이었던 프론티누스(Sextus Julius Frontinus,

수로	건설 시기	길이 (km)	시작점의 표고 (m, 해발)	도착점의 표고 (m, 해발)
아피아	BC 312	16	30	20
아니오 베투스	BC 272~269	64	280	48
마르시아	BC 144~140	91	318	59
테풀라	BC 125	18	151	61
율리아	BC 33	23	350	64
비르고	BC 19	21	24	20
아시엔티나	?	33	209	17
클라우디아	AD 38~52	69	320	67
아니오 노부스	AD 38~52	87	400	70

1세기 당시 로마의 수로

30?~104)는 수도 설비에 대해 '건강과 위생을 위한 기술'이라고 말했다. 그는 수도관에서 물이 흘러나오는 속도는 관의 굵기와 물의 깊이에 따라 결정된다는 사실을 실험을 통해 밝혀냈다.

로마 시대의 수로는 유럽 곳곳에 아직도 남아 있는데 스페인의 세고비아에 있는 '악마의 다리(El Puente del Diablo)'가 대표적이다. 100년경 건설된 이 다리는 16km 떨어진 곳에서 물을 공급하는 수로로 쓰였다. 중간에 1km의 계곡을 가로지르기도 하는데 총 100여 개의 2층의 반원형 아치로 이루어졌다(아치는 로마의 발명품이다. 16세기 라파엘로가 그린 〈아테네 학당〉에도 플라톤과 아리스토텔레스 뒤에 아치 구조가 보이지만 이것은 라파엘로의 오류다. 그리스에는 아치 건축물이 없었다).

〈그림 4-3〉 악마의 다리

시멘트처럼 단단해진 로마제국

거대한 로마제국을 만들어준 결정적인 요소 가운데 하나는 '시멘트' 의 발명이었다(현대적인 시멘트는 19세기에 발명되었다). 시멘트와 흙벽돌은 근본적으로 원리가 다르다. 흙벽돌은 진흙과 물을 섞으면 입자 사이의 공간이 사라져 밀도가 높아지고 이후 서서히 수분이 증발되면서 단단해 지는 데 반해, 시멘트는 시멘트의 성분이 물과 결합하면서 강도가 높은 다른 물질을 형성함으로써 단단해진다. 예컨대 진흙과 시멘트 100kg에 각각 물 20kg을 섞었을 때 흙벽돌의 경우 물기가 날아가면 100kg이 되지 만, 시멘트의 경우에는 물기가 완전히 날아간 후에도 110kg이 될 수 있는 것이다. 즉 물이 흙벽돌에서는 단지 입자의 밀도를 높이는 보조수단 이지만 시멘트에서는 결합에 직접 참여하는 셈이다. 로마인이 개발한 첨 단기술인 시멘트 덕분에 석조 건물을 쉽고 싸게 건설하면서, 로마제국은 말 그대로 '시멘트처럼 단단'해졌다.

인간에게 쓸모 있는 것만이 가치 있다

로마에는 순수하게 자연을 탐구하는 과학은 사실상 없었다. 로마 시 대를 대표하는 철학으로는 스토아학파와 에피쿠로스학파를 들 수 있는 데, 이들은 모두 자연의 문제보다는 윤리와 종교에 치중하였으며 윤리 적인 동기에서 자연에 관심을 가졌다.

키케로(Marcus Tullius Cicero, BC 106~43)로 대표되는 스토아 사상가들은 '마음의 평정'을 얻기 위해 과학을 연구했다. 그들은 모든 것에는 유기체 적인 프네우마(pneuma)가 있어서 성질, 생명, 영혼이 있게 한다고 생각했 다. 또한 아리스토텔레스의 영향을 강하게 받아서 진공을 부정했으며, 결정론적이고 목적론적인 자연관을 보였다.

한편 에피쿠로스학파는 고대 그리스의 원자론도 로마 시대에 어울리 게 수정하였다. 루크레티우스(Lucretius Carus, BC 95?~55?)의 『사물의 본질 에 대하여』(BC 56, 전 6권)는 고대 원자론을 잘 나타내고 있다. 이 책은 어 떤 물질도 (신의 힘에 의해서조차도) 무無에서 만들어질 수 없다는 원리를 기초로 하여, 결코 사라지지 않는 원자의 결합과 분리로 자연계를 설명 하고, 인간의 마음과 생명, 사회의 발전까지 자연사의 연장으로 파악하고 있다. 데모크리토스의 원자론을 떠오르게 하는 부분이다.

에피쿠로스학파는 쾌락주의를 주장한다. 쾌락주의를 '퇴폐적인 오락주의'로 오해하는 사람들이 많다. 그러나 실제 쾌락주의는 '금욕주의'에 가깝다. 감각적이고 순간적인 쾌락은 결국 고통으로 귀결된다. 잠깐의 즐거움이 내일의 고통이 되기 때문이다. 즐거움의 강도보다 고통의 강도가 더 강하다면 그것은 쾌락이라 말할 수 없다. 대개의 육체적, 감각적 쾌락은 고통을 가져온다. 과음하면 그다음 날 숙취로 고통받는 것과 같은 것이다. 따라서 쾌락주의자들은 부작용이 없는 정신적이고 지속적인 쾌락을 추구한다. 그리하여 자연스럽게 '금욕주의'로 가는 것이다.

데모크리토스의 영향을 받은 에피쿠로스학파는 우주가 무한하고 영원하다고 주장했으며, 진공을 인정했다. 그들은 또한 인과성이 인간의 자유의지를 제한한다고 생각하여, 인과율을 거부하고 비결정론적인 자연관을 채택했다.

로마의 지배자들에게 과학이론이란 자연의 객관적 원리보다는 지배의 편리를 추구하는 수단이었다. 예를 들어, 율리우스 카이사르(Gaius Julius Caesar, BC 100~44)는 군용 지도를 만들었는데, 이 지도는 오늘날의 관광 지도와 비슷한 것으로, 로마군의 행군에 편리하도록 가까운 산과 숙영지 등이 거리와 함께 표기되어 있다. 이것은 객관적인 자연의 탐구에 기초하여 천문을 관측하고 땅을 측량하여 만든 알렉산드리아 시대의 지도와는 판이한 것이다.

율리우스가 이집트에서 태양력을 도입하여 달력을 개혁할 때도 과학적 엄격성을 무시하였다. 당시에도 이미 1년의 길이가 365.2422일임을 알고 있었지만 간단히 365.25일로 정하고 4년마다 한 번씩 윤년을 두었다. 달력과 실제 1년 사이에는 11분 14초의 차이가 있었지만 당장의 편리를 위해 무시한 것이다. 이것은 로마의 지배층에 '인간에게 쓸모 있는 것만이 가치 있다'라는 생각이 팽배했기 때문에 가능한 일이었다.

그리스 전통을 계승한 변두리 과학

로마에서 발명은 노예제와 충돌하였다. 로마의 건축기사 비트루비우스(Vitruvius, BC 1세기경)는 동방에서 발명된 수차水車를 제분용으로 쓰기 위해 수직식 수차로 개량하였지만 보급되지 않았고, 수차 동력을 이용한 기중기 사용 역시 '노예의 작업을 없애지 않도록' 하려는 로마 황제의 '자비로운' 명령으로 허락되지 않았다. 수차가 본격적으로 사용된 것은 3세기경 전쟁이 줄어들면서 노예의 공급이 감소한 다음부터다. 4~5세기에는 로마 시내에도 수차가 등장하였다.

노예의 노동력이 충분할 때 발명은 의미가 없었다. 예를 들어 알렉산드리아에서 활동했던 헤론(Heron, 62년경)은 스트라톤의 원자론에 기초한 진공의 흡인력, 증기의 분출력, 공기의 압력 등을 이용한 (아마도 증기기관을 포함한) 78가지의 기계장치를 고안했지만 모두 실용화되지 않고 장난감 취급을 받았다.

로마제국 본토에서 '지배를 위한 과학'이 성행하고 있을 때 알렉산드리아는 '객관적 진리의 추구'라는 고대 그리스 과학의 전통에 서 있었다.

프톨레마이오스(Ptolemaeus, 140년경)는 천동설을 주장한 『천문학 집대성』을 썼다. 이 책은 나중에 아라비아어로 번역된 『알마게스트(Almagest)』

로 더 유명하다. 프톨레마이오스의 천동설은 1,400년이 지난 케플러 시대까지도 강력한 영향력을 발휘하였다. 프톨레마이오스는 지리학 책도 썼는데 그는 카이사르의 군용 지도와는 달리 8천 개소의 경도와 위도 그리고 거리를 기록한 세계 지도를 만들고자 했다.

의학자로서는 갈레노스(Claudius Galenos, 129년경~200년경)의 기록이 남아 있다. 그는 알렉산드리아에서 실제로 동물을 해부했다. 그는 살아 있다는 것은 호흡하고 있다는 것으로 생각하여 공기 속에 생명의 근원인 프네우마가 있어서 그것이 허파를 통해 심장의 좌심실로 들어간다고 생각했다. 당시는 허파의 역할과 혈액의 순환에 대해 알려진 것이 없었다. 갈레노스는 우심실과 좌심실 사이에 구멍이 있다고 주장했는데, 유럽인들은 1543년 베살리우스(Andreas Vesalius, 1514~1564)가 의문을 제기할 때까지 이 생각을 믿었다. 갈레노스의 의학에는 많은 약점이 있지만 관찰하고 실험하는 그리스 과학의 전통을 계승했다는 점에서 의미가 있다.

로마와 노예제의 종말

로마의 자유는 노예의 피와 땀으로 유지됐다. 로마에서는 귀족이 거대한 토지를 소유하고 수많은 노예가 농사를 짓는 라티푼디움이라는 대농장이 발달했다. 농민의 토지를 수용하여 노예를 데려다 놓았기 때문에 농민이 설 땅이 없었다. 로마의 귀족들은 노동을 치욕이라고 생각했으며, 그사이 로마인들은 손으로 하는 노동을 망각해버렸다. 그들에게 일이란 '명령'을 내리는 것에 불과했다. 농장과 공장의 일꾼은 노예였다.

장사를 위해 바다를 건너고 사막을 횡단하는 위험한 여행은 시리아인이나 아라비아인 또는 이집트인에게 맡기면 되었다. 명령을 내리기 위해 '힘'이 필요했으므로 잘 훈련된 용감한 군대를 양성했다.

노예 때문에 실업자가 된 평민들은 국가가 무료로 나눠주는 음식을 먹으면서 원형경기장에서 쇼와 경기를 보며 무료함을 달래야 했다. 지배층은 처음에는 맹수끼리의 싸움을 보여주었다. 하지만 사람들이 금방 시들해 하자 인간을 사자와 싸우게 하였으며, 그다음에는 죄수를 묶어 놓고 굶주린 맹수가 잡아먹는 과정을 구경시켰다. 마침내는 노예를 검투사로 키워 인간과 인간이 죽을 때까지 싸우는 모습을 보고 즐겼다.

스파르타쿠스를 비롯한 노예들이 반란을 일으키고 여기에 평민들이 합세하여 세계 최강의 로마군을 곤경에 빠뜨리기도 하지만 로마가 망하기까지는 시간이 오래 걸렸다. 노예가 공급되는 한 로마는 유지될 수 있었다. 그런데 노예의 공급이 벽에 부딪히게 되었다. 전쟁이 거듭되고 지배 영역이 넓어지자 로마인만으로는 모든 지역에 보낼 군대를 구성할 수 없게 되었다. 그러자 (오늘날의 독일, 오스트리아, 스위스에 살던) 게르만인이나 (오늘날의 이탈리아 북부와 프랑스에 살던) 갈리아인들을 용병으로 고용하였지만 스스로를 지킬 힘이 없는 로마가 망하는 것은 이제 시간 문제였다. 더 이상 노예가 공급되지 않았다.

로마인이 노동을 천시하는 동안 라인강, 센강, 템스강변의 '야만인'들은 노동을 통해 많은 것을 배웠다. 그들은 일하고 배우면서 발전했다. 야만인들은 알프스를 넘어 로마로 물밀듯이 밀어닥쳤다. 이제 로마의 숨은 끊어지고 노예제도 종말을 고하게 되었다.

제5장

아라비아 과학

서구 문명은 아랍에 빚졌다

· · · · · ·

"아랍은 서구 문명에 아무 것도 기여하지 않았다
(The Arabs have contributed nothing to western civilization)."
2004년 1월 4일자 영국 주간지 〈선데이 익스프
레스〉에 실린 칼럼 한 편이 영국을 발칵 뒤집어
놓았다. 칼럼의 저자는 BBC 방송국의 간판 토크
쇼 진행자 로버트 킬로이실크(Robert Kilroy-Silk).
아랍연합 인종평등위원회는 즉각 킬로이실크의
칼럼에 대해 "명백히 어리석은" 글이라고 반발했
고 노동당 국회의원들은 근거 없는 반아랍적 폭
언에 대해 킬로이실크가 책임지고 물러나야 한
다고 주장했다. BBC는 '언론 자유'에 대한 논란
속에서도 결국 킬로이실크를 토크쇼 진행자에
서 도중 하차시켰다. 하지만 국민의 93%는 킬로
이실크를 지지했다. 킬로이실크, 그는 과연 옳았
을까?

· · · · · ·

알코올, 알고리즘, 알칼리, 아말감, 아닐린, 벤젠, 캐러멜, 캐럿, 커피, 코르크, 갈라, 거즈, 매거진, 마스크, 매트리스, 몬순, 사파리, 셔벗, 소다, 소파, 시럽. 이 단어들의 공통점은 무엇일까? 모두 아라비아에서 온 외래어다. 물론 아라비아에서 직접 우리나라로 온 말은 아니고 모두 서구를 거쳐서 들어왔다. 이와 같이 우리나라 말에도 아라비아어의 흔적이 무수한데 영어는 오죽할까? admiral(제독), alchemy(연금술), algebra(대수), average(평균), azimuth(방위각), cotton(면화), giraffe(기린), hazard(위험), mirror(거울), monkey(원숭이), monsoon(몬순), sugar(설탕), tariff(관세), Vega(직녀성), zero(영) 등 그 예는 무수히 많다.

유럽에서 과학이 사라지다

324년 로마 황제 콘스탄티누스가 수도를 비잔티움(지금의 이스탄불)으로 옮긴 후, 그곳을 콘스탄티노플이라고 부르면서부터 유럽 사회는 서서히 해체되기 시작했다. 노예의 노동력을 바탕으로 발전하고 유지되던 로마에 노예 공급이 줄어들자 사회가 몰락하게 된 것이다. 200~600년 유럽의 인구는 절반으로 줄어든다(비잔틴제국은 1453년 오스만 튀르크에 정복될 때까지 1,000년 동안 유지되었다). 이미 로마 시대에 그리스 과학의 대부분이 사라졌는데, 500년경이 되자 그리스어를 아는 사람이 드물어졌고 전문적인 과학 지식도 찾아보기 어려웠다. 당시의 지식과 지식인은 다 어디로 갔을까?

비잔틴 문명은 국교로 강요된 기독교에 짓눌려 반이성적이었다. 392년에는 모든 이교도* 행사가 금지됐고 이교도 사원들이 파괴되었다. 완전한 정치적·종교적 권위의 기독교 세력은 다른 종교를 허락하지 않았다.

기독교 내에도 탄압이 생겼다. 예를 들어, 기독교에는 여러 유파가 있었는데 431년과 451년의 공의회는 예수의 신성보다 인성을 강조하는 네스토리우스파를 이단으로 결정했다. 네스토리우스파의 학자들은 목숨을 지키기 위해 수많은 그리스 책을 가지고 페르시아 접경 지역인 니시비스로 집단 이주했다. 바로 이곳을 통해 그리스 학문이 아라비아로 전파될 수 있었다. 과학이 자유를 찾아 동쪽으로 이동한 것이다.

과학 기술을 장려한 이슬람

유럽이 몰락하는 사이에 아라비아는 통일을 하였다. 622년 무함마드(모하메드)는 이슬람교를 창시하고 그가 죽기 직전인 632년 이슬람('신의 뜻에 복종함'이라는 뜻) 군대는 불과 30년 만에 아라비아반도, 이집트, 메소포타미아를 정복했다. 그들은 페르시아 권력을 차지하고 비잔틴제국을 축소시켰다. 결국 100년 남짓한 짧은 기간 동안 중앙아시아에서 포르투갈에 이르는 거대한 이슬람 공동체를 건설하였고, 이슬람 문화는 500년 동안 번창했다.

강력한 국가로 성장한 이슬람 세계는 관개공사를 통해 농업 생산성이 향상되었다. 그 결과 부농이 생겨났고, 외국과의 교역이 활발해지자

---

* 이교도(異敎徒) : 기독교 이외의 종교를 믿는 사람.

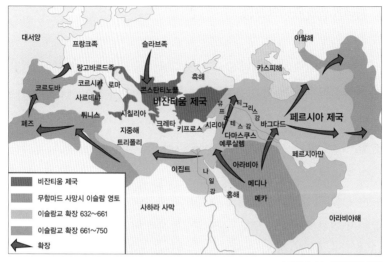

〈그림 5-1〉 아라비아제국

상인들은 수공업 기술이 뛰어난 장인과 과학자들을 우대하고 그들에게 자금을 댔다(그리스에서 과학이 부흥한 배경과 일치한다).

아라비아의 지배자들은 이슬람 사회 전체의 번영을 위해 기부하는 것이 코란의 가르침이라고 여겼다. 그들은 과학자들에게 연구자금을 제공하면서도 어떤 대가도 요구하지 않았다. 또한 이슬람교도는 기독교도와 유대교도에 대해 관용적이었다. 이교도들에게 종교적 개종을 요구하지 않았을 뿐 아니라 인두세人頭稅를 내면 평등하게 대했다.

지혜의 집과 종이의 보급

무함마드가 죽자 이슬람 교리를 지키며 이슬람 공동체를 통치, 관장하는 이슬람 제국의 최고 통치자인 칼리프를 선출하였다. 제4대 칼리프 알마문(Al-Ma'mun)은 '지혜의 집'을 설립하고 외래 과학 연구와 번역의 중심지로 삼았다. 비잔틴제국에서 수집해 온 그리스 과학 책을 번역가들이 아라비아어로 번역했다.

이슬람 지식인들은 그리스 과학을 수용할 때 종교적 이데올로기나 문화적 취향이 아니라 주로 실용적인 목적에 따라 받아들였다. 가장 먼저 관심을 보인 분야는 의학이었다. 갈레노스의 의학 체계는 논리학과 자연철학적 지식을 요구했기 때문에 이 과정에서 번역가들은 플라톤과 아리스토텔레스 철학을 비롯한 그리스 사상 전반에 대한 이해를 넓힐 수 있었다.

그렇다면 이슬람 문명과 과학은 그리스 과학을 수동적으로 수용한 것에 지나지 않으므로 '서양 전통'에 포함시켜야 하는가? 그렇지 않다. 이슬람은 서양적인 만큼이나 동양적이었다. 번역가들은 시리아, 페르시아, 인도의 과학도 번역하여 수용하였다. 여기에는 다양한 민족과 종교인들이 참여하였다. 이것은 이슬람 문명의 개방성을 나타낸다.

하지만 이슬람 번역가들은 그리스의 신학, 법학, 문법, 역사학 등을 받아들이지 않았다. 그들에게는 코란이 있기 때문이다. 어떤 학문을 받아들일지 말지는 전승자가 결정하는 것이다.

이슬람 문명에서 자연과학이 발전하게 된 주요 원인 가운데 하나는 도서관 건립이다. 이슬람 세계에는 수백 개의 도서관이 설립되었다. 코르도바에만도 70곳의 도서관이 있었는데 도서관 한 곳의 장서는 40만~50만 권에 달했다(14세기 파리 대학 도서관의 장서는 2,000권밖에 안 되었으며 현재 서울대학교 중앙도서관의 장서 역시 500여만 권에 불과하다).

아라비아인들은 많은 책을 만들기 위해 멸종될 정도로 파피루스를 수확했다. 그들은 중국인 전쟁 포로들에게서 제지법을 배웠다. 그리고 닥나무 껍질 대신 아마포를 두드려 펄프로 만드는 새로운 방법을 개발했다. 10세기가 되자 무슬림 세계에서는 종이가 파피루스를 대체하였다. 12세기에는 종이책을 파는 서점이 바그다드에만 100곳이나 있었다.

캐논, 알게브라, 알고리즘

네스토리우스파 의사들은 갈레노스의 의학 체계를 전파했다. 이들은 비잔틴제국에서 발달한 병원을 도입했다. 34곳에 대형 병원을 세웠는데 각 병원은 질병과 증세에 따라 병동으로 나누었으며 약국과 도서관도 갖추었다. 의사면허증이 있었고, 퇴원하는 환자에게는 생활비를 지급하는 등 의료보험의 성격도 있었다.

알라지(Rhazes, 854~925)는 아리스토텔레스와 갈레노스에 대해 의구심을 가졌다. 그는 조건반사, 소아 질병, 홍역과 천연두 등 수많은 의학적 사실을 발견하였고 광물질을 약으로 쓰려고 연구하였으며 『종합서』라는 의학서를 집필했다.

또한 이븐 시나(980~1037)는 결핵이 전염병이며, 전염병의 원인은 물과 흙의 오염이라고 밝혔다. 그는 중세 유럽에서 가장 영향력이 있던 5권

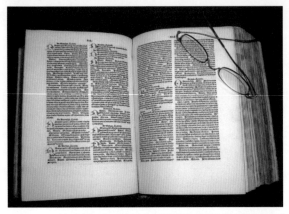

〈그림 5-2〉 이븐 시나, 『의학정전』의 라틴어 번역본(1484)

으로 된 의학서 『의학정전(al-Qanun Fi at-Tibb)』을 출판했다(책 제목에 있는 Qanun에서 정전正傳 또는 규범과 계율 그리고 근본원리를 뜻하는 영어 단어 canon이 나왔다). 이 책은 아리스토텔레스의 영향을 받아 철학적인 스타일로 쓰였지만, 건강과 질병에 관한 실제적인 문제를 다루고 있다.

이슬람 세계는 처음에는 인도의 천문학을 수용했다. 그런데 9세기에 접어들어 점성술에 운명을 맡기는 풍토가 강해지자 칼리프들은 점성술의 요소를 배제한 과학적인 천문학을 찾았다. 그들은 종교적인 이유로 정확한 방위와 시간 측정이 필요했다. 하루에 세 번 정확한 시간에 기도하고, 매년 금식 기간인 라마단을 선포해야 했으며, 세계의 중심인 메카를 찾아 떠나는 성지 순례 안내서를 펴내야 했다. 또 세계가 지중해 연안에서 아시아와 아프리카까지 확장된 시대에 국제 교역을 위한 항로와 육로를 확인해야 했다. 그들은 지구의 크기를 알기 위해 위도 간격을 측정했다. 투영도법을 이용해서 해도海圖를 작성했는데 남쪽을 위쪽에

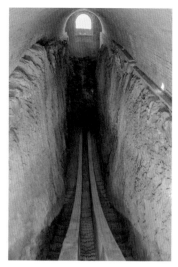

〈그림 5-3〉『의학정전』라틴어판 표지 　　〈그림 5-4〉사마르칸트 관측소의 육분의

표시했다.

　이슬람 천문학의 근본 토대는 프톨레마이오스가 2세기에 펴낸 『천문학집대성』이다. 아라비아인들은 이것을 『알마게스트(Almagest)』로 번역했다. 현재 그리스 원전은 남아있지 않으며 나중에 유럽인들은 『알마게스트』를 다시 유럽어로 번역한다.

　그리스에서 문제의 증명에 초점을 맞춘 기하학이 발달한 것과 달리 아라비아에서는 계산해서 답을 내는 대수학이 발전했다. 대수학은 상속이나 토지의 분배, 상업 거래, 세금, 구호금 등 일상생활에서 일어나는 문제를 해결하는 데 아주 실용적인 학문이었다.

　9세기의 수학자 알 콰리즈미(Al-Khwarizmi, 780~850)는 인도에서 영(0)과 다루기 쉬운 '아라비아숫자'를 도입하여 세계 수학에 새로운 획을 그었다. 그는 『적분과 방정식의 책(Kitab al-Jabr wa al-muqabalah)』이라는 실용적 수학 지침서를 썼다. 제목의 두 번째 단어인 '알자브르(al-Jabr)'에서 '대수학'을 뜻하는 '알게브라(algebra)'가 나왔으며 저자의 이름(알 콰리즈미)에서는 알고리즘(algorithm)이라는 말이 탄생하게 되었다.

연금술에서 화학으로

알칼리, 알코올, 나프타, 나트륨, 벤젠, 소다 등 수많은 화학 용어가 아라비아어에서 왔다. 즉 아라비아의 연금술(alchemy)에서 온 것이다.

이슬람 연금술은 지배자의 후원을 받으며 고도로 발전한 전통을 형성했다. 연금술은 아리스토텔레스의 사원소설에 바탕을 두고 있다. 모든 물질은 물, 불, 공기, 흙 네 가지 원소의 배합이므로 비율을 바꾸면 다른 물질이 된다는 생각이었다. 그런데 이슬람의 연금술은 불사의 영약(elixir, 이 단어 역시 아랍어에서 왔다)을 추구하는 과정에서 중국 연금술의 영향을 받았으며, 인도와 페르시아 광물학의 영향도 많이 받았다.

아라비아 연금술의 아버지로 일컬어지는 자비르 이븐 하이얀(721~815)은 황-수은설을 제창했다. 연금술의 목표 가운데 하나는 값싼 금속을 금으로 바꾸는 것이었기 때문에 연금술은 비밀스러운 기술로 남았다.

의학자 이븐 시나는 연금술로 금을 만드는 것은 불가능하다고 생각했다. 그는 연금술사가 아니라 이슬람 세계 최초의 화학자로 광물과 화학약품을 분류하고 정련법과 제조법을 상세하게 연구했다.

아라비아의 광학은 사막 때문에 발달했다. 사막에서 '신기루'라는 신

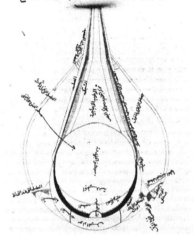

〈그림 5-5〉 이븐 알 하이삼이 생각한 시각 전달의 원리

기한 광경을 목격하였으며 사막 기후로 인해 눈에 무리가 갔기 때문이다. 빛의 반사, 굴절, 초점, 빛의 수렴과 시각 등을 연구한 물리학자 이븐 알 하이삼(Alhazen, 965~1039)은 의사가 아니었지만 눈병에 관한 글을 쓰기도 했다. 아리스토텔레스의 전통과 아라비아의 수학적·해부학적 전통을 결합하여 아라비아 광학을 체계화한 그의 저서 『광학』(전 7권)은 후에 케플러와 뉴턴에게도 영향을 주었으며, 각막과 수정체, 시신경에 관한 그의 고찰은 오늘날에도 통용되고 있다. 수정체에서 렌즈 효과를 발견한 그는 투명한 유리를 이용하여 볼록렌즈를 만들어 일반인들에게 확대

경으로 보급하였다.

이슬람에서 과학이 사라지다

유럽에서 사라진 그리스 과학이 이슬람에서는 꽃을 피웠지만 이슬람의 과학도 결국은 쇠퇴하고 말았다. 과학의 활력이 상실된 것이다. 여기에는 모든 시대에 통용되는 몇 가지 이유가 있다.

첫 번째 이유는 종교·정치적 보수주의자들의 승리 때문이다. 법률가들과 종교 지도자들은 세속 과학의 발전이 불편했다. 15세기 인쇄술이 등장하자 이슬람 지배자들은 신의 이름을 더럽힐 것을 염려하여 인쇄술을 금지하고 자신의 이익에 바람직하지 않은 책이 급증하는 것을 막았다. 보수주의자들이 득세하면 '관용'이 줄어들고 그 결과 과학의 창조성은 사라진다.

두 번째 이유는 문화의 다원성이 사라지고 사회가 균일화되었기 때문이다. 새로이 개척한 영토에서 이슬람은 소수였다. 그들은 변방에서 인도, 아프리카, 그리스, 중국, 유대의 다양한 문화를 용인하여 다문화 사회를 번창시켰다. 하지만 시간이 지나면서 이슬람의 비중이 절대적으로 커졌고, 그 결과 창조적 과학자들이 설 문화적 공간이 줄어들었다.

세 번째 이유는 반복되는 전쟁으로 인한 경제적 쇠퇴 때문이다. 11세기부터 유럽 기독교도들의 압박을 받았고, 13세기에는 몽골군이 바그다드를 점령했다. 15세기 말부터는 유럽의 상선들이 인도양을 횡단하면서 이슬람 상인들이 무역의 독점권을 상실했다. 이처럼 경제적 환경이 축소되자 정부의 지원에 절대적으로 의존하던 과학은 더 이상 번창할 수 없었다.

아라비아에서는 뉴턴과 같은 과학혁명이 일어나지 않았다. 왜냐고 물어서는 안 된다. 각자의 길이 다르기 때문이다. 아라비아인들은 과학혁명은 일으키지 않았지만, 그리스의 과학 전통을 보존하여 유럽인들에게 되돌려 주었다. 유럽인들은, 아니 세계인들은 모두 아랍인들에게 과학의 빚을 졌다. "아랍은 서구 문명에 아무런 기여도 하지 않았다"라고 주장한 킬로이실크는 틀렸다.

제6장

중세의 과학

장미의 이름 :
중세 기독교 시대의 과학 1

. . . . . .

이탈리아의 석학 움베르토 에코(Umberto Eco)의
소설 『장미의 이름』은 1327년 11월 이탈리아 어
느 수도원에서 벌어지는 일련의 살인 사건을 다
룬 역사 추리소설이다. 당시 교황과 황제 사이의
세속권을 둘러싼 다툼, 교황과 수도회 사이의 청
빈 논쟁, 황제와 교황에 양다리를 걸치려는 수도
회의 입장, 수도회와 도시 사이의 갈등을 흥미진
진하게 다루고 있다. 이것은 소설이지만 실제 역
사적인 배경을 많이 담고 있다.

당시 수도원의 과학 수준은 앞서 살펴본 아라비
아의 과학 수준을 넘지 못한다. 뿐만 아니라 그
들은 기원전 4세기의 아리스토텔레스에 기대고
있다. 이것을 보고 많은 사람들은 "유럽은 중세
에 암흑에 떨어졌다"라고 말한다. 과연 그럴까?
또 여기에 기독교는 어떤 역할을 했을까?

. . . . . .

기독교, 유럽의 종교가 되다

1923년 도쿄 일원의 간토關東 지방에 지진으로 인한 엄청난 피해가 발생하면서 민심과 사회질서에 큰 혼란이 생겼다. 일본 정부는 계엄령을 선포하면서 "재난을 틈타 이득을 취하려는 무리가 있다. 조선인들이 방화와 폭탄에 의한 테러, 강도 등을 획책하고 있으니 주의하라"라는 지시를 각 경찰서에 내려보냈다. 그 결과 조선인에 대한 강렬한 적개심이 유발되어 6,000~6,600명의 조선인이 일본인에게 학살당하였고 일본 치안 당국은 이것을 묵인하였다. 이 사건을 '간토 대지진 조선인 학살사건(관동 대학살)'이라고 한다.

이와 비슷한 일이 로마에서도 있었다. 네로 황제가 지배하던 64년 여름, 로마제국의 수도 로마에서 누구도 상상하지 못한 대화재가 발생했다. 강력한 불길이 6일 동안 온 도시를 휩쓸었다. 14개 구역 가운데 10개 구역이 폐허가 되었다. 당시 로마에는 폭군 네로 황제가 자신의 뜻대로 로마를 재건하기 위해 불을 저지른 것이라는 소문이 돌았다. 네로는 자신에게 향한 시민의 분노를 돌릴 희생양을 찾았다. 네로는 기독교인들이 로마시에 불을 냈다는 소문을 내고 그들을 박해하기 시작했다. 로마에 기독교를 전파한 베드로와 바울도 64~67년 사이에 로마에서 살해되었다.

기독교에 대한 박해는 3세기 중엽까지 계속되었지만 무책임한 고발과 폭동을 금지한 법률 덕분에 포교 활동은 계속될 수 있었다. 특히 노예와 여성 같은 사회적 약자가 동등하게 예배에 참여할 수 있고, 기독교인들이 환자와 죽은 이를 극진히 대한다는 사실이 알려지면서 많은 상류충 로마인들이 기독교로 개종하기 시작했다. 마침내 313년 콘스탄티누스 황제가 기독교를 공인하였다.

콘스탄티누스 황제는 로마 교회에 엄청난 지원을 했다. 로마의 주교에게 궁전을 주었으며 곳곳에 화려한 교회 건물을 건축하였다. 하지만 세상에 공짜는 없는 법. 황제의 지원을 받는 주교는 허수아비에 불과했다. 세례도 받지 않은 황제가 공의회를 소집하는 등 황제의 권력이 교권을 장악한 것이다.

교황과 황제의 대립

로마제국이 서로마제국과 비잔틴제국으로 분열되자 기독교 역시 서쪽의 로마 교황을 중심으로 한 가톨릭과 동쪽의 그리스 정교로 분열되었다. 콘스탄티노플이라는 신도시를 건설하고 황제가 수도를 그곳으로 옮겨버리자 로마 교회는 황제의 간섭에서 벗어났다. 서로마제국을 나누어 점령한 (오늘날의 프랑스, 독일, 이탈리아를 포함하는) 프랑크 왕국을 비롯한 여러 게르만 왕국이 가톨릭으로 개종하면서 교황권은 탄탄대로에 오르게 되었다.

8세기 자카리아 교황은 프랑크 왕국 피핀의 쿠데타를 승인한 대가로 이탈리아 영토 일부를 교황령으로 얻는다. 800년에는 교황이 카를 대제*

---

* 생전에는 라틴어로 '카롤루스 대제'로 표기되었다. 영어식으로는 '찰스 대제'라고 하며 프랑스어로는 샤를마뉴로 표기한다. 여기서 '마뉴'는 '크다(大)'라는 뜻이다. 이렇게 다양하게 부르는 것만 봐도 그가 유럽 역사에 미친 영향을 알 수 있다.

에게 신성로마제국 황제의 관을 수여함으로써, 로마제국의 황제권은 프랑크 국왕이, 교권은 로마 교황이 분담하는 성聖과 속俗 두 개의 중심을 가진 유럽이 출현하였다.

하지만 초기에 교황은 군주들의 노리개였다. 9~10세기 200년 동안 옹립된 교황의 수가 50명이 넘었으며 특히 884~904년에는 11명의 교황이 있었다. 이것은 교회가 타락한 로마 귀족 계급의 이해관계 속에 빠져들어 권력의 노리개가 됐고 권력투쟁에 뛰어든 군주들은 교황의 권위를 이용하기 위해 자기에게 유리한 교황을 세우는 데 혈안이 됐기 때문이다. 귀족들은 자기 가족이나 아들을 교황 자리에 앉히기 위해 교황 선거에 개입해 온갖 부정을 저질렀으며 자기편에 불리한 교황들을 번번이 암살하기도 했다.

그러나 이후에는 교황권이 세속권보다 우위에 있었다. 가장 대표적인 예로 '카노사의 굴욕' 사건을 들 수 있다. 1077년 1월 독일의 황제 하인리히 4세는 성직자 임명권을 두고 그레고리 7세 교황과 대립하였다. 교황이 황제를 파문하자 신하들은 황제에게 등을 돌렸다. 당황한 황제는 교황이 잠시 머물고 있는 카노사성으로 달려가 참회 복장을 입고 맨발로 3일간 성 앞에서 파문을 철회해 달라고 간청했다.

교황이 파문을 철회하자 황제는 반격에 나섰다. 정적을 제거한 후 대립 교황을 세워 그레고리 7세를 몰아낸 것이다. 이제 교황이 반격할 차례. 우르반 2세*는 "예루살렘을 이슬람 세력에서 해방하자!"라는 명분으로 황제와 제후들에게 십자군 원정에 나설 것을 요구했다. 군인들을 동

---

* 17세기 갈릴레오 재판 당시의 교황은 우르반 8세다. 혼동하지 않기를 바란다.

원하기 위해 오른쪽 어깨 위에 십자 표식을 달고 출정하는 군인들은 모든 죄를 용서받는다고 선언했다. 이후 200년간 이어진 십자군 원정으로 예루살렘이 해방되지는 않았지만, 동로마 세력을 붕괴시킴으로써 교황이 유럽의 유일한 우두머리로 인정받게 되었다.

13세기 인노켄티우스 3세 시대에 이르면 교황이 황제를 맘대로 세우고 파문하는 수준에 이르러 "교황은 태양, 황제는 달"이라는 말이 돌 정도로 교황권이 절정에 이르게 된다.

그리스 과학을 받아들인 스콜라 철학

"유럽은 중세에 '암흑시대'로 떨어졌다." 흔히 하는 말이다. 하지만 이것은 틀린 말이다. 왜냐하면 12세기 이전까지 알프스산맥 북쪽의 유럽에 고급 지식이 존재한 적이 없기 때문이다. 알프스산맥 이북은 처음부터 문명의 암흑지대였다.

그들에게 문명을 전한 사람들은 500년 이후 유럽 곳곳에 설립된 수도원의 사서들이었다. 당시 학문 용어는 라틴어였지만 정작 로마는 별다른 학문을 남기지 않았다. 이슬람 문화권에 보존된 그리스 철학이 남아 있을 뿐이었다. 1085년 기독교도들이 지금의 스페인 영토에 있는 이슬람의 대도시 톨레도를 점령한 후 이곳은 번역의 중심지가 되었다. 에스파냐의 유대인들은 아라비아어 → 에스파냐어 → 라틴어로 아라비아의 의학, 천문학, 점성술, 연금술에 관한 책을 번역하였다. 중세 유럽 수도원에는 아라비아어에서 직접 라틴어로 번역하는 사서들도 있었다. 움베르토 에코의 소설 『장미의 이름』에는 14세기 초 유럽 수도사들이 '아라비아어 문서를 라틴어로' 번역하는 장면이 나온다. 이들을 통해 이슬람 세계가 7세기 이후 500년 동안 소화하고 독창적으로 발전시킨 고대 그리스의 과학·철학이 유럽에 다시 들어왔다. 아리스토텔레스가 역사의 전면으로 등장시킨 자연이 바로 '생산'과 '부富'의 원천이었기 때문이다.

중세 초기 철학의 중심에는 교부철학자들이 있었다. 이들은 플라톤의 사상을 이어받아 기독교의 교의를 체계화하였다. 가장 대표적인 인물은 기독교 교의의 체계를 완성한 아우구스티누스(Aurelius Augustinus, 354~430)다.

아리스토텔레스가 다시 수입된 후에는 신앙의 진리와 이성으로 얻어지는 과학적인 진리 두 가지가 있다는 이중진리설이 등장했다. 예를 들어 알베르투스 마그누스(Albertus Magnus, 1193~1280)는 신앙과 도덕에 관해서는 교부 아우구스티누스를 따랐지만 자연과학에 대해서는 아리스토텔레스를 따랐다. 교회의 반발이 있었던 것은 당연한 일이다.

이 상황을 정리한 사람은 마그누스의 제자 토마스 아퀴나스(Thomas Aquinas, 1225~1274)다. 그는 기독교 사상을 아리스토텔레스의 지적 체계를 이용하여 스콜라 철학을 탄생시켰다. 아리스토텔레스의 목적론과 기독교는 당시 사회구조를 합리화하는 체계를 제공했기 때문에 권력층에게 수용되었다. 스콜라 철학에 따르면 무생물 → 생물 → 인간의 질서는 신의 계획에 따른 것이다. 이 철학은 봉건적 신분제도를 지지하였다.

〈그림 6-1〉수도원 양조장(중세)

수도원 과학

스콜라 철학과 함께 자연과학이 싹트기 시작했다. 그 현장은 역시 수도
원이었다. 수도사들은 자급자족 생활을 원칙으로 했다. 그들은 땅을 개간하
여 농사를 짓고, 숲과 습지를 개발하고 간척하면서 많은 기술을 축적했다.

하지만 수도원의 주요한 수입원은 약과 술의 판매였다. 중세 유럽에
서 의학의 발전은 전혀 없었다. 절대적인 권위를 가지고 있는 교회가 과
학적인 탐구심을 억제하였기 때문이다. 중세의 병원은 대부분 수도원의
부속시설이었다. 수도사들이 의사와 약사를 겸하였다. 약의 조제는 수도
원의 주요 수익원이었기 때문에 수도사들은 터무니없는 약을 조제하여

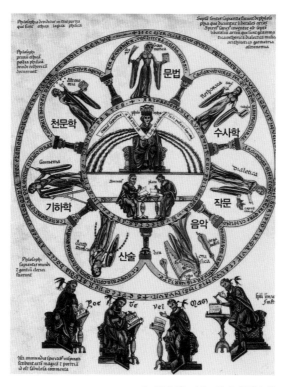

〈그림 6-2〉 자유교양 7과목(중세)

팔기도 하였다. 6세기 교황은 수도사가 약을 조제하는 것을 금하였으며 12세기에는 성직자가 수도원 밖에서 의료행위를 할 수 없도록 했다. 수도원은 술을 만드는 양조술에 크게 기여했다. 유럽에는 아직도 수도사의 모습이 그려져 있는 술 상표가 많이 남아 있으며 실제로 양조업을 하는 수도원도 많다.

수도원에는 필사실과 도서실이 갖추어져 있었다. 수도사가 되기 위해서는 최소한의 문자해독력이 필요하였으며, 789년 '주교좌 학교 설치 칙

령'이 내려지자 수도원은 교육기관의 역할도 겸하게 되었다.

수도원의 교육은 신학 중심이었으나 그 기초과정으로서 '자유교양 7과목(liberal arts)'을 가르쳤다. 문법, 수사학, 작문, 음악, 산술, 기하학, 천문학이다.

초기에 점성술은 천문학과 구분되지 않았다. 고대 로마 말기부터 11세기까지 민간에서는 점성술이 존재했다. 1130년대 프톨레마이오스의 점성술 책이 번역되면서 천문학에 대한 관심이 생겼다. 천문학은 달력과 점성술을 위해 필요했다. 특히 부활절* 계산은 그들의 중요한 임무였다. 1275년에는 달력 개정을 요구하는 획기적인 내용이 들어 있는 알폰소표가 나왔지만 영향력을 발휘하지는 못했다. 하지만 독창적인 과학 연구는 거의 없었다.

수도원 연금술

연금술만큼이나 과학자들의 흥미를 끄는 주제는 없다.『해리 포터』시리즈에 나오는 호그와트 마법학교의 덤블도어 교장이 말했듯이 인간은 '장수'와 '돈'을 추구하기 때문이다.

『장미의 이름』의 주인공 베스커빌 출신 윌리엄(소설 속의 인물)의 스승은 로저 베이컨(Roger Bacon, 실제 인물, 1214~1294)**이다. 프란체스코회 수도

---

* 부활절은 춘분(대략 3월 21일)이 지난 후 보름달이 뜬 다음에 오는 첫 번째 일요일이다.
** "실험과 관찰에 바탕을 두지 않은 명제는 우상이다"라고 말하는 경험철학의 이론적인 바탕을 마련한 영국의 철학자 프랜시스 베이컨(1561~1626)과 혼동하지 말 것.

사였던 로저 베이컨은 철학자이자 근대과학의 선구자로 손꼽히는 인물이다[우리에게 익숙한 레오나르도 다빈치(1452~1519)는 이 로저 베이컨으로부터 200년이나 뒤의 인물]. 그는 윌리엄 수도사가 애용하는 볼록렌즈를 만들어 낸 이론적 바탕을 구축하여 안경을 발명한 사람으로, 나중에는 프랜시스 베이컨(Francis Bacon, 1561~1626)에게 전해진 경험철학의 이론적 바탕을 마련한 사람이기도 하다. 이단으로 낙인 찍혀 10여 년을 투옥당하기도 했고, 나중에는 프란체스코파에 대한 압박의 일환으로 악마 취급을 받기도 한다. 사후 322년간 그의 저작은 출간되지 못했고, 그 단편적인 편린은『장미의 이름』에도 나타난다.

이슬람에서 전해진 학문 가운데 로저 베이컨과 알베르투스 마그누스의 흥미를 끈 것 역시 연금술이었다. 이들은 연금술을 연구하여 결과를 책으로 남겼다고 하지만 전해지지는 않는다. (전해져 봐야 금을 만들 수는 없다.)

15세기 스위스의 파라켈수스(Paracelsus, 1493~1541)는 불로장생의 묘약으로 믿는 '현자의 돌'을 찾고 있었다. 연금술은 항상 실패로 끝났지만 '현자의 돌'은 단순한 물질로서의 존재를 초월한 정신생활에서 이루어지는 '깨달음의 경지'의 하나로 여겨져 중세 기독교의 스콜라 철학에 큰 영향을 미쳤다. 현자의 돌(Philosopher's Stone)은『해리 포터』시리즈 제1권의 영어판 제목『Harry Potter and Philosopher's Stone』*에 남아있다.

---

* 한국어판 제목은『해리 포터와 마법사의 돌』

유럽의 인구가 폭발하다

현재의 시각으로 보면 기독교의 영향 아래 있던 중세 유럽에는 과학이 존재하지 않았다. 하지만 이것은 지금의 시각일 뿐이다. 당시에는 과학과 신학이 하나로 존재했으며, 과학의 사명은 자연과 우주의 본질을 탐구하는 것이 아니라 신학을 뒷받침하는 것이었다. 즉 '과학이란 무엇인가?'라는 질문에 지금과는 다른 대답을 해야 했던 시기인 것이다. 중세 유럽은 암흑시대였지만 이것은 기독교의 전래 때문이 아니다. 기원후부터 1,000년에 이르기까지 아주 짧은 시간 동안 로마를 제외한 기독교 유럽의 모든 지역 문화는 천박한 수준을 벗어나지 못했다. 지중해를 벗어난 유럽은 아라비아에서 그리스 학문이 역수입되기 전까지 원래 암흑이었다.

현재 유럽의 인구는 약 7억 명. 근대부터 1950년대에 이르기까지 세계 인구의 4분의 1을 차지하였으나, 이후 유럽의 출생률 둔화와 제3세계의 폭발적 인구 증가로 현재는 세계 인구의 10분의 1 수준으로 떨어졌다. 이런 추세가 지속된다면 2050년경 유럽의 인구는 세계 인구의 12분의 1 정도로 축소될 것으로 추산된다. 그렇게 되면 유럽이 세계 경제와 과학 그리고 문화에 미치는 영향도 급속도로 줄어들 것이다.

1000년경의 기독교 유럽이 그랬다. 모든 기독교도를 다 합해도 (지금의 서울과 경기 인구를 합한 정도인) 2,200만 명에 불과했다. 최고로 번성했을 때 45만 명이었던 로마의 인구는 3만 5천 명 수준으로 떨어졌고, 신흥 중심지인 파리와 런던의 인구도 각각 2만과 1만 5천에 불과했다. 유럽이 텅 비어 있었다.

이렇게 보면 유럽이 갑자기 몰락한 것으로 보이지만 사실은 그 반대다. 유럽 전체의 인구는 600년에서 1000년까지 400년 사이에 38%나 증가했다. 이 사이에 유럽에 무슨 일이 일어났을까? 또 급격한 인구 증가로 인한 문제를 어떻게 해결하여 15세기에 르네상스를 이룰 수 있었을까? 이제 중세 유럽의 인구 증가를 추동한 생산력 증가와 새로운 에너지원 그리고 과학의 발전을 이루어낸 대학의 발전에 대해 살펴볼 차례다.

농업혁명과 대학의 탄생 :
중세 기독교 시대의 과학 2

......

노예제로 번영했던 로마가 노예제 때문에 몰락
하고, 그 몰락과 더불어 노예제 사회도 종말을
고하였다. 노예제 이후 새로 등장한 사회는 봉건
제 사회다. 호화로운 성에 살면서 자신이 지배하
는 농노들을 호령하던 봉건영주, 투구와 갑옷을
입고 말을 탄 기사, 입으로는 하늘나라를 이야기
하지만 손으로는 제 욕심을 챙기던 신부, 참을
수 없는 모욕과 착취에도 불구하고 반항하지 못
하는 농노 그리고 이런 틈을 타 부를 축적해 가
는 상인들이 봉건제 사회를 구성하였다.

그러나 암울해 보이는 유럽의 중세 봉건제 사회
이지만 인구는 폭발적으로 증가하고 대학이 탄
생하였으며 르네상스가 일어났다. 그렇게 된 계
기는 무엇일까?

......

장원의 모습

마을의 한가운데에는 영주의 성과 교회가 있으며 그 사이에 있는 광장에는 우물이 있다. 영주의 성 옆에는 농사에 필요한 방앗간, 제분소, 곳간이 있다. 영주의 성 주변에는 농노들이 사는 마을이 있다. 마을 옆에는 쟁기, 가래, 호미를 만드는 대장간이 있으며, 농토가 마을을 둘러싸고 있다. 농토 뒤쪽으로는 목초지, 황무지, 산림, 목장이 있다. 8~9세기부터 18~19세기에 이르는 유럽 농촌의 모습이다.

이것을 장원莊園(manor)이라고 한다. 장원마다 사정은 조금씩 다르지만 기본구조는 대개 비슷했다. 장원은 자급자족하는 경제공동체로 그 안에 살고 있는 사람들이 필요한 모든 것을 생산하고 소비하였다. 외부에서 공급받는 것이라고는 소금과 철밖에 없을 정도였다.

농노는 자신이 소유한 농토에서 농사를 지어 먹고살았다. 그렇다면 장원의 주인인 봉건영주는 어떻게 먹고살았을까? 간단하다. 농노가 만든 잉여생산물을 착취하며 살았다. 농노는 자신의 토지 외에도 봉건영주의 직영지를 책임져야 했다. 농노는 농사뿐만 아니라 온갖 부역도 하였다. 그들의 삶은 고되었다. 그럼에도 불구하고 이 시기 유럽의 인구는 급팽창한다. 이것은 농업생산력이 엄청나게 발달하였다는 것을 의미한다. 그렇다면 중세 유럽 농업혁명의 근원은 무엇일까?

농업혁명 1 : 삼포식 농법

당시에는 농사기술이 발달하지 못했고 비료도 많지 않았기 때문에 한곳에서 계속 농사를 지으면 지력地力이 떨어져 수확이 줄어들었다. 그래서 고대 지중해 지역에서는 밭 하나를 경작하는 동안 다른 밭은 묵히는 방식의 2단계 경작을 하였다. 농토의 절반은 농사를 지을 수 없었고 따라서 생산성이 낮을 수밖에 없었다.

이런 상황에서 생산량을 획기적으로 늘리는 삼포식 농법(three field system)이라는 새로운 방식이 도입되었다. 경작지를 세 부분으로 나누어 3년 주기로 용도를 바꿔가며 농사를 짓는 방법이다.

다음의 그림에서 영주의 농토가 셋으로 구분되어 있는 것을 볼 수 있다. 경작지와 휴경지는 길쭉한 모양으로 분할되어 있다. 이것은 영주를 대신하여 농사를 짓도록 각 농노에게 땅을 배당한 흔적이다. 삼포식 농법에서 농토는 겨울 밭과 여름 밭, 휴경지로 구분되었다. 겨울 밭에는

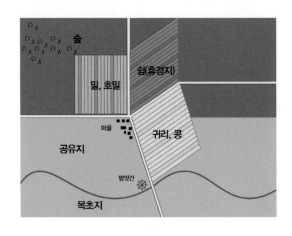

〈그림 6-3〉 삼포식 농업

밀과 보리 같은 사람이 먹는 곡식을 심었고, 여름 밭에는 사료나 양조용 작물을 심었다. 이런 삼포식 농법으로 농업 생산성이 33~50% 향상되었다.

농업혁명 2 : 쟁기의 발달

이집트와 메소포타미아 그리고 아라비아 지방의 농사는 관개사업이 좌지우지하였다. 물을 다스리는 것이 사회의 가장 중요한 일이었기 때문에 관개사업을 위해 강력한 중앙집권 체제가 필요했다. 하지만 유럽은 달랐다. 봄과 여름에 내리는 비는 흙을 충분히 적시면서도 강이 범람하지 않는 양이었다. 따라서 관개가 자연적으로 이루어졌기 때문에 강력한 중앙집권 국가가 출현하지 않았다.

봉건영주가 농노들에게 땅을 길쭉한 모양으로 분할해 준 이유는 쟁

〈그림 6-4〉 중세 심경 쟁기

기 갈이를 편하게 하기 위한 것이었다. 쟁기는 인류가 농사를 짓기 시작했을 때부터 개발된 중요한 노동수단이었다. 그런데 지중해 연안에서 발달한 쟁기는 흙을 얇게 긁는 호미 수준에 지나지 않았다. 물론 당시에도 땅을 깊이 파는 철제 쟁기를 개발할 수는 있었지만 그것을 다룰 에너지원, 즉 소가 충분하지 않았다. 사람이 무거운 쟁기를 다루면서 깊이가 고른 고랑을 파기는 힘들었다.

6세기부터 북서유럽에는 땅을 깊이 갈아서 엎을 수 있는 심경深耕 쟁기가 보급되기 시작했다. 쟁기는 땅을 수직으로 끊는 '보습'과 끊은 흙을 뒤엎는 '볏'으로 되어 있는데, 이것들은 모두 철로 만들었으며 앞에는 바퀴가 붙어 있었다. 무거운 심경 쟁기가 도입되자 이전에는 쓸모없던 땅이 새로운 농토로 변하였다. 특히 유럽 평원의 비옥한 충적토*를 경작할 수 있게 되어 농업이 북쪽으로 확산될 수 있었다.

농업혁명 3 : 말과 가슴걸이

쟁기가 점차 대형화되면서 쟁기를 끄는 가축의 수도 따라서 늘어났다. 11~13세기에는 소 여덟 마리가 끌어야 하는 무거운 쟁기가 등장했다 (15세기에는 근대와 같은 모습으로 발전했다).

쟁기를 끄는 동물로는 소보다는 말이 더 좋다. 지구력과 속도가 뛰어나기 때문이다. 하지만 소를 쉽게 바꿀 수는 없었다. 목이 짧은 소에 씌

---

* 흙과 모래가 물에 쓸려 내려와 낮은 지역에 쌓인 토양.

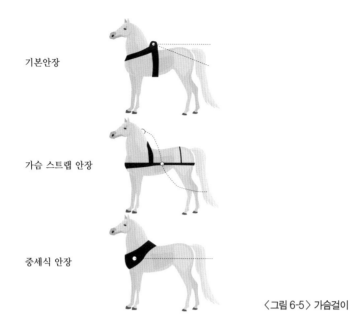

기본안장

가슴 스트랩 안장

중세식 안장

〈그림 6-5〉 가슴걸이

우던 멍에는 말이 쓰기에는 적당하지 않았기 때문이다. 이때 중국에서 새로운 가슴걸이(collar)가 도입되었고 이 가슴걸이는 압력이 가해지는 지점을 기도氣道에서 어깨로 옮겨주어 말의 견인력을 4~5배 증가시킬 수 있었다.

수차의 보급

새로운 농법과 농업기술의 발달로 농업 생산력이 증가한 것과 더불어 동력도 대량으로 필요했다. 이것을 만족시킨 것이 수차와 풍차다. 중국에서 들어온 수차는 이미 로마 시대에도 알려져 있었지만, 당시에는 널리 보급되지 않았다. 마음대로 부릴 수 있는 노예 노동력이 얼마든지 있었기 때문이다. 그러나 노동력이 부족하게 되고 생산수준이 향상된 8~9세기부터는 새로운 동력원을 적극적으로 활용하기 시작하여 11세기 말 영국에만 5,600개의 수차가 생겼다.

처음에는 곡식을 빻는 제분소에서 수차를 많이 사용하였다. 수차로 시작하여 제철소의 풀무, 대장간의 해머, 제재소의 톱 등 힘이 많이 필요한 부분에 동력을 제공하는 원동기로 발전하였다. 또한 12세기에 보급된 풍차는 바닷물을 퍼내고 경작지를 확대하는 역할도 했다.

중세 유럽의 에너지원은 물과 바람이었다. 이때까지 유럽은 다른 문화권에서 어떠한 과학기술적 도움도 받지 않았다.

기사와 등자

중세 봉건제의 경제적 토대는 농노의 노동력이었다. 농노農奴는 '농사 짓는 노예'라는 뜻이지만 노예와는 많이 달랐다. 농노는 영주의 소유물이 아니었으므로 팔려간다든지 강제로 가족과 헤어지는 일이 없었고, 영주의 토지를 벗어날 수는 없지만 동시에 토지에서 쫓겨나지도 않았다. 또한 농사를 짓는 데 필요한 가축, 쟁기, 수레 등 노동수단을 소유하였고, 조금씩이나마 잉여생산물을 손에 넣을 수 있었다(이 사실은 아주 중요하다. 결국 봉건제를 무너뜨리는 결정적인 힘의 근간이 되기 때문이다).

하지만 영주는 자신의 장원에서 절대적인 권력을 휘둘렀다. 영주는

〈그림 6-6〉 등자

장원에서 일어나는 모든 일을 재판할 수 있었으며, 그의 허락 없이는 누구도 마음대로 결혼할 수 없었다. 농노가 결혼하여 다른 곳으로 이주한다는 것은 영주의 노동력이 감소한다는 것을 의미했기 때문이다. 농노는 영주의 허가 없이는 다른 곳으로 옮길 수 없었다.

그러면 봉건영주는 무엇을 바탕으로 농노를 지배할 수 있었을까? 그것은 바로 군사력이었다. 그들은 군사력을 바탕으로 농노를 지배하고 다른 영주의 땅을 빼앗았다. 영주의 군사력은 기사(knight)였다. 영주들은 자신의 땅을 조금 떼어주고 기사에게서 충성을 얻어냈다.

우리는 보통 갑옷을 입고 긴 창을 들고 말에 탄 채 싸우는 기사를 생각한다. 하지만 기사들은 전장에 도착할 때까지만 말을 탔다. 전장에서 그들은 오로지 자신의 근육의 힘에 의지하여 싸웠다. 기사들이 근육 대신 말의 운동량을 이용하여 공격하는 기마 돌격전의 주역이 되는 데 결정적인 역할을 한 것은 '등자鐙子'이다. 등자는 5세기 중국에서 발명되어 8세기에 이르러서야 유럽에 도입되었다.

등자가 도입되기 전에는 기사의 무게중심이 안장 위에 있어서 적의 공격을 받을 때 쉽게 쓰러졌지만, 등자에 발을 걸치고 두 발에 힘을 주자 무게중심이 발까지 낮아져 말 위에서도 균형을 잡는 것이 쉬워졌다. 기사들은 등자를 갖추고 더욱더 무거운 갑옷과 무기를 들고 막강하게 무장할 수 있었다.

농업혁명은 영주와 기사를 위한 잉여생산을 가능하게 했지만 중세 봉건제의 생산력이 감당할 수 없을 정도로 기사의 수가 증가하게 되었다. 십자군 전쟁은 기사의 잉여를 해소하기 위한 방책이었다. 십자군 원정은 1096년부터 1270년까지 200년이나 계속되었지만 문화적으로 우월한 비잔틴 문명과 이슬람 문명을 유럽이 이길 수는 없었다.

대학의 발달

농업혁명은 부의 증가로 이어졌고 이것은 다시 도시의 발달을 가져왔다. 이때 유럽의 도시에는 대학이라는 고급 지식을 위한 독특한 기관이 있었다. 1060년 이탈리아의 살레르노에 의과대학이 생겼고 1088년에는 법학 중심의 볼로냐 대학이 세워졌다(볼로냐 대학은 세계 최초의 대학으로 인정받고 있다. 우리나라의 성균관은 1398년 설립되었다). 1200년에는 파리 대학, 1220년에는 옥스퍼드 대학이 설립되었으며, 1500년까지 유럽에 80개 이상의 대학이 설립되었다.

유럽의 대학은 독립을 유지하는 전형적인 봉건 기관으로 합법적 특권을 누렸다. 대학은 학위를 수여할 수 있었으며 도시 행정에서도 자유

〈그림 6-7〉 15세기의 유럽 대학(숫자는 설립 연도)

로웠다. 대학은 일종의 조합으로 고대 알렉산드리아의 '무제이온'이나 아라비아의 '지혜의 집'과는 달리 후원을 받지 않았다. 볼로냐 대학에서는 학생 조합이 교수를 고용하였지만, 파리 대학부터는 교수 조합이 학생들에게 수업료를 징수하였다.

초기의 대학은 국가와 교회 그리고 민간 부문에서 필요한 성직자, 의사, 법률가와 교사를 양성하는 기관이었다. 대학은 교양학부와 신학부, 법학부, 의학부를 갖추었다.

교양학부는 3학4과三學四科로 이루어졌다. 먼저 배우는 3학(tirvium)은 문법, 수사학, 논리학의 핵심 과목이고 이어서 배우는 4과(quadrivium)는 음악, 산술, 기하학, 천문학이다(여기서 음악 수업은 노래나 악기를 배우는 데 그치지 않고 음악에 대한 이성적 탐구과정이었다). 4과는 모두 피타고라스 전통에서 나온 것으로 비례에 바탕을 두고 있다. 3학4과에 속하는 일곱 과목을 자유교양 7과목이라고 한다.

대학(university)의 중심은 교양학부이지 전공학부가 아니었다. 그 전통이 지금도 남아서 메디컬스쿨(medical school)과 로스쿨(law school)처럼 직업교육을 하는 기관에는 university 대신 school이 붙어 있다. 현대 교육에 비추어 보자면 먼저 언어 영역을 배운 후 수학과 과학을 배우고 이어서 전공과목에 들어가는 식이었다.

아리스토텔레스에서 벗어나는 교양학부

대학이 설립된 13세기부터 유럽에서는 먼저 과학의 방법론에 커다란 변화가 생겼다. 새로운 방법론은 '수학의 합리성'과 '실험적 실증성'을 융합하여 아리스토텔레스와 유클레이데스를 재해석하면서 시작되었다. 교양학부 교수들은 아리스토텔레스를 강의하면서 철학과 이성이 진리에 이르는 길로 신학과 동등한 지위를 갖는다고 주장했다.

이에 신학부는 강하게 반박했다. 1277년 파리의 주교 탕피에(Étienne Tempier, ?~1279)는 아리스토텔레스가 범한 219개의 '저주스러운 오류'를 지적하였다. 아리스토텔레스의 오류를 가르치거나 주장하는 사람은 파문당하였다. 신학이 승리하여 신학부가 대학의 교양학부를 굴복시킨 사건이다. 하지만 이 싸움은 중세 사상가들이 아리스토텔레스의 굴레에서 벗어나는 계기가 되었다. 교양학부의 교수들은 아리스토텔레스의 자연철학의 오랜 문제를 해결할 방도를 찾아야 했다.

운동론의 혁신과 그래프의 탄생

진공 또는 허공을 혐오했던 아리스토텔레스는 자연적이지 않은 모든 강제적인 운동은 '운동자'가 접촉해야만 가능하다고 주장했다. 이때 '날아가는 돌멩이나 화살의 경우 무엇이 운동자인가?'라는 문제가 발생한다.

14세기가 되자 옥스퍼드학파와 파리학파를 중심으로 아리스토텔레스의 운동론運動論을 혁신하자는 기운이 갑자기 세졌다. 옥스퍼드학파는 아리스토텔레스의 운동론에서 불합리한 점을 수학적으로 제거하려고 했고, 파리학파는 '임페투스 이론'을 통해 개선하려고 했다.

파리 대학의 교양학부장 장 뷔리당(Jean Buridan, 1300~1358)은 운동이 시작된 후 운동자에서 물체로 임페투스가 이동하여 계속적인 운동의 원인자 역할을 한다고 주장했다. 뷔리당의 목적은 아리스토텔레스를 보완하는 것이었다. 하지만 운동자의 개념은 관성을 도입하면 필요 없어진다 (뉴턴 역학의 관성은 뒤에서 살펴보기로 한다).

또 다른 파리의 스콜라 철학자인 니콜 오렘(Nicole Oresme, 1320~1382)은 운동을 분류하면서 시간이 지나면 속도가 일정하게 증가하는 등가속도 운동을 발견하였다. 하지만 그는 자유낙하 운동이 등가속도 운동의 일종

〈그림 6-8〉 장 뷔리당의 임페투스 설명 삽화

이라는 것은 알지 못했다. 그는 우리가 사용하는 속도-시간 그래프를 발명했다.

르네상스

처음부터 암흑기였던 유럽의 중세 시대는 농업혁명으로 유지되었다. 삼포식 농법, 쟁기의 발달, 새로운 견인동물과 수력의 이용을 통해 농업 생산성이 급격히 증가하고 이로 말미암아 인구가 증가하였으며 도시가 발달하였다. 도시의 발달은 대학이라는 독특한 교육기관을 탄생시켰다. 교양학부는 신학에 대항하였지만 그들의 무기가 아리스토텔레스였다는 한계가 있었다.

14~15세기 유럽에서는 르네상스 운동이 일어났다. 이것은 고대 그리스 문화를 이상으로 하여 이것을 부흥시켜 새로운 문화를 창출하려는 운동이었다. 르네상스 운동가들은 5세기 로마제국의 몰락과 함께 시작된 중세를 야만시대로 간주하고 고대의 부흥을 통해 이 야만성을 극복하였다.

하지만 과학사에서 르네상스기는 뷔리당과 오렘이 활동한 14세기와 갈릴레이와 뉴턴이 활약한 17세기 사이에 놓인 휴지기에 불과하다.

제7장

천동설 대 지동설

코페르니쿠스, 과학혁명의 문을 열다

· · · · · ·

"Tomorrow is another day." 영화 〈바람과 함께 사라지다〉의 여주인공 스칼렛 오하라의 마지막 대사다. 이 대사의 한글 자막은 "내일은 내일의 태양이 뜬다"이다. 멋진 번역이다.

그렇다. 우리는 "지평선이 태양을 향해 기울고 있다"라고 말하는 대신 여전히 "태양이 뜬다"라고 말한다. 둥근 지구가 자전하면서 태양 주변을 공전한다는 것은 교과서나 다큐멘터리에서 볼 수 있을 뿐이다. 우리의 일상 경험에 따르면 지구는 여전히 편편하고 가만히 있는 것처럼 보인다. 옛 그리스 사람들도 그렇게 느꼈다. 그리고 그들은 지구를 중심에 놓는 세계관을 형성했다. 그들의 세계관은 2,000년 동안 유럽을 지배했다.

· · · · · ·

잃어버린 천 년

로마에 있는 콜로세움은 타원형 건물이다. 짧은 축은 156m, 긴 축은 188m이며 둘레는 527m에 이른다. 높이 57m의 4층 건축물로 1층은 토스카나식, 2층은 이오니아식, 3층은 코린트식의 둥근 기둥으로 아치가 장식되어 있다. 각 양식의 차이는 아치 양쪽으로 늘어선 기둥 위로 약간 돌출되어 보이는 기둥머리(주두)에서 찾을 수 있다. 토스카나식은 수수한 민형태인데, 이오니아식은 양쪽으로 말려 있으며, 코린트식은 열대식물 잎 장식이다.

'모든 신을 위한 신전'이란 뜻의 판테온은 고대 로마 신들에게 제사를 지내던 곳이다. 판테온은 현재 로마에 존재하는 가장 오래된 돔 구조물

〈그림 7-1〉 콜로세움

<그림 7-2> 판테온 천장

로 돔의 무게만 4,535t이다. 바닥에서 천장의 원형 구멍까지의 높이와 돔 내부 원의 지름이 43.3m로 똑같아서 건물의 실내가 지름이 43.3m인 구球를 감쌀 수 있도록 정교하게 지어졌다. 실내조명에 쓰이는 모든 빛은 돔의 거대한 눈(구멍)을 통해 쏟아져 들어온다. 눈에는 냉각과 통풍의 기능도 있다. 비가 내리면 바닥 아래에 있는 배수시설이 눈으로 들어온 빗물을 처리한다.

콜로세움과 판테온은 각각 72~80년과 118~128년에 건설되었다. 즉 이미 1~2세기에 유럽인들에게는 이렇게 아름답고 정교한 건축 능력이 있었다는 뜻이다. 그런데 1,000년 이상이 지난 후 중세 유럽인들은 이런 건물을 지을 수 없었다. 건축법에 관한 고대의 모든 지식을 잃어버렸기 때문이다.

유럽인들이 잃어버린 것은 건축기술뿐만이 아니다. 고대 그리스 철학자들로부터 비잔티움 시대에 이르기까지 축적된 지식이 저장된 문헌을 모두 잃어버렸다.

그리스·로마 시대가 끝난 후 중세 유럽인들은 세계관을 둘러싼 논의에 아무런 기여를 하지 못했다. 유럽인들에게 중세는 잃어버린 천 년이었다.

르네상스

지중해 연안의 유럽에서 생성된 지식은 사막을 지나 아라비아로 건너가 그 명맥을 유지하였다. 그리고 다시 유럽으로 돌아와 12세기부터 유럽어로 조금씩 번역되었다.

처음에는 아리스토텔레스의 이론이 성서의 주장과 다르다는 이유로 금서가 되었지만, 아리스토텔레스가 천동설을 채택하고 또 그의 역학과 생명론이 기독교의 교리와 모순되지 않으며, 오히려 옹호하는 것이라고 해석하는 신학자들이 점차 증가하였다. 그리고 마침내 1255년 아리스토텔레스는 해금되었다.

아리스토텔레스를 읽고 논의하는 게 자유로워지자 그의 이론은 유럽 사회 전반으로 급속히 퍼져나갔다. 14세기가 되자 이탈리아에서는 기독교가 지배하는 중세 사회를 비판적으로 보면서 그리스·로마 시대의 문화에서 '인간적인 것'을 배우려고 하는 문인들의 운동이 일어났다. 16세기까지 계속된 이 운동을 르네상스라고 한다.

11~13세기의 십자군 원정으로 교역이 증가하자 이탈리아에는 상업 도시들이 발전하였다. 각 독립 도시의 지배자들은 예술과 학문을 보호하는 것이 자신의 권위를 높이는 것이라고 생각했다. 이들은 예술가와 학자를 궁전에 불러들여 고전을 연구하고 강의하게 하면서 그들을 지원하였다.

르네상스의 대표적인 정신은 개인의 자유와 능력을 실현하는 것이었다. 이런 분위기 속에서 유럽의 예술인과 지식인들은 고대 그리스·로마인들이 그랬던 것처럼 자신도 문명과 사회에 기여할 수 있음을 깨달았다. 그들은 기독교가 지배하는 세계관에서 해방되고자 노력하였으며 유럽에 새로운 문화를 보급시켰다. 하지만 르네상스가 미친 영향은 문화에서 그쳤고 과학에는 별 영향을 주지 못했다.

르네상스 시대 지식인들의 지적 수준은 아리스토텔레스와 같은 고대 지식인을 넘어서지 못했다. 그들이 아리스토텔레스의 가르침에 토를 달지 못한 것은 당연했다. 유럽인들은 고대인들에 대한 열등감에서 여전히 빠져나오지 못하고 있었다.

아리스토텔레스의 우주

아리스토텔레스는 우주의 구조 역시 사원소설로 설명하였다. 흙-물-공기-불 가운데 가장 무거운 흙이 중심에 있고 그 위에 물-공기-불이 있어야 했다. 따라서 지구는 우주의 중심이며, 밝은 빛을 내는 태양과 별은 가장 위에 있다고 생각했다.

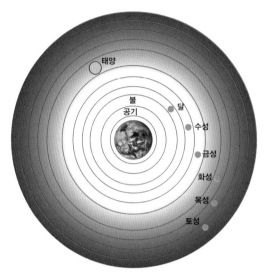

〈그림 7-3〉 아리스토텔레스의 지구 중심 우주

　지구는 둥글고 우주의 중심이며 움직이지 않는다. 지구는 불완전해서 변화하지만 하늘의 천체는 신성하고 완전하므로 절대로 변화하지 않는다. 또한 지상에 있는 물체는 불완전한 직선운동을 하지만 천상의 물체는 완전한 원운동을 한다.

　혜성이나 유성처럼 직선으로 움직이며 일시적으로 변화하는 현상은 달의 천구 아래에서 일어나는 대기 현상으로 취급하였다. 이것은 오늘날에도 날씨에 대한 학문을 지칭하는 '기상학'이라는 용어의 영어 단어에 남아 있다. 기상학은 영어로 meteorology인데 이 단어는 '유성'을 뜻하는 meteor에서 유래했다.

프톨레마이오스의 우주

그리스 천문학 전통의 정점에는 프톨레마이오스가 있다. 그는 천체의
운동을 계산하기에 가장 좋은 수학적인 기술을 모아서 방대한 개론서
『천문학 집대성』을 만들었다(이 책은 앞에서 살펴본 대로『알마게스트』라는 제
목으로 아라비아어로 번역되었다가 12세기에 다시 유럽어로 번역된다). 그는 앞선
시대의 연구들을 요약했고, 이 이론을 이용하여 과거와 미래의 태양, 달,
행성의 위치를 계산할 수 있음을 증명했다.

프톨레마이오스는 그리스의 기하학 전통과 바빌로니아의 정량적 관
측을 통합한 천문학을 이용하여 행성의 운동법칙을 밝히려고 했다. 이
과정에서 우주는 중심에 지구가 있는 완벽한 구면체라는 아리스토텔레

〈그림 7-4〉 프톨레마이오스

스의 우주상과는 거리가 조금 멀어졌다.

원운동을 지키자 – 이심원과 주전원

지구가 중심에 있는 완벽한 원운동으로는 행성의 운동 중 두 가지를 설명할 수 없었다. 첫째는 행성의 속도와 모양이 조금씩 변한다는 것이다. 행성이 완벽한 원운동을 한다면 지구에서 보는 행성의 속도와 모양은 늘 일정해야 한다.

프톨레마이오스는 이 모순을 해결하기 위해 새로운 장치를 도입한다. 이심원離心圓과 동시심(equant)이 바로 그것이다. 동시심은 우주의 중심인데, 지구에서 약간 비껴나 있다. 즉 지구가 우주의 중심에서 약간 밀려나 있다는 것이다.

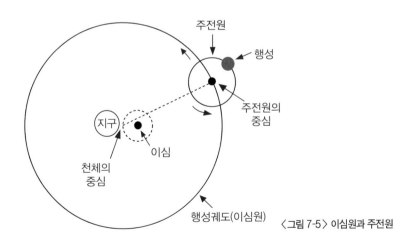

〈그림 7-5〉 이심원과 주전원

지구가 우주의 중심이 아니므로 행성 궤도와 지구 사이의 거리는 균일하지 않다. 어떤 곳은 지구와 가깝고 어떤 곳은 지구와 멀다. 따라서 행성은 완벽한 원운동을 하지만 지구에서 볼 때는 행성의 모양과 속도가 다르게 느껴질 수 있다. 프톨레마이오스는 매우 단순했던 아리스토텔레스의 우주 모형에 약간의 변화만으로 아리스토텔레스의 지구를 중심으로 하는 완벽한 원운동을 지키는 데 성공했다.

아리스토텔레스 우주 모형으로 설명할 수 없는 두 번째 행성 운동은 바로 '역행'과 '순행'의 반복이었다. 프톨레마이오스 역시 행성의 역행 현상을 관찰하였다.

모든 행성은 지구를 중심으로 원운동하고 있다는 아리스토텔레스의 대전제를 손상하지 않고 이 현상을 설명할 수 있는 방법이 필요했다. 프톨레마이오스는 매우 세련되게 이 문제를 해결했다. 주전원周轉圓(epicycle)

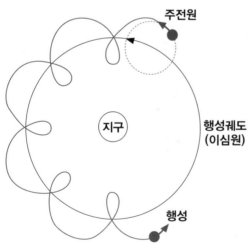

〈그림 7-6〉 화성 역행(천동설)

을 도입한 것이다.

주전원은 이심에 비해 조금 복잡하다. 일단 태양은 지구 주위를 완전한 원 궤도를 따라 회전한다. 행성은 이심을 중심으로 원운동을 하는 궤도의 한 점을 중심으로 원운동을 한다.

천상에 속한 물체는 완벽한 원운동을 해야만 하기 때문에 행성들의 겉보기 운동을 설명하는 데 주전원을 도입한 프톨레마이오스의 해법은 아주 그럴듯해 보인다. 프톨레마이오스는 이심과 주전원이라는 기가 막힌 장치를 도입하여 비록 천동설 구조가 조금 복잡해지기는 했지만 "모든 천체는 지구를 중심으로 완벽한 원운동을 한다"라는 아리스토텔레스의 우주 체계를 손상시키지 않고 지킬 수 있었다. 덕분에 아리스토텔레스의 지구 중심 우주관의 수명은 무려 2천 년이나 연장되었다.

태양 중심론의 탄생 배경

해 아래 영원한 것은 없다. 유럽을 지배하던 아리스토텔레스의 우주관도 이제 그 수명을 다할 때가 되었다. 여기에는 몇 가지 배경이 있다.

15세기부터 항해술이 급격히 발달하기 시작했다. 1492년 이탈리아 출신의 크리스토퍼 콜럼버스(Christopher Columbus, 1451~1506)가 에스파냐 함대를 이끌고 항해하여 아메리카 대륙을 발견하였으며, 포르투갈의 페르디난드 마젤란(Ferdinand Magellan, 1480~1521)은 포르투갈을 떠나 서쪽으로 항해하여 대서양과 태평양을 건너 다시 돌아오는 세계 일주에 성공하였다(마젤란의 항해는 1518년에 시작하여 1522년에 끝나지만 마젤란은 1521년 항해

도중 필리핀에서 사망하였다). 유럽인의 시각은 지중해 연안에서 전 세계로 확대되었다.

파리 대학의 철학자 니콜 오렘은 지구가 정지해 있다는 아리스토텔 레스의 논증이 확실하지 않다는 사실을 증명하려 했다. 하지만 지구가 움직인다고 생각하지는 않았다. 그러나 이 과정에서 아리스토텔레스의 권위에도 도전할 수 있다고 사람들은 생각하였다. 이 점에서 오렘의 도 전은 의미가 있다.

15세기 유럽의 관측천문학은 비약적으로 발전하기 시작한다. 그 이유 는 무엇보다도 달력을 개혁해야 할 필요성이 강하게 대두되었기 때문이 다. 고대부터 사용하던 율리우스 달력은 시간이 경과하면서 오차가 누 적되어 부활절을 맞추지 못하는 문제를 일으키게 되었다(달력 개혁의 문 제는 뒤에서 자세히 다루기로 한다). 달력을 개혁하기 위해서는 정확한 천문 관측이 필요했다.

12세기 번역된 프톨레마이오스의 『알마게스트』는 15세기가 되자 완 전히 이해할 수 있게 되었고, 이것을 개선하려는 생각도 가능해졌다. 또 한 이 무렵에는 꽤 많은 관측 데이터와 천문학적 지식이 쌓였다. 이때 니콜라우스 코페르니쿠스(Nicolaus Copernicus, 1473~1543)가 등장했다. 코페 르니쿠스는 중세 유럽에서 프톨레마이오스를 완전히 이해하고 이것을 더 발전시킬 수 있는 능력을 지닌 첫 번째 세대의 사람이었다.

폴란드 태생의 코페르니쿠스는 1491년 18세가 되자 크라쿠프 대학에 입학, 1496년부터 이탈리아의 파도바 대학에서 고전과 수학을 공부하고 1503년 페라라 대학에서 교회법으로 박사학위를 받았다. 하지만 그는 생애 대부분을 당시 과학 문명의 변방이었던 폴란드에서 교회 행정가로

〈그림 7-7〉 코페르니쿠스

일하며 보냈다. 하지만 당시는 혁명의 시대였다. 1512년 독일의 마르틴 루터(Martin Luther, 1483~1546)가 신학박사 학위를 받았다. 루터와 그의 추종자들이 교회 개혁을 밀어붙이는 시기에 코페르니쿠스는 조용히 태양 중심의 우주 모델을 다듬고 있었다.

코페르니쿠스의 우주

코페르니쿠스는 일정한 운동을 통해 천체의 움직임을 설명하는 아리스토텔레스의 우주관을 진지하게 받아들였다. 그런데 프톨레마이오스의 천문학은 행성의 역행과 순행을 설명하는 데 만족스럽지 않았다. 프톨레마이오스의 우주에는 수없이 많은 원들이 추가로 필요했기 때문이다.

코페르니쿠스는 자기만의 관측소를 갖고 싶었지만 이루지 못했고, 본격적으로 천문관측을 하지도 않았다. 그는 오로지 사고실험思考實驗을 했을 뿐이다. 그는 단순히 지구의 자리에 태양을 가져다 놓았다. 그리고 지구와 행성 사이의 거리를 고려하여 행성의 위치를 재배치하였다. 그러

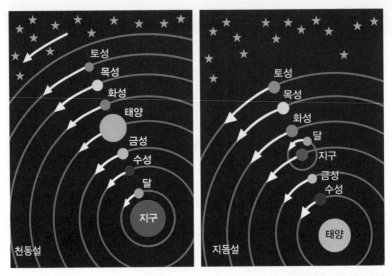

〈그림 7-8〉 태양과 지구 위치 교환

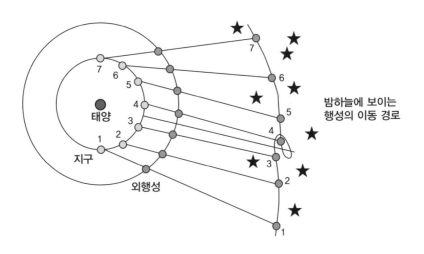

밤하늘에 보이는
행성의 이동 경로

〈그림 7-9〉 화성역행(지동설)

자 이심과 주전원 없이도 행성의 역행이 간단히 설명되었다.

코페르니쿠스는 자신의 생각을 정리하여 1514년 「천체의 운동을 그 배열로 설명하는 이론에 관한 주해서」를 썼다. 그는 이 논문을 출판하지 않고 친구들에게만 보여주었다.

비겁한 코페르니쿠스를 위한 변명

코페르니쿠스는 자신의 이론 발표를 매우 주저하였다. 완성된 원고를 10년이나 묵혔다가 죽기 바로 전인 1543년 『천체의 회전에 관하여』라는 제목으로 독일의 뉘른베르크에서 출판하였다.

출판을 하면서도 서문에 "지동설은 하나의 가설에 지나지 않는다"라고 스스로 폄훼하고, 지구가 움직일지도 모른다고 생각했던 히세타스, 에크판투스, 헤라클레이데스 등 고대 그리스 천문학자의 이름을 열거하였다. [원래는 지동설에 가장 깊은 관심을 가진 아리스타쿠스(BC 310~230)도 함께 언급했지만 원고 편집 과정에서 누락되었다.] 하지만 고대 그리스 천문학자들의 견해는 구체적인 설명이 없는 그저 지나가는 논평에 불과했으므로 지구 중심 모델을 체계적으로 설명하는 과제는 온전히 자신의 몫으로 남아 있었다. 하지만 그는 굳이 고대 철학자들의 이름을 언급하면서까지 자신의 책임 비중을 줄이고자 하였다.

코페르니쿠스는 왜 자기가 믿는 진리를 밝히는 데 그토록 비겁한 모습을 보였을까?

고전적인 지구 중심의 우주 모델에 따르면 지구와 가까울수록 불완전하고 지구에서 멀수록 완벽하다. 이것은 위에 있는 천국과 아래에 있는 지옥이라는 기독교 모델을 확인해 주는 셈이다. 따라서 이 모델을 수정하는 것은 아리스토텔레스와 프톨레마이오스에게 도전하는 것일 뿐만 아니라 기독교 교리에도 도전하는 것이었다. 평생을 교회 관리로 살아온 그는 신학자들과 평신도들에게 경멸의 대상이 되고 싶지 않았다.

실제로 종교개혁가 마르틴 루터는 "태양 중심설은 말도 안 되는 거짓에 불과하다"라고 말하면서 코페르니쿠스를 미친 사람 취급했다. 그는 성서의 「여호수아」 10장 13절을 인용하여 "여호와가 멈추라고 한 것은 태양이지 지구가 아니란 것도 신부가 모른다는 말인가?"라고 힐난하였다.

코페르니쿠스의 기우는 괜한 것이 아니었다. 실제로 코페르니쿠스가 죽은 지 한참 후 케플러가 활동하던 시대인 1592년 조르다노 브루노(Giordano Bruno, 1548~1600)는 "우주는 무한하게 퍼져 있고 태양은 그중 하나의 항성에 불과할 뿐이며, 밤하늘에 떠오르는 별들도 모두 태양과 같은 종류의 항성이다"라는 무한우주론을 주장했다는 이유로 재판을 받고 8년간 복역한 후 화형당했으며, 코페르니쿠스의 『천체의 회전에 관하여』는 1616년 금서로 지정되어 1835년이 되어서야 풀렸다.

천동설도 과학일까?

코페르니쿠스는 천문관측을 본격적으로 하지 않았다. 그는 오로지 사고실험을 했을 뿐이다. 그리고 자신의 아이디어를 다른 사람이 관측을 통해 증명해 주길 기대하지도 않았다. 하지만 그의 세계관은 프톨레마이오스의 그것보다 더 우아했다. 간단했기 때문이다. 단순하게 설명되면 좋은 이론이다.

그렇다면 복잡한 프톨레마이오스의 우주 체계를 비과학적이라고 할 수 있을까? 그렇지 않다. 과학과 비과학을 나누는 기준은 여러 가지가 있지만 검증하려는 이론이 실험이나 관찰로 틀렸다고 증명될 가능성이 있는지에 따라 나눌 수 있다. 즉 '반증 가능성'이 있으면 과학인 것이다.

천동설에는 '신의 개입'과 같은 비과학적인 요소도 있다. 하지만 태양, 달, 행성과 별의 운동을 관측하여 지구 중심의 완벽한 원 궤도를 갖는 초기 모형을 제시하였다. 이 모형에 따라 밤하늘에서 일정한 운동을 관측할 수 있을 것으로 예측했으며, 역행 운동과 같은 새로운 관측을 설명하기 위해 주전원을 이용한 수정 모형을 제시하였다는 점에서 과학적이라고 할 수 있다. 또 코페르니쿠스에 의해 반증까지 되었으니 아주 좋은 과학이다.

사라진 열흘의 비밀 :
달력을 개혁하다

······

유럽 중세사에서 15세기는 르네상스 시대로, 17세기는 과학혁명의 시대로 평가되는 가장 중요한 시기다. 이에 반해 16세기는 두 세기 사이에 끼인 골짜기에 비유될 정도로 저평가된다. 하지만 16세기에도 서구의 지식 체계는 커다란 지각변동을 일으켰고, 그 결과 17세기의 갈릴레오, 데카르트, 뉴턴 등 천재들의 활동이 가능했다. 이 변동이란 기술자, 예술가, 상인, 선원, 군인들이 축적한 경험과 실천적 지식에, 대학에서 배양된 사변과 논증에 기초한 지식이 융합한 것이다. 그 한가운데 코페르니쿠스가 있었다.

······

천동설, 종교개혁 그리고 식민지 개척

유럽의 16세기는 관찰과 실험에 수학을 결합하여 진정한 과학을 발전시키려는 과학자들과 천동설을 절대 진리로 받아들이는 교회가 대항하는 시기였다. 그 대표적인 인물이 코페르니쿠스다.

16세기는 종교개혁의 시대였다. 독일의 가톨릭교회 신부였던 마르틴 루터는 교회의 면죄부 판매를 비판하였으며, 1517년 10월 31일 비텐베르크성의 만인성자교회 문 앞에 '95개조 반박문'을 걸면서 본격적인 논쟁에 들어갔다. 마침 요하네스 구텐베르크(Johannes Gutenberg, 1398~1468)의 금속활자 인쇄술(1440년경) 덕분에 루터의 독일어 성서가 빠르게 보급되어 기독교인들은 성서를 성직자의 해석을 거치지 않고도 자신의 이성으로 이해하게 되었다. 루터는 성서만을 권위의 근거로 보았으며, 교황의 권위를 인정하지 않고 신 앞에서 모든 인간이 평등하다고 주장하였다. 결국 그는 이단으로 몰려 파문당하였다.

스위스에서는 장 칼뱅(Jean Calvin, 1509~1564)이 종교개혁을 일으켜 장로교를 창시하였다. 그는 1535년 『기독교 강요綱要*』를 저술했는데, 그 핵심은 "인간에게 닥칠 장래의 행복이나 슬픔을 비롯한 모든 것들은 하나님이 미리 정하셨다"라는 '예정설'이다. 그의 예정설은 도시 상인과 기술자들이 근면과 절약을 통해 부를 축적하는 것을 장려하여 전 유럽에 프로테스탄티즘을 전파하고 자본주의의 발달을 이끌었다.

16세기는 식민지 개척의 시대이기도 했다. 마젤란(Ferdinand Magellan,

---

* 강요(綱要) : 요점 또는 골자, 핵심 체크 정도로 이해하면 된다.

1480~1521)이 포르투갈을 떠나 서쪽으로 항해하여 세계 일주를 하면서 지구가 둥글다는 사실을 경험적으로 확인하였고, 유럽 나라들은 아메리카와 아시아 그리고 아프리카를 식민지로 삼았다.

사라진 열흘

16세기는 변혁의 시대였다. 그런데 많은 유럽 국가의 16세기 역사 기록에는 열흘이 빠져 있다. 바로 1582년 10월 5일부터 10월 14일까지의 기간이다. 무슨 일이 일어났던 것일까?

답은 간단하다. 아무 일도 일어나지 않았다. 이 열흘 동안 로마에서는 단 한 건의 종교재판도, 마녀화형식도 없었다. 멀리 중국에서 물건을 싣고 들어오는 배도 보이지 않았으며 매일 열리는 시장도 서지 않았다. 뾰족한 창을 들고 몰려다니며 행패를 부리는 군인도 보이지 않았고 주정뱅이의 노랫소리도 없었다. 교회 종소리도 울리지 않았으며, 학자들의

일	월	화	수	목	금	토
	1	2	3	4	15	16
17	18	19	20	21	22	23
24	25	26	27	28	29	30

〈그림 7-10〉 1582년 10월 로마 달력

열띤 토론도 없었다. 사람들은 아무 것도 먹지 않고 마시지도 않았으며 심지어 숨도 쉬지 않았다. 로마에 대화재가 발생하거나 무서운 전염병이 돌아서 한 명도 남김없이 죽어 버린 것이 아니다. 그런데 어째서 역사책에는 이 열흘간에 일어났던 일에 대해 일언반구도 없을까? 그 답은 앞의 달력이 말해 준다.

1582년 10월의 로마 달력에는 5일부터 14일까지가 빠져 있다. 이것은 잘못 인쇄된 것도 아니고, 폭군이 장난삼아 백성들에게 강요한 엉터리 달력도 아니다. 오히려 잘못된 것을 올바로 고친, 제대로 된 달력이었다. 어쨌든 사람들은 이 달력에 따라 1582년 10월 4일 목요일 밤에 잠들었다가 다음 날인 10월 15일 금요일에 깨어났다.

이런 일이 로마에서만 일어난 것은 아니다. 시차를 두기는 했지만, 유럽의 모든 나라에서 똑같은 일을 한 번씩 겪어야 했다. 심지어 러시아 달력에서는 13일을 빼먹어야 했다. 이제 이 열흘의 비밀을 추적해 보자.

엉터리 달력, 혼란한 사회

우리는 제2장에서 이집트의 태양력과 그 개혁을 다루었다. 그런데 프톨레마이오스 왕조가 권력을 잃은 후 이집트의 달력은 윤년이 없이 다시 1년이 365일로 고정된 옛날 달력으로 되돌아갔다. 하지만 카노푸 포고가 헛된 것은 아니었다. 왜냐하면 약 200년 후 로마의 율리우스 카이사르(Gaius Julius Caesar, BC 100~44)가 로마 달력의 기초를 세우는 데 프톨레마이오스 3세의 개혁을 받아들였고, 그 성과가 오늘날의 현대 달력에도 반영되었기 때문이다.

　원래 로마의 달력은 체계가 없이 엉터리였다. 어느 해는 1년이 10개월 304일이었고 또 어느 해는 12개월 378일이기도 했다. 고대 로마 달력은 정확성이라고는 찾아볼 수 없는 괴물 같은 모습이었다. 이렇게 복잡하고 체계가 없는 달력은 다른 어느 문화권에서도 찾아볼 수 없다. 이런 점을 고려한다면 로마 공화정 말기의 사회 혼란상은 결코 놀랄 만한 일이 못 된다. 달력을 주관했던 제관들은 윤달의 원칙을 무시하고 제멋대로 1년의 길이를 고무줄 늘이듯 늘였다 줄였다 했다.

　기원전 48년 카이사르의 로마 군대가 이집트의 알렉산드리아에 상륙했다. 카이사르는 불과 몇 개월 동안만 알렉산드리아에 머물렀다가 소아시아와 아프리카를 거쳐 다시 로마로 돌아왔지만, 이 짧은 기간은 세계의 역사를 다시 쓸 준비를 하는 데 충분했다. 카이사르는 이집트에서 우리가 지금도 사용하고 있는 4년마다 한 번씩 윤달이 있는 이집트 달력을 알게 된 것이다.

　기원전 46년 로마로 귀환하였을 때 그의 앞에는 혼란스러운 사회가 놓여 있었다. 그 혼란의 배경은 달력이었다. 로마 공화정 말기의 대제관들은 달력과 태양의 운행을 일치시킬 수 있도록 윤년의 도입을 결정할 권한을 갖고 있었다. 대제관들은 뇌물을 갖다 바친 관리들이 원하는 대로 또는 더 많은 세금과 노역을 징수하기 위해 한 해를 늘이거나 줄였다. 달력은 엉망이 된 것이다.

율리우스 달력

모든 권력을 손아귀에 쥔 카이사르는 혼란스럽기 짝이 없는 로마의 달력을 단번에 뜯어고치려고 했다. 그는 모든 옛 달력을 폐지하고 사용을 금지시켰다. 그리고 기원전 45년 11월(January) 1일을 율리우스 달력의 기원으로 삼았다.

율리우스의 달력 개혁은 크게 세 가지로 정리할 수 있다. 첫째는 자연적인 1년의 길이를 정하였다. 이제 1년은 365.25일이 되었다. 둘째, 평년을 365일로 하고 4년마다 하루를 추가하여 366일이 되는 윤년을 두었다. 셋째, 30일과 31일을 번갈아 배치하였다.

그전까지 한 해는 춘분이 있는 지금의 3월인 March에서 시작하여 지금의 2월인 February에 끝났는데, 11월이었던 January를 1월로 배치하면서 3~10월까지의 달이 두 달씩 뒤로 밀리게 되었다. 8, 9, 10번째 달이라는 뜻의 October, November, December가 10, 11, 12월이 된 것이다.

율리우스는 달력을 개혁한 자신을 기념하기 위해 7월의 이름을 July로 바꿨고, 그의 후계자인 아우구스투스(Augustus, BC 63~AD 14)는 자신의 이름을 8월(August)에 넣어 기념하였다. 로마의 제5대 황제로 폭군의 대명사인 네로(Nero Claudius Caesar Drusus Germanicus, 37~68) 역시 4월에 자신의 이름을 넣었지만 그가 죽자마자 사람들은 4월을 본래 이름으로 되돌렸다.

율리우스의 달력은 로마의 군사력을 등에 업고 지중해를 중심으로 한 전 유럽에 전파되었다.

11분 14초 때문에

당시 유럽의 달력에는 서기 몇 년이라는 게 없었다. 달력의 기원이 되는 해가 정해지지 않았던 것이다. 6세기가 되자 국제적으로 공인되는 지속적인 연대의 기술 방법을 개발하려는 노력이 시작되었다. 당시 교황은 달력 전문가인 디오니시우스 엑시구스(500?~560?)에게 그 과제를 주었고, 엑시구스는 예수의 탄생 연도를 기점으로 삼았다. 그는 당시로부터 563년 전 예수가 탄생했다고 계산하고(하지만 이 계산은 다른 역사적 정황으로 볼 때 틀린 게 분명하다. 예수는 BC 4년이나 7년 탄생한 것으로 추정된다) 그 해를 AD 1년으로 삼았다. 당시 유럽 사람들에게는 '0'이라는 개념이 없었기 때문에 기원이 0년이 아니라 1년이 된 것이다(그래서 19세기는 1900~1999년으로 100년이지만 1세기는 1~99년으로 99년에 불과하다).

기독교를 받아들인 유럽인들에게 부활절은 아주 중요한 명절이다. 그런데 성탄절과 달리 부활절은 계산이 쉽지 않았다. 왜냐하면 여기에는 태음력의 요소가 들어있기 때문이다. 부활절의 규칙은 325년 터키 니케아에서 열린 초대 교회의 첫 종교회의에서 결정되었다. 부활절은 '춘분(3월 21일)이 지난 다음 첫 보름달이 뜬 뒤에 오는 첫 번째 일요일'로 정해졌다. 따라서 부활절은 3월 22일에서 4월 26일 사이에 지키게 된다.

그런데 16세기가 되자 낮과 밤의 길이가 같은 춘분이 3월 21일이 아니라 3월 11일이 되었다. 춘분이 지나고 보름달이 떴지만 다음 일요일에 부활절 예배는 없었다. 달력에는 아직 춘분이 오지 않았기 때문이다.

율리우스 달력의 사소한 부정확성으로 이런 오차가 생겼다. 율리우스 시대에도 이미 1년의 길이가 365.2422일이라고 알려져 있었다. 하지만 율리우스가 보기에는 0.0078일, 즉 11분 14초는 무시할 수 있는 아주 작은 차이였을 뿐이다. 이 11분 14초가 쌓여서 16세기에는 열흘이라는 오차가 생긴 것이다.

그레고리우스의 달력 개혁

1572년 그레고리우스 13세가 교황에 즉위하자마자 달력 개혁이 시작되었다. 10년간의 연구 끝에 1582년 2월 24일 교황은 달력 개혁을 선포하였다. 내용은 다음과 같다.

(1) 춘분이 다시 3월 21일이 될 수 있도록 열흘을 없앤다. 1582년 10월 4일 다음 날은 10월 15일이다.* (2) 윤년의 규칙을 바꾼다. 율리우스 달력과 마찬가지로 4로 나뉘는 해는 윤년이지만 100으로 나뉘는 해는 윤년이 아니다. 그러나 400으로 나뉘는 해는 윤년이다(1700, 1800, 1900년은 윤년이 아니지만 1600, 2000년은 윤년이다). (3) 요일은 중단 없이 계속된다.

그래서 열흘이 사라졌으며, 기존의 천문학은 다시 한번 권위를 잃었다. 갈릴레오, 케플러, 뉴턴이 등장할 준비가 서서히 이루어지고 있었다.

---

* 그레고리 달력은 지역에 따라 다른 시기에 수용되었다. 교황에 반발하여 종교개혁을 일으킨 개신교 지역은 18세기에 와서야 받아들였으며, 러시아는 1919년에야 도입한다. 이때는 달력의 오차가 13일로 늘어나 있었다.

갈릴레이 :
지구가 태양을 돌 자유를 허許하다

......

1992년 10월 31일 마침내 지구는 자유를 얻었다. 단순한 암묵적 동의에서 벗어나 이제는 마음껏 태양 주변을 합법적으로 돌 수 있게 된 것이다. 지구의 공전을 불법으로 규정한 주체는 1633년 로마 교황청의 종교재판이었다. 당시 종교 권력은 태양을 중심으로 지구가 공전하고 있다는 코페르니쿠스의 이론을 받아들인 갈릴레오 갈릴레이를 파문하였다. 이때부터 자그마치 359년이 지난 후 교황 요한 바오로 2세가 갈릴레이를 사면하고 그의 후손들에게 공식적으로 사과하였다. 마침내 교회 권력이 과학에 자신의 패배를 인정한 것이다.

......

별 볼 일 없는 수학 교수가 되다

1564년 2월 12일 이탈리아에서는 천재 화가 미켈란젤로가 세상을 떠났다. 그리고 3일 후인 2월 15일 영국에서는 셰익스피어가 태어나고, 이탈리아에서는 갈릴레오 갈릴레이가 세상에 태어났다. 한 명의 천재가 가고 두 명의 천재가 왔으니 1564년은 분명 복 받은 해이다.

갈릴레오 갈릴레이. 이름과 성이 비슷하다는 것은 그가 장남이라는 뜻이다. 이탈리아 북부 토스카나 지방의 풍습이다. 갈릴레이의 고향은 기울어진 탑으로 유명한 피사(Pisa). 그의 아버지는 궁정 음악가이자 옷장수였다. 수학에도 조예가 깊어 음악에서의 비례에 관한 피타고라스의 법칙을 가르치기도 했으며 『고대와 근대 음악의 대화』라는 책을 썼다 (나중에 갈릴레이도 『두 주요 세계 체계에 대한 대화』라는 책을 쓴다).

그의 아버지는 자신의 책에서 "나는 아무런 근거도 제시하지 않고, 단순히 지나간 세대의 권위의 무게에 기대어 어떤 주장을 하는 이들의 생각은 매우 불합리하다고 판단한다. 나는 그들과는 반대로 어떤 아첨도 하지 않고, 자유롭게 탐구하고 의문에 대한 답을 구할 것이다"라고 했다.

그만큼 피사는 수학적 합리성과 실험적·실증적 요소를 중요시하는 도시였다. 갈릴레이는 아리스토텔레스의 오래된 전통과 새로운 사조가 갈등을 겪는 현장에서 성장했다.

갈릴레이는 (피사에서 요즘 기차로 1시간 거리에 있는) 피렌체의 수도원에서 그리스어와 라틴어 그리고 논리학을 배웠다. 그는 수도사가 되고 싶었지만 그의 아버지는 돈을 많이 버는 의사로 키우고 싶었다. 그래서 갈릴레이가 17세가 되던 해 의학과 수학을 같은 학부에서 가르치는 피사 대학에 입학시켰다.

피사 대학의 주인은 스콜라학파였다(스콜라는 여유를 뜻하는 그리스어에서 왔지만 오늘날에는 학파라는 뜻으로 쓰인다). 중세 철학은 기독교 신앙의 다른 표현에 불과했다. 모든 진리와 인식의 문제를 신앙과 결부시켜 생각하였으며, 인간의 이성 역시 신의 계시로 이해했다. 스콜라 철학자들은 여기에 아리스토텔레스의 전통을 결합해 논리학을 발전시켰다.

수학적 합리성을 강조하는 아버지 밑에서 자란 갈릴레이가 대학의 이런 전통에 적응하지 못하는 것은 어쩌면 당연한 일이었다. 그는 아리스토텔레스 철학이 결합된 대학의 의학교육에 적응하지 못했다.

1583년 19세의 그는 어느 날 성당의 천장에 매달린 등불이 진폭과 상관없이 같은 시간 간격으로 흔들린다는 것을 발견했다. 이것을 우리는 '진자의 등시성'이라고 한다. 이 발견을 계기로 갈릴레이는 의학 대신 수학으로 전공을 바꾸게 된다. 의학이 그에게 아무런 소용이 없던 것은 아니다. 왜냐하면 진자의 등시성을 밝힐 때 맥박으로 시간을 측정하였는데, 이것은 그가 의학교육을 받은 덕분이다(추시계는 그로부터 73년 후인 1656년 네덜란드 천문학자 크리스티안 하위헌스(Christiaan Huygens, 1629~1695, 호이겐스라고도 한다)가 갈릴레이의 '진자의 등시성' 이론을 바탕으로 발명했다).

수학뿐만 아니라 인맥 형성에도 천재적인 갈릴레이는 25세에 인맥을 통해 피사 대학에 계약직으로 일자리를 구했다.

머릿속의 돌멩이

당시는 '자유낙하하는 물체의 속도는 무게에 비례한다'라는 아리스토텔레스의 이론이 2,000년째 통용되던 시대였다. 그런데 돌을 들지 않고도 무거운 돌멩이가 가벼운 돌멩이보다 먼저 떨어진다는 잘못된 주장을 반박할 수 있을까? 갈릴레이는 자신이 고안한 사고실험으로 반박했다.

갈릴레이는 머릿속에서 무거운 돌과 가벼운 돌을 묶은 다음, 이제 돌들이 얼마나 빠르게 떨어질 것인가를 스스로에게 물었다. 아리스토텔레스가 옳다면 무거운 돌은 가벼운 돌보다 빨리 떨어질 것이다. 그렇다면 느린 가벼운 돌은 빨리 떨어지는 무거운 돌의 속도를 늦추고 동시에 무거운 돌은 가벼운 돌의 속도를 빠르게 할 것이다. 결국 두 돌멩이는 느린 것과 빠른 것 사이의 어떤 속도를 갖는다. 그런데 아리스토텔레스가 옳다면 무거운 돌멩이와 가벼운 돌멩이를 한데 묶으면 무거운 돌멩이 하나보다 더 무거워져서 무거운 돌멩이 하나일 때보다 더 빠르게 떨어져야 한다. 아리스토텔레스의 원리는 모순에 봉착한다. 이 모순을 해소하는 길은 물체의 자유낙하 속도가 무게와 무관하다는 사실을 받아들이는 것뿐이다.

피사 대학의 교수가 된 이듬해 1590년, 갈릴레이는 무게가 다른 여러 개의 공을 가지

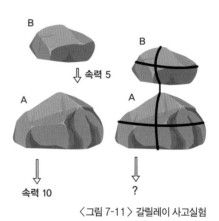

〈그림 7-11〉 갈릴레이 사고실험

고 8층짜리 건물의 나선형 계단을 올라갔다. 이것이 바로 그 유명한 피사의 사탑. 그는 55m 높이의 탑에서 무게가 10배나 차이 나는 두 개의 쇠공을 떨어뜨렸다. 두 공은 거의 동시에 떨어졌다. 2,000년 동안이나 지켜왔던 아리스토텔레스의 낙하 법칙이 무너진 것이다(실제로 이 실험이 있었는지에 대해서는 논란이 있다).

갈릴레이의 우아한 사고실험과 실제 실험에도 불구하고 사람들은 쉽게 납득하지 못했다. 납덩어리가 종이보다, 유리병이 낙엽보다, 우박이 눈송이보다, 그리고 망치가 깃털보다 빨리 떨어지는 것과 같은 일상의 경험 때문이다. 과학자들은 이런 현상은 두 물체의 무게와 상관없이 물체의 형태와 표면에 작용하는 공기의 저항 때문에 발생하는 현상이라고 설명하지만, 대중들에게는 과학자들의 설명보다 눈에 보이는 현상이 더 큰 영향을 미친다. 이것을 증명하는 방법은 공기가 없는 곳에서 낙하 실험을 해 보는 것이다.

아폴로 15호 우주인 데이비스 스콧은 1971년 8월 2일 우주에서 같은 실험을 했다. 공기가 없는, 그래서 공기 저항도 없는 달에 가서 깃털(30g)과 이보다 44배 무거운 알루미늄 망치(1.32kg)를 동시에 떨어뜨린 것이다. 두 물체는 동시에 달 표면에 닿았다. 이 광경은 전 세계에 TV로 중계되었다(이 영상은 인터넷에서 쉽게 검색할 수 있다). 이로써 물체의 자유낙하 속도는 질량과는 무관하다는 갈릴레이의 이론이 마침내 대중에게도 설득력을 얻게 되었다.

1970년대까지도 사람들이 갈릴레이의 이론을 쉽게 받아들이지 못했으니 16세기에는 오죽했겠는가? 학자들과 학생들은 갈릴레이의 이론에 동조하지 않았다. 생소한 실험과 주장보다는 아리스토텔레스의 권위가 더 큰 믿음을 주었기 때문이다. 이 실험으로 갈릴레이는 오히려 피사 대학에서 자기주장만 하는 고집쟁이이자 반역적인 과학자로 인식되었다. 그는 도시를 떠나야 했다.

다행히 갈릴레이는 28세인 1592년 역시 인맥을 통해 베네치아 공화국 파도바 대학의 수학 교수가 되었다. 파도바 대학은 당시 세계 최고위 대학이었다. 정식 교수가 되었으니 갈릴레이의 생활은 나아졌을까? 그렇지 않다. 당시에는 철학, 신학, 의학 교수를 제외하면 교수의 지위가 높지 않았다. 수학 교수의 봉급은 신학 교수의 8분의 1~12분의 1에 불과했다. 갈릴레이는 매 학기 천문학, 수학, 축성술, 측량술을 강의했지만 이것으로는 생활이 되지 않았다. 그래서 외국 학생들에게 하숙을 치거나 과외 교습을 했다. 또한 발명가로도 활동했다. 그는 비례를 맞춘 분할이 가능한 '기하학적·군사적 컴퍼스'를 발명하여 기술자와 건축가들에게 팔았다.

그는 45세까지 20년 동안이나 열심히 일하지만 별 볼 일 없는 대학 교수로 살았다.

망원경으로 하늘을 보다

별 볼 일 없는 갈릴레이에게 갑자기 별 볼 일이 생겼다. 한스 리퍼세이(Hans Lippershey, 1570~1619)라는 네덜란드의 안경 기술자가 볼록렌즈와 오목렌즈를 이용해 멀리 있는 물체를 가깝게 볼 수 있는 망원경을 발명했다는 소문을 들은 것이다. 물건을 직접 볼 필요도 없었다. 그는 소문

〈그림 7-12〉 갈릴레이 망원경

만으로도 원리를 깨닫고 직접 망원경을 제작했다. 리퍼세이의 망원경은 3배율에 불과했지만 갈릴레이의 망원경은 8배율이었다.

갈릴레이는 망원경의 원리만큼이나 경제적 가치 역시 금방 깨달았다. 그는 베네치아 총독과 의회에 망원경을 보여주며 군사적인 용도를 깨우쳐 주었다. 그는 총독에게 말했다. "이 망원경이면 적의 함선이나 돛을 맨눈으로 보는 것보다 두 시간이나 먼저 발견할 수 있습니다. 이 망원경만 있으면 베네치아의 방위력을 세 배 이상 끌어 올릴 수 있을 것입니다." 총독은 그 자리에서 1,000길더(현재 가치로 약 1,200만 원)를 하사했으며, 파도바 대학은 그를 종신 교수로 임명하고 봉급도 다섯 배나 올려주었다. 여기서 그쳤다면 그는 재주꾼으로 역사에 남았을 것이다.

그는 곧 망원경을 20배율과 30배율로 개선한 후 망원경에 눈을 대고 밤하늘을 보았다. 이때가 바로 1609년(갈릴레이가 망원경으로 천체를 관측한 지 400년이 되는 2009년을 '세계 천문학의 해'로 기념하였다). 그는 망원경을 통해 '하늘에는 우리가 맨눈으로 볼 수 있는 것보다 훨씬 많은 별이 있다'라는 사실을 알게 되었다. 이것이 뜻하는 것은 무엇일까? 그것은 지구와 각각의 별과의 거리가 서로 다르다는 증거다. 별은 항성구에 박혀 있다는 아리스토텔레스의 우주관이 틀렸다는 이야기다.

또 맨눈으로 보면 별과 행성은 모두 점으로 보인다. 그러나 망원경으로 보면 별은 여전히 점으로 보이지만 행성은 둥근 원으로 보인다. 이것

〈그림 7-13〉 베네치아 총독에게 망원경을 설명하는 갈릴레이

이 뜻하는 것은 무엇일까? 별은 아리스토텔레스가 생각했던 것보다 훨씬 멀리 있다는 뜻이다. 아리스토텔레스는 우주에서 천구는 모두 인접하여 마치 양파껍질처럼 틈 없이 서로 붙어 있는 모습이었다. 그는 진공이 물리적으로 불가능하며 우주에는 틈이 없어야 한다고 믿었다. 그런데 토성과 별이 서로 멀리 떨어져 있다면 그 사이에는 무엇이 존재하는 것일까? 갈릴레이의 망원경은 우주 공간의 대부분은 텅 비어 있는 진공일지도 모른다는 생각을 가능하게 해주었다.

망원경은 아리스토텔레스의 주장을 하나하나 무너뜨렸다. 아리스토텔레스는 지구는 불완전하여 울퉁불퉁하고 그 위에 있는 것들은 끊임없이 변하지만 우주의 천체는 완전하여 매끄러운 구球이며 영원히 변하지

〈그림 7-14〉 망원경으로 본 달 표면

않는다고 했다. 그러나 망원경으로 본 달의 표면은 산과 분화구와 계곡으로 뒤덮여 있었다. 천체에서 가장 고귀하다는 태양마저 흑점이 있었으며, 이 흑점은 이동했다. 또 지구 외에는 위성이 없을 것이라는 아리스토텔레스의 주장과는 달리 목성에서 4개의 달(위성)을 발견했다(현재는 79개의 위성이 인정되고 있다).

이것은 매우 중요한 사건이다. 당시 아리스토텔레스는 거의 '진리'였다. 아리스토텔레스를 의심하는 것만으로도 사회적으로 외톨이가 되기 십상인 때였다. 하지만 달이 울퉁불퉁하고 목성에도 달이 있다는 사실은 아

목성

칼리스토 　　　가니메데 　　　유로파 　　　이오

〈그림 7-15〉 목성과 네 개의 달

리스토텔레스의 우주 체계에 명백히 어긋나는 것이다. 이 사실이 알려지면서 "이제는 적어도 우리 지식인들은 아리스토텔레스의 이론을 조심스럽게 의심해 봐야 하는 것 아닌가!"라는 공감대가 형성되었다.

종교재판에 회부된 궁정 철학자

17세기 과학 연구 조직의 패턴은 두 가지였다. 아리스토텔레스주의자들이 차지하고 있는 대학과 예술가, 의사, (아직 의사 취급을 못 받고 있던) 외과의사, 연금술사, 천문학자, 점성술사, 수학자, 기술자, 건축가, 설계사, 측량사, 지도 제작자 등으로 구성된 궁정이었다.

이제 갈릴레이는 자신의 명성을 바탕으로 직장을 선택할 수 있는 위치에 올랐다. 아리스토텔레스주의자들이 뿌리를 내리고 있는 대학에 남을 것인가, 아니면 권력자의 궁정 안에 둥지를 틀면서 대중에게 접근할 것인가? 갈릴레이는 후자를 선택했다.

갈릴레이는 파격적인 봉급 인상과 종신 교수직을 제안한 베네치아의 파도바 대학을 떠나 고향인 토스카나 메디치 궁정의 수석 수학자 및 철학자 지위에 올랐다. 여기서 철학자라는 직함이 중요하다. 이것은 그가 철학 교수와 동등한 지위에 올랐다는 뜻이며 수학을 철학, 의학, 법학, 신학과 같은 반열에 올려놓았다는 뜻이기도 하다.

갈릴레이는 목성의 위성을 비롯하여 망원경을 이용한 천체 관찰 결과를 '별 세계에 대한 보고報告'라는 뜻의 『시데레우스 눈치우스(Sidereus Nuncius)』(1610)라는 책을 통해 발표하였으며, 이 책을 자신이 가르쳤던 왕위 계승자 코시모 2세 대공에게 바쳤다.

갈릴레이는 무모한 과학자가 아니었다. 그는 1600년 이탈리아 철학자 조르다노 브루노(Giordano Bruno, 1548~1600)가 지동설을 지지한다는 이유로 화형을 당했다는 사실을 잘 알고 있었으므로 『시데레우스 눈치우스』를 메디치 가문에 헌납하여 권력의 비호를 입고자 했다.

그러나 천동설만을 인정했던 로마 가톨릭교회의 거대한 압력 앞에 그 역시도 어쩔 수 없이 죄인이 되어 버린다. 교회와 결탁한 아리스토텔레스학파의 눈엣가시였던 탓이다. 갈릴레이라는 그 이름이 1611년부터 종교재판소의 문서에 등장하더니 1614년부터는 갈릴레이를 비난하는 설교가 시작되었고, 마침내 1616년에는 종교재판에 회부되어 '코페르니쿠스의 이론을 주장하거나 변호하는 것을 금지'하는 판결을 받았다. 그리고 이때 1543년 출판된 코페르니쿠스의 『천체의 회전에 대하여』가 금서 목록에 오른다.

두 개의 주요 세계 체계에 대한 대화

갈릴레이는 선택을 해야 했다. 아리스토텔레스학파의 천동설인가, 코페르니쿠스의 지동설인가? 두 이론 모두 나름대로 우주를 설명할 수 있었고 모순도 가지고 있었다. 이때 그에게는 '오컴의 면도날'이라는 기준이 있었다. 오컴의 면도날이란 '어떤 상황에 대해 두 가지 해석이 가능할 때 단순명료한 쪽을 선택하라'는 것이다. 아리스토텔레스의 체계는 주전원과 이심이라는 장치가 필요했다. 그러나 코페르니쿠스의 체계는 단지 우주의 중심에 태양만 놓으면 모든 것이 해결되었다. 코페르니쿠스의 체계가 훨씬 단순명료한 것이다.

갈릴레이는 68세인 1632년 천동설을 믿는 사람과 지동설을 믿는 사람이 나흘간에 걸쳐 대화를 나누는 형식으로 지동설을 소개하는『두 우주 체계의 대화』를 발표했다. 이 책에는 지동설을 지지하는 코페르니쿠스와 갈릴레이를 상징하는 살비아티, 천동설을 지지하는 아리스토텔레스학파를 상징하는 심플리치오, 그리고 둘 사이에서 이성적인 중재자 역할을 하는 사그레도라는 세 명이 등장한다.

첫째 날에는 아리스토텔레스학파의 자연관을 소개하면서 물질의 구성과 물체의 운동을 설명하고, 둘째 날에는 지구의 자전과 물체의 운동, 행성의 일주운동과 물체의 낙하운동, 셋째 날에는 금성의 위상 변화와 행성의 역행을 설명하면서 지구의 공전을 보여준다. 셋째 날까지의 대화를 통해 천동설의 모순을 설명하고 지동설의 타당성을 보여준 것이다. 넷째 날에는 지구가 회전하기 때문에 바닷물이 출렁여 밀물과 썰물이 생긴다고 주장한다(물론 말도 안 되는 주장이다. 당시는 아직 중력이라는 게 알려지지 않은 시대였다).

책은 나오자마자 금서가 되었고 그 이듬해 다시 종교재판에 회부되었다. 그는 흰 가운을 입고 촛불 앞에 꿇어앉아서 앞으로는 이단적인 주장을 버리고 이단을 저주하고 혐오하고 매도할 것을 선언해야 했다.

"그래도 지구는 돈다." 갈릴레이가 법정을 나서면서 한 말이라고 전설처럼 전해진다. 하지만 생각해 보라. 서슬 퍼런 법정을 나서면서 무슨 용기로 그런 말을 할 수 있겠는가! 이것은 잘못 전해진 말이다. 실제로는 "이 세상에서 나는 죽은 사람이다"라고 말했다. 갈릴레이의 굴복이고 패

배웠다.

그러나 1992년 10월 31일 로마 교황 요한 바오로 2세는 갈릴레이의 파문을 취소하고 그의 후손들에게 용서를 빌었다. 종교는 자연을 해석해야지 자연에 명령할 수는 없는 것이다.

제8장

자연과학의 황금시대

의학세계의 문화혁명

······

독일의 화가 알브레히트 뒤러는 1520년 네덜란
드를 여행하다가 축제에서 시민들이 자신의 계
급에 따라 무리 지어 행진하는 모습을 보았다.
맨 앞에는 가장 낮은 직급의 무리인 금세공사,
화가, 석공, 조각가, 수예공, 목수, 선원, 어부, 푸
주한, 피혁공, 포목업자, 재단사와 제화공 등 여
러 다양한 직인과 일상생활 관련 직공, 점원들이
행진하였고, 그다음으로는 상인, 군인, 공무원이
따라갔고, 그 뒤에는 귀족이 등장했으며, 마지막
에 성직자들이 행진했다.
이 행진에서 의사는 어느 그룹에 속했을까?

······

지적 노동으로서의 의학

고대 그리스 의학은 철학과 달리 경험주의적 측면이 있었다. 히포크라테스(Hippokratēs, BC 460~377)는 의학이 사변에 빠지는 것을 경계했다. 고대 의사들은 부친이나 가업을 통하거나 도제 제도를 통해 현장에서 의학교육을 받았으므로 손작업을 멸시하지 않았다. 이후 군사 국가인 로마제국은 그리스의 문화적·학문적 유산을 완전히 흡수할 능력과 관심이 없었다. 로마제국의 최고 의사인 클라우디우스 갈레노스(Claudius Galenus, 129~199 추정)를 비롯한 고대 그리스의 의학 전통은 476년 서로마제국이 붕괴하면서 대부분 소실되고 말았다.

그 후 기독교 지배 아래 있던 유럽은 전문적인 의학교육을 거의 하지 않았다. 기독교에서 병이란 인간의 죄에 대해 신이 내린 벌이다. 따라서 진정한 치료는 기적을 통해 나타나는 신의 은총으로만 가능할 따름이다. 이런 상황에서 이교도의 이론인 그리스 의학을 호의적으로 받아들이지 않는 것은 당연했다. 민중에 대한 의료서비스는 주로 무당, 지역의 장로와 산파들이 담당했다.

변화는 11세기 이탈리아 남부에서 시작되었다. 기독교로 개종한 아라비아인 콘스탄티누스 아프리카누스(Konstantinus Africanus, 1010 추정~1087)가 아라비아 의학서를 라틴어로 번역하기 시작했다. 번역을 통해 아라비아 의학뿐만 아니라 이슬람 세계에 전승되어 있던 히포크라테스와 갈레노스의 의학이 유럽으로 역수입되었다.

11세기 후반에는 이슬람 사회에 전해진 그리스 학술서와 아라비아 과학서들이 라틴어로 번역되면서 유럽이 아리스토텔레스의 저술 등을 재발견하게 되었다. 그 결과 유럽은 '12세기 르네상스'라고 부르는 지적 상승기를 맞는다. 이때부터 볼로냐, 파리, 파두바, 옥스퍼드 등에 대학이 설립되어 새로운 지식이 계승되는 시스템이 만들어졌는데 이때 의학도 새롭게 발견되어 대학에서 가르쳤다. 지적 노동과 육체노동을 확연히 분리하던 대학에서 의학부는 신학부, 법학부와 함께 상위 전문 과정으로 설치되었다. 이것은 의학이 이론과학의 지위를 얻었다는 뜻이다. 즉 의학 역시 환자와 병을 상대로 싸우며 발전하는 게 아니라, 고대 문헌 속에서 발견하는 학문이었다는 것이다. 문제는 여기에서 시작되었다.

의사를 가리키는 말은 고전 라틴어에 기원을 둔 메디쿠스(medicus)였다. 이 단어의 동사형은 메디카레(medicare)로 치료하다, 약초를 투여하다, 마술을 부린다는 뜻이다. 즉 의사는 치료자를 말한다. 그런데 12세기에 의사를 가리키는 말은 피시쿠스(physicus)로 바뀌었다. 이 단어는 원래 자연철학자를 가리키는 것으로 자연철학을 배운 학자로서의 의사라는 뜻을 담고 있다.

메스를 든 이발사

대학에 의학부가 생기면서 손을 사용하는 외과外科는 학문의 테두리에서 밀려났다. 물론 대학에서도 외과를 강의하기는 했지만 그것은 이론일 뿐이었다. 실제 치료와 수술은 오직 의사의 지시를 받는 외과 의사나 이발사에게 맡겨졌다. 다시 말해서 의사는 진단하고 지시만 할 뿐, 직접 손을 움직이지는 않았다.

서양 언어에는 아직도 이 흔적이 남아 있다. 예를 들어 의사는 영어로 닥터(doctor)다. 정신과 의사에서 소아과 의사에 이르기까지 모든 의사는 닥터다. 하지만 예외가 두 가지 있다. 외과 의사(surgeon)와 치과 의사(surgeon dentist)가 바로 그것이다. 두 과의 의사와 다른 의사의 차이는 무엇일까? 그것은 바로 실제로 손을 써

〈그림 8-1〉 외과 수술 흔적이 남아 있는 이발소 사인

서 수술을 해야 한다는 것이다. 14~15세기 손을 사용하는 직업으로서의 외과는 의학부와 엄격히 분리되어 있었다. 덕분에 파리, 옥스퍼드, 케임브리지에서는 유명한 의사가 배출되지 않았다.

15~16세기에는 도시 인구 1만 명당 약 세 명 정도의 의사가 있었다. 이들은 지배층에 속하는 사람들만 진료하였다. 대부분의 민중은 의사를 만나볼 기회조차 없었다. 이들이 아플 때 찾아가는 사람들은 산파나 공중목욕탕 주인 또는 이발사였다. 또는 유대인이라는 이유로 의학박사 학위를 취득하지 못한 돌팔이 의사와 여성 약종상들도 있었다. 이들 사이에는 의대에서 수학한 소수의 엘리트 의사–외과 의사–이발사–약종상의 위계질서가 형성되었다.

위계질서가 낮을수록 더 활발히 활동했다. 수술을 가장 많이 담당한 이들은 이발사들이다. 심지어 이들은 이발 외과 조합을 만들기도 했다. 이발사들은 대학에서는 강단의 교수 지시에 따라 시체를 해부하였고, 병원에서는 외과 의사의 감독 아래 절개나 사지 절단 수술에서

간단한 상처 치료에 이르기까지 손에 피를 묻히는 대부분의 작업을 담당했다. 지금도 이발소에는 빨강·파랑·하양의 삼색이 어우러져 돌아가는 원통의 간판이 달려 있는데 빨강은 동맥, 파랑은 정맥, 하양은 붕대를 상징한다.

페스트·전쟁·매독, 외과 의사와 이발사의 약진

15~16세기에는 외과 의사와 이발사들이 의료의 전면에 나서게 된다. 여기에는 몇 가지 배경이 있는데 첫 번째는 유럽을 휩쓸고 간 전염병 때문이다. 1347~1351년 유럽 전역에는 흑사병이 창궐하였다. 역사학자들은 이 시기 유럽 인구의 25~20%에 해당하는 2,000만~2,500만 명이 사망했다고 추정한다. 창궐하는 흑사병 앞에서 갈레노스의 체액병리학*에 빠져 있던 의사들은 아무런 역할을 하지 못했다. 이들은 두려움 때문에 환자의 집에는 들어갈 엄두도 내지 못했다. 의사들은 그들의 고객인 귀족들과 함께 도망쳤다. 이에 비해 외과 의사와 이발사들은 페스트가 휩쓸고 지나간 마을에 계속 남아 있었다(독일어에는 페스트 환자를 치료하는 '페스트 이발사'라는 뜻의 Pest-Barbier란 단어가 남아 있다).

두 번째는 15~16세기 들어서며 바뀐 전쟁의 양상이다. 이 시대에 중화기가 등장하였다. 총탄과 포탄 때문에 생긴 화상을 동반한 깊은 상처

---

* 질병은 혈액, 점액, 흑담즙, 황담즙 네 가지 체액의 균형이 깨져서 생긴다는 갈레노스의 이론이 1,000년이 지난 중세 유럽에서도 통용되었다.

는 예전에는 못 보던 것이었다. 고대의 책으로 배운 의사들은 무엇을 어떻게 해야 할지 몰랐다.

세 번째는 16세기 급속히 퍼진 매독이다. 매독의 유행은 이발사들이 귀족들을 치료하게 되는 결정적인 계기가 되었다. 페스트가 더러운 환경에서 사는 하층계급에서 많이 감염되는 질병인 데 반해, 매독은 방탕한 생활을 하는 상류층이 많이 걸리는 병이었다. 그런데 의사들은 매독에 대한 지식이 없었다. 이발사들은 매독에 걸린 귀족을 치료하면서 사회적 지위가 상승하였다. 상류층은 말만 앞서는 의사들에 대해서는 점차 불신하는 대신 의료 현장에서 활동하는 외과 의사와 이발사에 대해 신뢰하기 시작했다.

파라켈수스, 베살리우스, 세르베투스

코페르니쿠스와 갈릴레이는 지동설이라는 새로운 우주의 체계를 도입할 때 거대한 장벽과 맞닥뜨렸다. 아리스토텔레스와 그의 주장을 과학적으로 합리화한 프톨레마이오스의 천동설 우주론 때문이다. 의학의 발전도 거대한 장벽이 가로막고 있었다. 갈레노스라는 넘지 못할 벽이 있었던 것이다. 당시 아리스토텔레스와 갈레노스는 신과 같은 존재로 두 사람의 사상은 목적론이었다. 신이 특별하게 정한 목적에 따라 모든 것이 생겨났다는 것이다.

여기서 잠깐 2~3세기의 갈레노스 의학을 살펴보자. 갈레노스에 따르면 소화, 호흡, 신경 작용은 각각 자연의 영(natural spirit), 생명의 영(vital spirit) 그리고 동물의 영(animal spirit)과 관련되어 있다. 먼저 음식물은 위와 장을 거쳐 간에서 자연의 영, 즉 피로 바뀐 후 정맥을 거쳐 온몸에 전달되며, 허파에서 공기를 받은 피는 생명의 영으로 바뀌어 동맥을 통해 온몸으로 전달되고, 생명의 영은 동물의 영으로 바뀌어 뇌에 전달된다.

그의 주장은 현대의학 지식과 많이 다르다. 갈레노스에 따르면 정맥은 영양분을 공급하고, 동맥은 생명력을 공급한다. 심장 안에서는 우심실에 들어온 피가 심실 사이의 격막을 통해 좌심실로 옮겨간다. 심장의 역할은 팽창하면서 밖에서 안으로 피를 빨아들이는 것이다. 현대의 지식과는 완전히 다른 체계이며, 심지어 정반대로 해석하기도 했다.

이런 와중에 르네상스 시대의 후진국인 독일에 파격적인 인물이 등장하였다. 바로 파라켈수스(Paracelsus, 1493~1541)다. 스위스 산간 지역에서 태어나 어린 시절 연금술을 배운 그는 이탈리아에서 의학박사 학위를 받았다(여기에 대해서는 이견도 있다.). 그는 대학을 마친 뒤에도 종군 외과 의사로 유럽 각지를 다니며 경험을 쌓은 후 대학교수를 겸임하는 바젤의 궁중 의사에 임명되었다. 그는 학생들에게 이렇게 말했다.

"이 시대 의사들은 파렴치한 방법으로 환자들에게 피해를 주고 있다. 그들은 히포크라테스와 갈레노스의 말을 종처럼 따르면서 마치 하나라도 토를 달면 안 되는 아폴로 신의 신탁처럼 떠받들고 있다. (……) 가장 훌륭한 교사는 경험이다. 나는 내가 경험한 것과 내가 스스로 연구한 것을 가르쳐 주겠다."

이 말은 더 이상 갈레노스의 체액병리학을 강의하지 않겠다는 것으로 대학 당국에 대한 공공연한 도전이었다. 뿐만 아니라 그는 강의를 라틴어가 아닌 독일어로 하려고 했다. '의학은 순수하고 명료하게 모국어로 가르쳐야 한다'는 것이 그의 신념이었으며 동시에 라틴어의 장벽 뒤에 숨어 있는 의사 길드*에 대한 저항의 뜻이기도 했다. 하지만 대학의 장벽은 매우 높았다. 그는 대학과 시의 자리에서 쫓겨났다.

갈레노스 의학을 구체적으로 비판하고 체계를 뒤집은 사람은 안드레아스 베살리우스(Andreas Vesalius, 1514~1564)다. 그는 당시 대학을 지배하던 갈레노스 해부학에 반대하여 실제 동물을 해부하고 인골을 모아서 해부학을 근본적으로 고쳤다. 그의 연구에 따르면 갈레노스는 실제로 인체를 해부한 것이 아니라 동물을 해부한 후 사람에게 적용한 것이었다.

그는 아무도 인체를 해부하려 하지 않던 때 실제로 인체를 직접 해부하여 1543년 『인체 구조에 관한 7권의 책』(속칭 파브리카(Fabrica))을 출판해서 새로운 해부학 전통을 세웠다. 베살리우스는 갈레노스의 책에서 잘못된 곳을 200곳 이상 찾아냈다. 예를 들면 갈레노스의 주장과는 달리 심방과 심실 사이에는 구멍이 없으며, 갈레노스가 주장한 혈액 순환은 근본적으로 틀렸다는 사실을 밝혔다. 그러나 시대는 베살리우스의 주장을 받아들이지 않았다. 그는 종교적·정치적 탄압을 피해 도망 다니다가 배가 난파하여 실종되었다.

한편 에스파냐에는 세르베투스(Michael Servetus, 1511~1553)라는 의사가 있었다. 그는 갈레노스가 주장한 세 가지 영은 존재하지 않으며, 동맥혈과 정맥혈이 따로 존재하는 것이 아니라 한 가지 혈액만 존재한다고 주장하였다. 세르베투스가 세 가지 영을 부인하자 교회는 그가 삼위일체설을 부정한다고 받아들였다. 교회는 그의 이단성과 인체 해부의 죄를

---

* 길드 : 중세 시대의 동업 조합.

물어 화형에 처했다. 그를 화형에 처한 사람은 아이러니하게도 당대의 종교개혁가로 장로교를 창시한 칼뱅이었다.

천문학에는 갈릴레이, 의학에는 하비

그렇다면 의학에는 갈릴레이 같은 인물이 없단 말인가? 그렇지 않다. 15~17세기는 문화 혁명기였다. 1450~1630년의 가장 현저한 특징은 고대에 대한 태도 변화다. 과거의 모든 권위가 뒤집어져야 하는 시기였다. 의학에는 윌리엄 하비(William Harvey, 1578~1657)가 있었다.

천문학 혁명의 단계를 살펴보면 1543년 코페르니쿠스가 혁명적이지만 아직 프톨레마이오스의 패러다임에 상당히 얽매여 있던『천체의 회전에 대하여』를 출판하고, 1592년 지동설을 주장한 브루노가 화형당하며, 1632년 갈릴레이가『두 우주 체계의 대화』를 출판하여 지동설을 확정하였다.

천문학과 마찬가지로 의학에서는 1543년 베살리우스가 혁명적이지만 아직 갈레노스의 패러다임에 여전히 얽매여 있던『인체 구조에 관한 7권의 책』을 출판하고, 1553년 갈레노스의 세 가지 영을 부인한 세르베투스가 화형당하며, 1628년 하비가『동물의 심장과 운동에 관한 해부학적 연구』를 출판하여 새로운 의학의 시작을 알렸다. 정말 놀라운 아날로지(analogy) 또는 평행우주 아닌가!

하비의 결찰사 실험

영국에서 태어난 하비는 케임브리지에서 의학을 공부한 후, 이탈리아의 파도바 대학에서 유학했다(코페르니쿠스와 갈릴레이 그리고 베살리우스도 파도바 대학을 거쳤다). 파도바 대학은 교회의 권위가 상대적으로 약해서 직접 해부를 할 수 있었기 때문이다. 하비는 파도바 대학에서 베살리우스의 제자인 파브리키우스(Geronimo Fabricius,

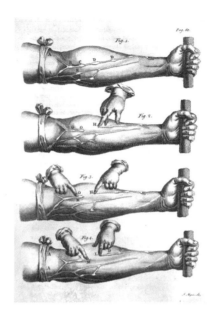

〈그림 8-2〉 하비의 결찰사 실험

1537~1619) 밑에서 2년간 공부했다. 파브리키우스는 정맥에 판막이 있다는 것을 발견하였다. 정맥의 판막은 실제로는 심장으로 향하는 혈액이 역행하지 못하게 하는 역할을 하지만 그는 반대로 혈액이 신체의 말단까지 흐르도록 도와주는 역할을 한다고 생각했다. 판막의 발견은 후에 하비에게 결정적인 영향을 미치게 된다.

하비는 1628년 펴낸 책의 서문에 "해부학은 책이 아니라 해부를 통해 직접 배워야 하고, 철학적 신조가 아니라 자연이라는 일터에서 습득해야 한다"라고 했다. 그가 베살리우스의 직접적인 영향을 받았다는 증거다.

갈레노스는 음식물이 간에서 피로 바뀌고 이 피가 심장을 통해 온몸으로 이동하면서 소비된다고 주장했다. 이것을 검증하기 위해 하비는 동물의 심장에서 흘러나오는 혈액을 측정했다. 동물의 심장은 한 번에 1분 동안 72번 수축하였고 56g의 혈액이 나왔다. 즉 하루에 $0.056 \times 72 \times 60 \times 24 \fallingdotseq 5,800$kg이라는 말도 안 되는 양이 된다. 하비는 혈액은 소모되는 것이 아니라 다시 심장으로 되돌아온다고 판단하고 이른바 혈액순환론을 주창했다.

그는 혈액순환을 확인하기 위해 사람의 팔을 이용해 실험하였다. 우선 결찰사結紮絲(혈관을 묶는 실)로 팔을 단단히 묶어 동맥과 정맥에 피가 흐르지 않도록 하였다. 그러자 결찰사 아래의 팔은 차갑고 창백해졌으며, 위쪽은 여전히 따뜻하고 부풀어 올랐다. 이번에는 결찰사를 약간 느슨하게 하자 (그러면 피부 아래 깊숙이 있는 동맥은 풀리지만 피부 가까이에 있는 정맥은 여전히 묶여 있다.) 팔 아래로 피가 들어왔다. 그 결과 결찰사 아래쪽이 따뜻해졌으며 정맥이 부풀어서 더 잘 보였다. 이것은 피가 동맥을 통해 몸의 끝부분까지 갔다가 정맥을 통해 되돌아오는 것을 보여주는 현상이다. 즉 하비는 동맥과 정맥이 연결되어 있다는 것을 증명한 것이다.

이 통찰력 있는 실험에도 불구하고 사람들은 하비의 혈액순환론을 받아들이기는커녕 그를 미친 사람 취급하였다. 사람들은 하비에게 물었다. "그렇다면 동맥과 정맥을 이어주는 것은 무엇인가?" 지금 우리는 모세혈관이라고 쉽게 대답할 수 있지만 하비는 대답하지 못했다. 그리고 그들과 맞서는 대신 피했다.

이것이 갈릴레이와 하비의 차이다. 단지 성격만 다른 게 아니라 결정적인 행운에서도 차이가 났다. 갈릴레이는 1609년 망원경으로 천체를 올려다봄으로써 아리스토텔레스의 우주관을 부인할 증거를 찾을 수 있었지만 하비에게는 아직 현미경이 없었던 것이다.

동맥과 정맥을 이어주는 모세혈관은 1661년 이탈리아의 생물학자 마르첼로 말피기(Marcello Malpighi, 1628~1694)가 현미경으로 개구리의 허파 조직에서 발견했다(말피기는 곤충의 배설기관인 말피기관과 신장의 사구체 안에 들어 있는 말피기소체도 발견했다).

의학자의 자리

의학자들이 아무리 스스로를 자연철학자라고 자처해도 의학이 본래 의료 행위와 밀접하게 관련된 실용 학문이라는 사실은 변하지 않았다. 신학자와 철학자 등은 손을 사용하는 학문이라는 이유로 병기학, 기계학, 상학, 농학, 수렵학 등과 함께 의학을 기계적 기예로 분류하였다. 또한 영혼을 육체보다 훨씬 존엄한 것으로 보는 기독교 전통은 육체를 치료하는 의학은 영혼을 구원하는 신학보다 하등한 것으로 평가하였다. 따라서 의학부는 신학부, 법학부와 함께 전문학부로 설치된 뒤에도 여전히 저급한 존재로 간주되었다.

그렇다면 축제 퍼레이드를 벌일 때 의학부 교수들은 누구와 함께 행진하였을까? 의학부 교수들은 하급 귀족과 함께 행진했다. 그다음으로 법학부 교수들이 상급 귀족과 함께 행진하고, 맨 끝에 신학부 교수는 공작이나 백작 같은 대귀족과 함께 행진하였다.

자연을 기계라고 본 사람들

......

인류가 단 한 개의 과학 법칙만 남기고 모두 잃을 수밖에 없는 위기에 놓인다면 과학자들은 어떤 공식을 선택할까? $E = mc^2$일까? 아닐 것이다. 단지 이 공식을 물려받은 후대는 우리가 물려받은 고대 그리스에서 시작하여 갈릴레이에 이른 과정을 되풀이해야 할 것이다.

단언컨대 과학자들은 $F = ma$를 선택할 것이다. 인류가 과학이라는 활동을 시작하여 '힘=질량×가속도'라는 단순한 공식을 얻기까지 2,300년 이상을 비포장도로를 달렸다면 그 후에는 과학의 고속도로를 달린 셈이다. 그리고 과학에 고속도로를 깔아준 사람은 뉴턴이다.

......

매뉴팩처의 형성과 기계의 발달

유럽의 봉건제 사회 말기에는 상품유통이 활발해지면서 영국과 네덜란드를 필두로 서유럽 제국에서 모직 등 농촌 공업이 두드러지게 발전했다. 그 결과 농민들은 단순 상품 생산자로 성장하게 되었는데, 이들은 서로 경쟁하면서 부농·소자본가와 빈농·노동자라는 노사관계를 형성하였다. 이러한 농촌 공업은 가족노동에서 매뉴팩처로 바뀌게 되었다. 매뉴팩처란 수공업에 의존하는 공장 시스템을 의미한다. 서유럽에서는 16세기 중반에서 18세기 후반에 걸쳐 영국을 중심으로 이러한 경영이 성장했다.

매뉴팩처의 가장 큰 특징은 노동의 분업이다. 이전에는 수공업 생산자들이 제품 하나를 만드는 데 필요한 모든, 혹은 대부분의 공정을 혼자서 진행했다. 그러나 이런 방법으로는 급격히 성장하는 시장의 요구에 대응할 수 없었다. 생산성이 비약적으로 향상되어야 했다. 그래서 협업에 기초를 둔 매뉴팩처 경영이 등장하게 된 것이다.

예를 들어 손노동으로 바늘을 만들기 위해서는 몇 단계 공정을 거쳐야 한다. 금속을 자르고 가열시켜 귀를 만들고 구멍을 뚫고 불로 연마해야 하는데, 18세기에는 이 공정이 18가지 작업으로 분할되었다. 이러한 바늘 매뉴팩처에서는 한 사람이 하루에 4,800개의 바늘을 생산할 수 있었는데, 이 생산성은 이전의 수공업자가 모든 공정을 혼자 다루면서 만들었던 양에 비해 현저히 높은 것이다.

매뉴팩처에서는 완전 생산물을 만들어 내는 공정이 세분화되어 노동자는 단순한 기능만 단조롭게 반복하는 작업에 얽매이게 되었다. 그 결과 그들의 손에 쥐어진 도구는 이제까지 많은 목적으로 사용하던 형태에서 특정 목적에만 적합한 형태로 바뀌게 되었다. 도구가 세분화되면서 많은 종류의 전문적인 도구가 생겨나고 개량되었다.

다종다양한 도구의 개발은 기계의 도입으로 이어졌다. 시계와 총포 매뉴팩처에는 금속 덩어리를 가공하기 위한 선반과 연마기 등이 도입되었고, 광산에는 펌프, 권상기,* 송풍기 등이 생겼으며, 제련소에는 수차를 이용한 수력 송풍기, 제분소에는 제분기가 도입되었다. 매뉴팩처 시대에는 수력과 같은 자연력으로 가동할 수 있는 기계가 급격히 보급되었다. 이른바 기계의 시대가 열린 것이다.

베이컨과 데카르트

갈릴레이가 살았던 매뉴팩처 시대에는 이에 걸맞은 자연관이 필요했다. 자연을 수학적으로 설명하려는 학자들이 등장하였고 이에 동조하는 사람들은 크게 두 부류였다.

하나는 실제로 효과가 있는 것에만 만족하고 나머지는 쓸데없는 질문으로 치부해버리는 실용적인 태도이고, 다른 하나는 자연 세계는 오직 수학적인 형태의 지식으로만 설명되는 구성요소로 만들어진다는 견해였다.

첫 번째 그룹의 대표적인 사람은 영국의 프랜시스 베이컨이다. 그는 "아

---

* 권상기 : 손잡이로 원통을 돌려서 한쪽 끝에 바구니가 달린 밧줄을 올렸다 내렸다 하는 장치.

는 것이 힘이다(scientia potentia est)"라고 했는데, 이것은 당시 런던에서 일어난 학자와 직인의 결합운동을 잘 나타낸 말이다. 베이컨은 이제까지 없었던 화약, 인쇄술, 나침반과 같은 기계와 기술의 발명을 인간 생활 개선에 확실히 유익한 것으로 여겼다. 이런 기술을 발명한 사람은 스콜라 철학자가 아니라 학식이 없는 직인이었다. 베이컨은 자연계의 숨은 원인과 법칙을 발견하기 위해서는 관찰 외에도 실험이 필요하다고 강조하였다.

두 번째 방식을 선택한 사람들 가운데 가장 성공적이고, 영향력을 크게 발휘했으며, 자연에 대한 수학적 이상에 걸맞은 우주를 만들고자 했던 인물은 프랑스의 르네 데카르트(René Descartes, 1596~1650)다. 데카르트는 과학이 스콜라 철학과는 달리 어떤 권위에도 종속되지 않고 명백한 것만을 믿으며 관찰과 실험, 분석과 종합으로 진리를 발견하는 방법이라는 것을 깨닫고, 과학이 노동과 결합하면 인간 생활을 크게 개선할 것이라고 생각했다. 그는 해부학, 생리학, 화학, 의학 등을 연구했다.

그러나 데카르트는 단순한 과학자가 아니었다. 당시의 과학적 성과를 늘어놓는 것만이 아니라 자연 전체를 어떻게 볼 것인가를 고민하고 연구했던 과학사상가였다. 데카르트는 갈릴레이와 마찬가지로 매뉴팩처 시대에 사용되기 시작했던 기계에 주목하여 자연계를 기계로 보고, 물리법칙에 따라 자연계가 움직인다고 생각했다. 이것이 기계론적 자연관, 즉 기계적 유물론의 시초다.

자연에서 목적을 추방하다

데카르트는 기계에 부품이 있는 것처럼 자연에도 눈으로는 볼 수 없지만 부품이 있다고 생각했다. 그에 의하면 자연을 이루는 부품의 모양, 크기, 운동에 따라 자연의 모든 현상이 설명된다. 이것을 '역학적 입자론'이라고 하는데 이것은 고대 원자론이 발전된 형태라고 할 수 있다.

고대 그리스 시대 데모크리토스의 원자론과 아리스토텔레스의 목적론이 대립한 것처럼 데카르트의 입자론은 스콜라 철학의 목적론과 대립하였다. 스콜라 철학은 자연은 신이 예정한 계획의 목적에 따라 질서정연하게 운동한다고 보았다. 예를 들어 나무가 불에 타는 까닭은 나무 안에 불이 되려는 목적을 가진 어떤 실체가 있기 때문이라는 것이다. 이에 대해 데카르트는 불꽃을 심하게 운동하는 미립자로 보았다. 불꽃이 나무를 구성하는 미립자를 심하게 움직여 나무에 불이 붙는다는 것이다. 그는 이런 식으로 자연에서 목적을 추방하고 자연을 자연으로 설명하였다.

데카르트는 기계론을 더욱 발전시켰다. 그는 우주를 이미 완성되어 있는 기계가 아니라 진화하고 발전하는 존재로 받아들였다. 그에 따르면 신은 태초에 아주 단단하고 무한한 물체를 만들고 이것들이 모든 방향으로 운동하게 함으로써 카오스(혼돈)를 만들었으며, 물체는 스스로 힘을 만들고 별, 태양, 지구를 만들었다.

그러나 데카르트는 발전적 세계관을 공표하지 않았다. 갈릴레이의 종교재판에 충격을 받은 그는 교회 권력과 타협하는 길을 택했다. 즉 신이 없어도 되는 발전적 세계관을 수정하여 신의 역할을 확대하였다. 자기 발전하는 능력을 뽑아서 신의 힘에 맡기고 물체에는 단지 모양과 크기만을 부여하였다. 세계를 물질세계와 정신세계로 나누어 생각하는 이원론二元論을 택한 것이다.

뉴턴이 태어나다

북부 유럽의 해양 국가인 영국과 네덜란드에서는 새로운 사상과 원리들이 발전하고 있었다. 영국은 공화제와 청교도 사상이 발전하고 있었고, 네덜란드인들은 영국으로 건너가 링컨셔의 늪지대에서 물을 빼서 단단한 땅으로 바꾸었다. 이 안개의 땅에서 독립정신이 성장하였고, 여기서 올리버 크롬웰(Oliver Cromwell, 1599~1658)은 쇠로 만든 무기와 철갑으로 무장한 철기병을 규합하였다. 1648년 국왕 찰스 1세는 목이 잘렸고, 영국은 공화국(1649~1660)이 되었다.

바로 이 시기 아이작 뉴턴(Isaac Newton, 1643~1727)이 태어났다(많은 과학사 책에는 갈릴레이가 사망한 해인 1642년 크리스마스에 뉴턴이 태어났다고 기록되어 있다. 하지만 갈릴레이가 사망한 이탈리아는 당시 그레고리력을 사용하고 있었지만 영국은 여전히 율리우스력을 사용하였다. 그레고리력에 따르면 뉴턴은 1643년 1월 4일생이다). 몇 사람의 전기를 나열하는 것으로는 결코 과학혁명을 설명할 수 없지만, 뉴턴의 생애를 거론하지 않고서는 과학혁명을 추적할 수 없다.

뉴턴은 영국 소지주의 유복자遺腹子(태어나기 전에 아버지를 여읜 자식)로 태어났다. 어머니는 뉴턴이 태어난 지 2년 만에 재가하여 떠났고 뉴턴은 할머니 손에서 자랐다. 의붓아버지가 죽고 어머니가 다시 돌아올 때까지 9년 동안 어머니와 떨어져 지냈다(많은 과학사 책에는 뉴턴이 논문을 발표할 때마다 보인 심리적인 불안감이 이와 같은 어린 시절의 영향이라고 쓰여 있지만 그렇게 단언할 수만은 없다).

뉴턴은 1660년 찰스 2세가 즉위하여 왕정복고 시대가 시작된 이듬해인 1661년 케임브리지 대학의 트리니티 칼리지에 입학하였다. 당시까지도 케임브리지 대학은 여전히 아리스토텔레스에게 매달리고 있었지만 다행히 학교 규율이 느슨하여 데카르트의 기하학과 기계론적 철학, 원자론, 보일의 화학을 공부할 수 있었다. 하지만 그는 동시에 플라톤의 신비주의 사상도 접하였다.

1665년 페스트로 대학이 문을 닫자 2년간 고향에 내려가 있었는데 이때 미적분학, 색깔에 관한 이론, 역제곱법칙, 중력 등 자신의 주요 업적의 바탕이 되는 핵심적인 생각을 하게 된다. 그는 달에 미치는 중력의 효과를 대략적으로 계산하였고, 프리즘을 사용해 빛과 색에 관한 연구를 하였으며, 새로운 현상에 대한 새로운 설명을 시도하였다. 그리고 곡선의 접선과 곡선 아래 면적 사이의 관계를 깨달아 미적분학을 향한 근본적인 통찰을 하였다. 그러나 (많은 과학사 책이 언급하는 것과는 달리) 그의 이론이 고향에서 완성된 것은 아니었다. 오히려 역학, 광학, 수학에 관한 그의 통찰은 케임브리지로 돌아온 후 발전하였으며 평생의 과제로 남았다.

1667년 학교가 다시 문을 열자 뉴턴은 케임브리지로 돌아와 석사 학위를 받았고, 1669년 스승의 뒤를 이어 케임브리지 대학의 제2대 루커스 석좌 수학 교수가 되어 미적분학에 대한 연구를 시작하였다(컴퓨터 개념의 시초자로 찰스 다윈과 교류했던 찰스 배비지(Charles Babbage, 1791~1871), 양자역학을 탄생시킨 사람 가운데 한 명인 폴 디랙(Paul Dirac, 1902~1984, 1933년 노벨물리학상을 수상), 스티븐 호킹(Stephen William Hawking, 1942~2018)이 루커스 석좌 교수 자리를 거쳐 갔다. 2009년부터는 끈 이론의 선구자인 마이크 그린(Mike Green, 1946~)이 제18대 루커스 석좌 교수로 재직 중이다).

뉴턴의 광학

빛이 유리를 통과하면 색깔이 번지는 색수차 현상*이 일어난다. 이 현상을 설명하기 위해 아리스토텔레스주의자들은 백색광이 유리를 통해 들어오면 유리가 얇은 쪽에서는 약간 어두워져서 빨간색이 되고, 두꺼운 부분에서는 더 어두워져 파란색이 된다고 주장했다. 빛이 유리 때문에 변질된다는 것이다. 근거는 없지만 그럴싸하게 들린다.

그러나 이러한 논리는 뉴턴의 실험을 통해 터무니없는 사실로 드러났다. 둥근 구멍을 통과한 빛을 프리즘에 통과시키면 광선이 여러 색으로 분리된 타원형의 스펙트럼이 생긴다. 이것은 백색광을 이루는 빛의 성분 굴절률이 각각 다르다는 뜻이다. 또 분리된 빛을 두 번째 프리즘에 통과시키면 새로운 스펙트럼이 생기지 않는다. 이것은 색이 굴절의 결과로 생긴 게 아니라 빛 자체의 속성이라는 것을 증명한다. 만약 아리스토텔레스주의자들의 주장대로 빛이 유리에 의해 변질된다면 두 번째 프

---

* 렌즈 가장자리에 생기는 광선의 주름. 빛이 굴절되어 색깔별로 초점이 제대로 맞지 않아서 색이 번지는 것처럼 보이는 현상이다. 렌즈로 백색광을 보면 파장이 긴 빨간색 쪽은 렌즈와 먼 곳에 초점이 맺히고, 파장이 짧은 보라색 쪽은 렌즈와 가까운 곳에 초점이 맺히므로 상(相)이 아롱져서 선명하지 않게 보인다. 카메라 렌즈는 색수차를 줄이기 위해 여러 개의 렌즈를 결합하여 사용한다.

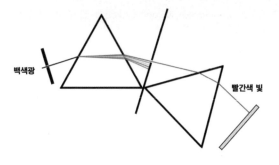

〈그림 8-3〉 뉴턴의 프리즘 실험

리즘은 다른 색깔을 만들어야 하지만 그렇지 않았다.

1672년 뉴턴은 논문을 통해 "백색광은 모든 광선이 합쳐진 것"이라고 주장하였다. 그리고 자신의 이론에 담긴 실용적 쓰임새를 알고 있던 그는 빛이 렌즈에서 굴절할 때 생기는 색수차를 피하기 위해 거울로 빛을 만드는 반사망원경을 만들었다. 이 공로로 뉴턴은 1672년 왕립학회 회원이 되었다. 뉴턴의 광학 연구에는 실험을 통한 새로운 이론의 제출, 그에 근거한 새로운 망원경의 제작 그리고 천문 관측이라는 근대과학의 특색이 집약되어 있다.

그러나 뉴턴은 곧 논쟁에 휩싸였다. 그의 이론은 동시대인들이 받아들이기 힘든 근본적으로 새로운 사상이었기 때문이다. 그의 반대편에는 로버트 훅(Robert Hooke, 1635~1703)이 있었다. 훅은 용수철과 같은 탄성체의 복원력과 변형력의 관계를 나타내는 '훅의 법칙'을 제시하고, 현미경을 최초로 제작, 세포를 관찰하여 세포가 생물의 기본 구성단위임을 밝혔으며, 현미경을 사용하여 화석을 관찰하고 초기 진화론을 제시하기도 하였다.

훅과의 논쟁에 지친 뉴턴은 그 후 어떤 문제로도 토론에 나서지 않았다. 심지어 뉴턴은 외부세계와 단절하고 신비주의와 연금술에 탐닉하였다. 뉴턴은 훅이 사망한 다음 해에야 광학에 관한 저서『광학』을 출판하였다.

『프린키피아』와 만유인력

뉴턴은 매뉴팩처 생산에 사용되기 시작한 기계에 주목하였다. 그는 갈릴레이의 지상의 역학과 케플러의 천문학을 결합시켜 하늘과 땅을 결합한 근대 역학을 체계화하였다. 그 결과물이 1687년 출간된『프린키피아』라고 부르는『자연철학의 수학적 원리(Philosophiae Naturalis Principia Mathematica)』다. 제1권은 저항이 없는 공간에서 일어나는 물체의 운동을 다루었고, 제2권은 저항이 있는 공간에서의 운동을 다루었으며, 제3권은 지구의 세차운동, 달의 운동, 조석*운동, 혜성의 운동 등 태양계를 포함한 우주의 운동을 기하학적으로 설명하였다.

『프린키피아』에서 가장 핵심적이고 새로운 개념은 만유인력(중력과 같은 뜻)이다. 뉴턴은 "질량을 가진 모든 물체는 서로 끌어당기는 힘이 있다"라고 주장하고 지구상의 물체가 땅으로 떨어지고, 행성이 태양계를 벗어나지 않고 도는 이유가 모두 만유인력 때문이라고 설명했다.

뉴턴은 만유인력으로 자기 자리를 찾아가려는 흙-물-공기-불의 성

---

* 조석(潮汐) : 밀물과 썰물.

분 때문에 하늘로 던진 돌이 땅으로 떨어지고, 풍선은 하늘로 올라간다는 아리스토텔레스의 주장과, 지구가 자전하면서 물이 출렁거리기 때문에 밀물과 썰물이 일어난다는 갈릴레이의 주장을 부정하였다. 그는 만유인력과 세 가지 법칙(관성의 법칙, 운동의 법칙(F=ma), 작용·반작용의 법칙)만으로 우주의 모든 현상을 설명하였다.

아리스토텔레스에 따르면 하늘에서 통하는 법칙과 땅에서 통하는 법칙이 달랐지만 뉴턴의 만유인력은 우주 모든 곳에서 같은 법칙이 통한다는 것을 보여주었다. 『프린키피아』는 인간 지성이 낳은 최대의 걸작이며 2,000년간 유럽을 지배해 온 아리스토텔레스의 체계를 결정적으로 붕괴시키는 결정적인 계기가 되었다.

뉴턴과 기계론

그럼에도 불구하고 뉴턴의 철학적 견해는 데카르트와 마찬가지로 보수적이었다. 그는 자신의 자연관에 항상 신의 자리를 마련해놓았다. "태양 주변을 도는 모든 행성이 동일 평면 위에서 같은 방향으로 도는 것은 만유인력의 법칙으로 설명할 수 있지만 이 장엄하기 그지없는 세계는 (……) 신의 깊은 생각과 다스림으로 생겨난 것이다"(『프린키피아』 제3권)라고 이야기하는가 하면, 행성의 공전에 미치는 두 개의 힘 가운데 태양을 향하는 힘은 만유인력으로 설명하면서도 접선 방향의 원심력은 신의 팔이 일으키는 것이라고 하였다. 결국 뉴턴에게 있어 자연계는 물리법칙과 신의 협력으로 성립하는 것이었다.

뉴턴의 사고방식에는 과학을 중시하면서도 무신론을 극도로 꺼리는 영국 부르주아의 성격이 나타나고 있다. 이것은 1642년 시민혁명에서 시작하여 1648년 공화제가 성립하고, 1660년 왕정이 복고되고, 1688년 교회 및 군주제와 타협한 명예혁명을 거치면서 생긴 지식인들의 성향이라고 볼 수 있다.

뉴턴은 자신의 발견에 대해 "단지 거인의 어깨 위에서 내다보았을 뿐"이라고 답하였다. 이 말은 자신의 업적이 앞서간 선배 과학자들이 이룬 업적을 토대로 이루어졌다는 겸손의 표현이었다. 그가 말한 거인은 데모크리토스, 아리스토텔레스, 프톨레마이오스에서 시작하여 코페르니쿠스, 브라헤, 케플러, 갈릴레이에 이르는 사람들을 말한다.

우리가 단 한 개의 공식을 선택해야 한다면 F=ma를 고르는 게 마땅하다. 그러지 않으면 다시 2,000년 이상의 시간이 필요할 것이다.

제9장

산업혁명과 진화론

과학과 상관없이 일어난 산업혁명

· · · · · ·

과학혁명은 아이작 뉴턴에서 완성되었다. 하지
만 18세기 초까지도 유럽은 여전히 농업사회였
다. 인구의 90% 이상이 농촌에 살았고, 농업에
종사하였으며, 공산품은 매뉴팩처(가내수공업)의
형태로 농촌에 사는 장인들이 생산하였다. 그들
이 사용하는 에너지는 목재와 물과 바람이었다.
이때 유럽과 아메리카에 혁명의 바람이 불었다.
일찍이 17세기 말 청교도 혁명과 명예혁명을 일
으켰던 영국에서는 1760년경부터 산업혁명이 시
작되었고, 1775년에는 미국혁명이 그리고 1789년
에는 프랑스대혁명이 일어났다. 이 세 혁명은 마
치 하나인 것처럼 움직였고 서구사회의 기술, 경
제, 정치, 사회 등 모든 것을 바꾸어 놓았다.

· · · · · ·

인구의 증가

산업혁명은 환경의 변화라는 자극을 기술로 대응해 나가는 과정이었다. 산업혁명의 첫 번째 원인은 급격한 인구의 증가였다. 그래프는 영국의 잉글랜드와 웨일스의 인구 변화를 보여준다. 1100년경 농업혁명이 일어나사 불과 200년 만에 인구가 200만 명에서 400만 명으로 두 배로 늘어났다가 15세기 중반 페스트(흑사병)로 다시 제자리로 돌아갔다. 그러나 인구 증가 추세는 변하지 않았고 17세기 말에는 550만 명, 18세기 말에는 800만 명으로 폭발적으로 증가하였다.

이때 영국에서는 역사상 가장 영향력 있는 책 가운데 하나인 맬서스의 『인구론』(1798)이 간행되었다. 이 책의 요지는 인구는 기하급수적으로 증가하지만, 식량은 산술급수적으로 증가해서 전 세계가 식량 위기를 맞게 된다는 것이다. 실제로 자원이 심각하게 부족해졌다.

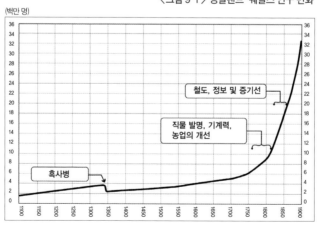

〈그림 9-1〉잉글랜드-웨일스 인구 변화

토지의 부족

영국의 토지는 농경지, 목초지, 도시의 거주지, 숲으로 구분하여 이용되었다. 그리고 제6장에서 살펴보았듯이 유럽 봉건 시대의 농법은 삼포식이었다. 즉 봄에 농사짓는 땅, 가을에 농사짓는 땅, 놀리는 땅으로 농토를 나누고, 농노의 가족은 각각의 부분에 분산된 경작지를 가지고 있었다. 그런데 농사짓는 방법이 점차 발달하였다. 나뭇잎을 썩혀서 비료로 뿌리고 또 그전까지는 3년마다 한 해씩 놀리던 땅에 콩을 심으면 땅이 기름져지고 콩도 거둘 수 있다는 게 알려졌다.

삼포식농법이 사라지자 농민들은 여기저기 흩어져 있던 경작지를 교환하여 한곳에 모으고 다른 사람의 땅과 섞이지 않도록 울타리를 쳤다. 15~16세기 영국이 주로 수출하던 양털의 값이 많이 오르자 지주들은 농민을 내쫓고 거기에서 양을 키웠다. 18세기 중엽부터 19세기 초에는 농산물 가격이 많이 올랐다. 지주들은 쫓겨난 농민들을 일부 농업노동자로 고용하였지만 수많은 농민은 농촌을 떠나 도시로 이주해야 했다.

목재의 부족

영국은 섬나라다. 경작지와 목초지가 늘어나면서 기본적으로 부족했던 숲이 더 줄어들었다. 게다가 영국은 해상국가여서 배를 만드는 데 많은 나무를 사용했다. 18세기 군함 한 척을 만드는 데는 4천 그루의 통나무가 필요했다. 미국이 독립운동을 하기 전에는 영국 상선의 3분의 1을 목재가 풍부한 미국에서 건조하였다.

목재는 제철산업의 주요한 에너지원이었다. 용광로 한 대에 매년 4km²의 숲이 사라졌다. 목재가 줄어들자 에너지 가격이 급상승했다. 1500년부터 200년 동안 영국의 물가는 평균 5배 상승했지만 장작 가격은 10배나 올랐다. 마침내 18세기 초에는 철 생산이 줄어들기 시작했다.

이제 새로운 에너지원이 필요했다. 그렇다면 석탄은 어떨까? 빵과 맥주, 유리를 생산하는 산업에는 목재 대신 석탄을 쓸 수 없었다. 당시 생산 방법으로는 석탄의 연기가 직접 제품과 닿을 수밖에 없었는데, 석탄에 들어 있는 황 같은 불순물이 제품을 망치기 때문이었다. 석탄은 유독성 가스가 나와서 조명과 난방에도 적절하지 않았다. 석탄은 제철산업에도 쓰지 못했다. 석탄에서 불순물이 나와서 철을 망치기 때문이다.

당시에는 이 불순물이 무엇인지 몰랐다. 아직 탄소나 산소 같은 개념이 없을 때였기 때문이다(돌턴이 원자론을 제창한 때는 100년 후인 1803년이다).

1709년 과학자가 아닌 평범한 제철공 에이브러햄 다비(Abraham Darby, 1678~1717)가 용광로에 목재 대신 코크스(cokes)를 사용하는 데 성공했다. 코크스란 석탄을 가열하여 휘발 성분을 증발시킨 나머지를 말한다. 이때 다비에게 어떤 과학이론이 있었던 것은 아니다. 단지 그는 여러 차례의 시행착오를 거쳐 적절한 방법을 찾았을 뿐이다. 석탄 대신 코크스를 사용하자 철을 망치는 불순물이 나오지 않았다.

1784년에는 헨리 코트(Henry Cort, 1740~1800)가 교련법攪鍊法을 개발했다. 교련이란 철을 휘젓는다는 뜻이다. 석탄을 사용하여 철광석에서 직접 만들어진 선철은 탄소함유량이 1.7% 이상인데, 융해된 선철을 휘저으면 탄소함유량이 0.1% 이하인 연철이 만들어졌다.

이제 목재가 없어도 철을 생산할 수 있게 되었다. 18세기 영국의 철 생산량은 10배 증가하며, 19세기에는 다시 40배 증가한다.

석탄의 부족

그러나 문제의 해결은 또 다른 문제를 낳는다. 철광업의 발달과 함께 증가한 탄광업도 난관에 부딪히게 되었다. 석탄 채굴량이 늘어나자 표층의 석탄이 고갈된 것이다. 갱도를 더 깊이 파야 했다. 하지만 사람이 파낸 갱도에는 금방 물이 찼다. 갱도가 깊지 않을 때는 가축의 힘을 이용한 펌프를 이용하면 충분히 물을 퍼 올릴 수 있었지만 갱도가 깊어지자 새로운 장치가 필요했다.

기술자 토머스 뉴커먼(Thomas Newcomen, 1664~1729)에게 기가 막힌 착상이 떠올랐다. 증기를 실린더 속에서 응축시키면 진공이 생기고, 그러면 대기와의 압력 차이로 피스톤이 움직일 것이라는 생각이었다. 당시는 아직 열역학 따위가 체계화되지 못한 때였다(에너지 보존의 법칙은 19세기 중반에야 발견된다). 뉴커먼은 어떤 과학자의 도움도 받지 못했다. 그는 단지 밸브, 실린더, 펌프 등으로 무수히 시도한 결과 1712년 증기기관을 개발했다. 뉴커먼의 증기기관은 실린더를 가열하고 식히는 과정을 반복하다 보니 효율이 낮았다. 따라서 석탄을 쉽고 싸게 구입할 수 있는 탄광을 제외한 곳에서 사용하기에는 경제성이 없었다.

뉴커먼 증기기관의 결정적인 문제는 기껏 가열한 실린더를 다시 식힌다는 것이다. 증기를 실린더에서 응축시키지 않고 다른 별도의 용기

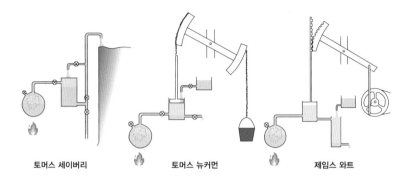

토머스 세이버리   토머스 뉴커먼   제임스 와트

〈그림 9-2〉 증기기관의 발전

에서 응축시키면 실린더를 항상 뜨겁게 유지할 수 있으므로 석탄의 소모가 적을 것이라는 착상이 1765년 한 기술자에게 떠올랐다. 그가 바로 제임스 와트(James Watt, 1736~1819)다. 와트의 증기기관은 뛰어난 열효율로 탄광 이외의 거의 모든 산업에 널리 이용되었다.

증기기관은 근대를 나누는 기준이다. 근대 이전에는 인간과 동물의 근력이 주요한 동력원이었다면 근대에는 증기기관이 그것을 대체하였다. 또한 에너지원은 풍력과 수력에서 화석연료인 석탄으로 바뀌었다.

운송수단의 부족

1800년 영국에서는 이미 500대 이상의 와트 증기기관이 사용되었고 그 이후 증기기관의 수는 급속도로 증가했다. 에너지 소비가 이전보다 5~10배 정도 증가하였다. 이제 영국 전역에서 석탄의 소비가 늘어났다.

그런데 예전의 육로로는 석탄을 운반하는 데 한계가 있었다.

영국인들이 제일 먼저 생각한 해결책은 운하였다. 1775년과 1764년 석탄 생산지와 맨체스터를 연결하는 운하 두 개가 건설되는 것을 시작으로 운하의 길이는 점차 늘어났다. 두 번째 해결책은 철도였다. 1814년 기술자 조지 스티븐슨(Gorge Stephenson, 1781~1848)은 증기기관차를 발명했다. 철도는 탄광에서 시작되었으며, 1830년에는 리버풀과 맨체스터를 잇는 철도가 개통되었다.

석탄의 생산은 철의 생산을 증가시켰고, 철의 생산이 증가하자 철도의 길이도 늘었으며, 다시 철도의 발달은 석탄산업의 발전을 가져오는 선순환이 일어났다.

노동자와 에너지원, 운송수단이 확보되자 공장 시스템이 바뀌었다. 1769년 설립된 리처드 아크라이트(Richard Arkwright, 1733~1792)의 방직공장은 새로운 공장 시스템의 형성을 알려주었다. 그는 수백 명의 노동자를 고용하고 이들이 각기 부품을 만들어 조립하는 방식을 도입했다(이러한 조립라인의 발전은 1920년대 헨리 포드의 자동차 공장에서 그 정점에 이른다).

산업혁명의 영향

그렇다면 산업혁명은 어떤 영향을 미쳤을까? 첫 번째, 생산수단을 단순한 도구에서 기계로 바꾸어 수공업을 기계제 대공업으로 변화시켰다는 점이다. 그 결과 다음 표에서 보듯이 생산력이 엄청나게 발전하였다.

두 번째, 기계를 사용하면서 일부 남아 있던 매뉴팩처 생산기반이 완

남자구두 100켤레	여자구두 100켤레	셔츠 12타스	의자 12개	문 12개	봉투 10만 개
1859년 1,437시간	1858년 1,025시간	1853년 1,438시간	1860년 1,223시간	1857년 1,385시간	1855년 435시간
1895년 153시간	1895년 80시간	1895년 188시간	1895년 287시간	1895년 510시간	1896년 32시간

기계 사용 전후 주요 물품 생산시간 비교

전히 무너지고 자본주의가 깊이 뿌리를 내렸다. 그리하여 영국의 자본주의는 산업혁명이 끝난 1830년대에 확립되었다.

세 번째 영향은 노동자에 관한 것이다. 기계는 노동자의 노동을 가볍게 하고 줄여 주었지만 가정과 일터를 분리시켰다. 그리고 기계의 소유주는 자본가이며, 그들의 유일한 최대 목표는 이윤 창출이다.

농촌에서 쫓겨나 도시로 이동한 사람들은 일자리가 부족했으며, 기계를 사용함으로써 노동이 단순한 작업으로 전락하였기 때문에 자본가들은 임금이 낮은 여성과 아동을 고용하였다. 1789년 리처드 아크라이트의 방직공장 노동자 1,150명 가운데 3분의 2가 아동이었다.

기계는 급속히 발전하였다. 얼마 지나지 않아 구입한 기계는 구식이 되었고 경쟁을 하려면 새로운 기계를 도입해야 했으므로 자본가는 최대한 이윤을 남겨야 했다. 가장 쉬운 방법은 노동 강도를 높이고 노동시간을 늘리는 것이었다. 가스등이 발명되자 심야 노동이 가능해졌다. 산업혁명 당시 노동자의 노동시간은 평균 16시간 정도였다.

1799년 의회는 노동조합을 불법화하였으며, 노동조건을 개선하려는 자는 징역 3개월에 처했다. 1850년에서 1875년 사이 면 생산량은 4배 증

<그림 9-3> 아동노동

가하고 이익은 2배 증가하였지만 노동자의 임금은 거의 변화가 없었다.

러다이트 운동

이런 상황에서 노동자들은 무엇을 하였을까? 그들은 모든 원인이 기계에 있다고 생각했다. 기계가 일자리를 빼앗아 노동자를 쫓아내고, 새로운 기계가 만들어질 때마다 일자리가 줄어들어 더 많은 실업자가 생겼기 때문이다. 독립적인 수공업자는 기계가 토해내는 값싼 상품을 도저히 감당할 수 없었다. 기계는 또한 노동자를 한자리에서 온종일 꼼짝도 못 하게 만들었다.

그들은 생각했다. "기계는 적이다!" 절망한 사람들은 기계를 부수기 시작했다. 방적기와 방직기 등 노동자에게 배고픔과 절망을 가져다주었다고 생각하는 모든 기계가 박살나거나 불태워졌다. 기계 파괴 운동은 1811년 영국의 중부지방에서 대규모로 일어나 1816년까지 계속되었다. 노동자들은 밤에 복면을 하고 돌아다니며 기계를 파괴했는데, 그들을 러다이트(Luddite)라고 불렀다.

노동자들이 집단으로 기계를 파괴하자 기계를 소유한 자본가들은 법으로 노동자를 탄압했다. 1812년 의회는 기계 파괴자를 사형에 처하는 법을 통과시켰다.

그러면 기계를 적이라고 생각한 러다이트들은 옳았는가? 그들은 얼마 지나지 않아 자신들의 생각이 그릇된 것임을 깨달았다. 노동자를 배고픔과 절망에 빠트린 것은 기계가 아니라 기계 뒤에 숨어 있는 자본주

〈그림 9-4〉 러다이트 운동

의였다. 그들은 대안으로 노동조합을 만들었다. 노동조합은 오랜 싸움 끝에 1871년에야 법으로 인정받았다.

근대적 물질이론의 형성

한편 산업혁명기에는 공기에 관한 화학 등 근대적인 물질이론이 형성되었다. 그 첫걸음은 조지프 블랙(Joseph Black, 1729~1799)이 내디뎠다. 그는 당시까지 고정공기固定空氣로 불리던 이산화탄소를 발견했다. 공기에서 이산화탄소를 발견하였다는 것은 공기를 단일한 원소로 보는 사원소설을 부인했다는 점에서 획기적인 발전이었다.

조지프 블랙으로 시작된 영국의 공기화학(기체화학)은 수소를 발견한 헨리 캐번디시(Henry Cavendish, 1731~1810)와 일산화질소, 아산화질소, 염화수소, 암모니아, 이산화황 등 10종의 기체를 새로 발견한 조지프 프리스틀리(Joseph Priestley, 1733~1804)로 이어졌다.

프리스틀리는 1744년 산화수은(HgO)을 가열할 때 발생하는 기체를 얻는 실험을 하였는데, 이때 양초가 격렬하게 타는 것을 보고 그 기체를 '탈脫플로지스톤 공기*'라고 했다. 이 기체는 산소로 스웨덴의 칼 셸레(Karl Wilhelm Scheele, 1742~1786)가 먼저 발견하였지만 프리스틀리보다 발표가 늦었다.

---

* 플로지스톤(phlogiston)이란 그리스어로 불꽃이란 뜻이다. 플로지스톤은 가연성을 대표하는 원소로 숯, 황, 기름처럼 타기 쉬운 물질을 이루고 있다. 물질이 연소하면 플로지스톤이 빠져나가고 재만 남는다. 물론 틀린 얘기다(플로지스톤이 빠져나가는 게 아니라 산소와 결합하는 것이다). 하지만 플로지스톤 이론은 매뉴팩처 시대가 끝날 무렵까지 과학계를 지배했다.

프랑스의 앙투안 라부아지에(Antoine Laurent Lavoisier, 1743~1794)는 금속이 연소할 때 공기의 일부가 금속과 결합한다는 것을 알았다. 플로지스톤 이론에 따르면 금속을 연소하면 플로지스톤이 빠져나가 질량이 줄어야 하지만 실제로는 질량이 늘어났기 때문이다. 1783년 라부아지에는 캐번디시의 물 합성 실험을 따라 해 본 후 물은 산酸을 생성하는 물질인 산소와 타는 물질인 수소로 이루어졌다는 것을 분명히 밝혔다. 이로써 기본원소라고 생각하였던 불, 공기, 물이 사실은 더 기본적인 '원질原質'의 혼합물이며, 플로지스톤 이론은 허구라는 것이 확인되었고, 근대적 원소관이 시작되었다. 하지만 라부아지에는 프랑스혁명 중에 처형되었다.

존 돌턴(John Dalton, 1766~1844)은 영국 산업혁명의 중심지인 맨체스터에서 1781년 창립된 '맨체스터 문학철학 협회'에서 활동하였다. 그는 1804년 배수비례의 법칙을 발견함으로써 데모크리토스 이래 철학적 원자론을 고유한 질량을 갖는 원자로서의 과학적 원자론으로 정립했다.

돌턴은 물을 HO, 암모니아를 NH로 단순하게 표시하는 단점이 있었는데, 이것은 조제프 루이 게이뤼삭(Joseph Louis Gay-Lussac, 1778~1850)의 기체반응의 법칙(1808)과 아메데오 아보가드로(1776~1856)의 아보가드로의 가설(1811)을 통해 각각 H_2O와 NH_3로 수정되었다.

산업혁명기의 기술 혁신은 모두 기술자에 의해 이루어졌다. 이 가운데 대학 교육을 받은 사람은 거의 없었으며 과학이론에 기대지도 않았다. 16~17세기의 과학혁명은 18세기 대중들에게 과학의 잠재력을 알리기는 했지만 산업혁명에 직접적인 아무런 도움이 되지 않았다. 18세기 기술자들은 과학자의 도움 없이 전진했다.

『종의 기원』 이전의 진화론

· · · · · ·

수백 조각의 지그소 퍼즐을 맞출 때, 불과 몇 개의 퍼즐을 맞추는 데 걸린 시간을 보고 놀라 지레 겁을 먹고 포기하는 사람들이 있다. 하지만 아예 맞추기 힘든 구름이나 파도만 잔뜩 있는 게 아니라면 어느 정도 맞춘 다음부터는 조각을 맞추는 속도가 엄청나게 빨라진다. 퍼즐 맞추기 속도가 갑자기 빨라지는 순간을 임계점이라고 하자. 그렇다면 우리 역사에서 임계점은 어디일까?

오스트레일리아 과학저술가 피터 매시니스는 1859년을 역사의 임계점이라고 본다. 많은 분야에서 유력한 발견들이 폭포처럼 연쇄적으로 쏟아져 나온 해가 바로 1859년이라는 것이다. 그 중심에 찰스 다윈의 『종의 기원』이 있다.

· · · · · ·

자연의 사다리

자연계가 변화한다는 것은 인간의 기본적인 인식 가운데 하나다. 그리스에서도 초기에는 만물이 유전하면서 다양한 생물이 태어나고 사라진다는 변화의 입장에서 종種을 유동적으로 파악하는 사고방식이 존재했다.

그러나 점차 사회계급이 고정되고, 계층마다 각자의 기능을 갖는 것이 당연시되던 아리스토텔레스 시대에는 생물의 세계에서도 고정된 질서를 추구하였고, 이에 따라 분류라는 영역이 생겨났다.

기독교에서는 생물계 역시 인간과 마찬가지로 신의 피조물이며, 신의 계획에 따라 다양한 형태와 기능이 정해지는 것으로 생각했다. 그러므로 아리스토텔레스가 생물계를 분류한 방식이라든가, 생물계 구조의 내부를 정적 질서가 지배한다고 생각한 사고방식은 기독교의 세계 창조라는 목적론과 잘 들어맞았다.

그리스 철학과 기독교 신앙 전통에 따르면 완벽한 하느님은 자연계에 빈틈의 여지없이 온갖 생명체를 촘촘히 심어 놓았으며, 그로 인해 각 생명체의 자리는 단단히 고정되어 있다.

이것은 거의 2,000년 동안 서양 자연과학의 사상적 토대가 된 플라톤의 본질주의(essentialism)에 근거한다. 플라톤에 따르면 세상은 영원불변의 완벽한 진리로 되어 있기 때문에 생물종들은 영원불변의 존재일 수밖에 없다.

존재하는 모든 것에 질서를 부여하려고 한 아리스토텔레스는 우선 자연의 모든 현상을 두 가지 주요 집단으로 분류했다. 하나는 돌멩이와 물, 흙처럼 영혼이 없는 사물이다. 영혼이 없는 것은 스스로 변화하는 능력이 없다. 다른 하나는 스스로 변화하는 능력이 있는 생명체다. 아리스토텔레스는 자연은 영혼이 없는 사물에서 점차 생물체로 나아간다고 생각했다. 우선 식물이 생겨났다. 식물은 사물에 비해 영혼이 있는 것처럼 보이지만 동물과 비교하면 영혼이 거의 없는 것과 같다. 끝으로 아리스토텔레스는 동물을 사람과 짐승으로 나누었다. 즉 모든 생물종에게 계급을 부여한 것이다.

이것이 바로 아리스토텔레스에서 시작된 자연의 사다리(Scala Naturae) 개념이다. 자연의 사다리에서는 가장 하등한 종에서부터 가장 고등한 종까지 생명체들이 일직선으로 나열되어 있다. 각 생물에는 계급이 있으며 각각 독립적으로 존재한다. 사다리의 제일 위에는 사람이 있으며 사다리보다 더 위에는 신이 있다.

이 견해에 따르면 원숭이는 영원히 원숭이로 남아 있고, 그 위의 인간은 영원히 인간일 뿐이다. 이 둘의 서열은 절대로 변하지 않는다. 이를 두고 영국의 시인 알렉산더 포프(Alexander Pope, 1688~1744)는 "자연의 사슬 중 어디든, 그것이 열 번째든 일만 번째든, 하나라도 끊어지면 전체가 무너지리라"라고 읊조렸다.

자연신학의 발달

찰스 다윈(Charles Robert Darwin, 1809~1882)의 진화론이 하늘에서 뚝 떨어진 것은 결코 아니다. 아이작 뉴턴에서 절정을 맞이한 17세기 과학혁

〈그림 9-5〉 자연의 사다리

명의 결과 과학과 전통적인 기독교 세계관 사이에 동맹이 강화되었다. 과학과 종교가 본성적으로 대립할 수밖에 없다는 생각이 사라진 것이다. 그 결과 신의 작품인 자연을 탐구함으로써 신의 계획을 통찰하는 '자연신학'이 특히 영국에서 튼튼한 기반을 확보했다.

1802년 윌리엄 페일리(William Paley, 1743~1805)는 『자연신학, 혹은 자연현상에서 모은 신의 존재와 속성에 관한 증거들』에서 "길에서 발견된 시계는 시계 제작자의 존재를 함축하고, 훨씬 더 복잡하여 합목적적인 딱정벌레나 나비는 창조주를 함축한다"라고 했는데, 이것은 설계는 설계자를 필요로 한다는 뜻이다. 이것을 읽은 찰스 다윈은 과학과 종교는 동전의 양면이라는 생각을 품게 되었다.

종의 변화에 대한 이론은 주로 유럽 대륙에서 발전하였다. 유럽의 식민지가 확장되면서 동물과 식물에 대한 지식도 엄청나게 증가했다. 새로운 동물과 식물을 체계적으로 정리하기 위해 18세기 스웨덴 식물학자 카를 폰 린네(Carl von Linné, 1707~1778)는 오늘날에도 사용되는 이명식 명명 체계*를 도입했다.

린네는 엄격한 분류 체계를 통해 종의 고정성을 지지하였다. 그는 비록 말년에는 종이 변할지도 모른다고 생각했지만 구체적으로 표현하지는 않았다.

비슷한 시기 파리 왕립 식물원의 총책임자인 조르주루이 뷔퐁 백작

---

* 쉽게 풀어보면, 길에서 시계를 발견했다는 것은 시계 제작자가 있다는 것을 의미한다. 그런데 딱정벌레와 나비는 시계보다 훨씬 더 복잡하고 각 기관의 쓸모가 분명하다. 이것은 창조주가 있다는 표현이다.

** 이명식(binomial) 명명 체계에서 각 생물종에게는 두 개의 라틴어 학명이 주어진다. 첫 번째 명칭은 해당 생물이 속하는 일반 범주인 속(屬, genus)으로 대문자로 시작하며, 두 번째 명칭은 해당 생물의 고유한 정체성인 종(種, species)으로 소문자로 쓴다. 예를 들어 사람의 학명은 Homo sapiens.

(Georges-Louis Leclerc de Buffon, 1707~1788)은 지구의 나이는 당시의 일반적인 생각보다 훨씬 많아 18만 년 정도이고 종은 변한다고 생각했다. 하지만 그가 생각하는 진화의 방향은 지금 우리가 생각하는 것과는 반대였다. 하등한 생물에서 고등한 생물로 진화하는 것이 아니라 고등한 생물에서 하등한 생물로 퇴화한다고 생각했다. 하느님이 완벽한 생물을 창조했는데 생물들이 죄를 지어 퇴화했다는 것이다.

비록 그가 과학적인 근거는 제시하지 못했지만 모든 생물종은 처음부터 지금처럼 고정되어 있다는 생각이 일반적일 때 생물종이 변화할 수 있다는 획기적인 주장을 한 것이다. 그러나 증거가 없는 주장은 힘이 없기 마련이어서 뷔퐁은 종교적인 비판이 일어나자 자신의 주장을 철회했다.

프랑스의 귀족 장바티스트 라마르크(Jean-Baptiste de Monet, 1744~1829)는

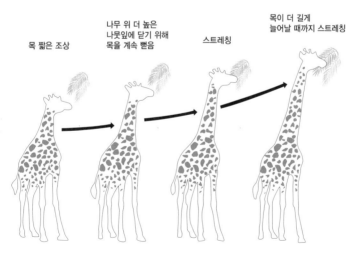

목 짧은 조상

나무 위 더 높은 나뭇잎에 닿기 위해 목을 계속 뻗음

스트레칭

목이 더 길게 늘어날 때까지 스트레칭

〈그림 9-6〉 기린의 획득 형질 유전

22세에 말에서 떨어지는 사고를 당한 후 육군에서 제대하였다. 그는 계몽주의 철학자 장 자크 루소(Jean-Jacques Rousseau, 1712~1778)와 식물원을 산책하면서부터 과학에 관심을 갖게 되었고 생물학(biology)과 화석(fossil) 그리고 진화(transformism)라는 단어를 최초로 사용한 생물학자가 되었다.

그는 다윈이 태어난 해인 1809년 『동물철학』을 펴냈다. 이 책에서 라마르크는 개별 유기체(생명체)가 환경의 변화에 적응하기 위해 자신을 변형시킨다고 주장했다. 그는 이 변형이 자손들에게 유전되어 결국 새로운 종이 탄생한다는 '획득 형질의 유전'을 주장한 것이다. 그의 발상은 설득력 있고 영향력이 커서 다윈도 실질적으로 종 내부의 다양성을 설명하기 위해 라마르크의 발상에 크게 의존했다.

라마르크는 뷔퐁의 환대를 받았지만 뷔퐁보다 훨씬 급진적이었다. 라마르크의 진화론은 프랑스 계몽사상의 흐름 속에서 탄생하였고 프랑스 혁명(1789~1794)의 혁신적 분위기의 잔재 속에서 받아들여졌다.

한편 이즈음, 역시 장 자크 루소와 친분을 쌓고 있던 영국의 의사이자 자연철학자인 찰스 다윈의 할아버지 이래즈머스 다윈(Erasmus Darwin, 1731~1802)도 라마르크와 유사한 주장을 했다. 그는 유용한 형질이 생물학적 유전을 통해 대물림되며, 이런 형질이 서서히 축적되면 다양한 생물이 탄생한다고 믿었다. 또한 최초의 생명은 무생물에서 나왔다고 생각했다.

격변설과 동일과정설

지구의 나이는 진화론에서 핵심 열쇠였다. 18세기 말이 되자 자연학자 가운데는 지구의 나이가 성경의 「창세기」에서 말하는 수천 년보다 훨씬 더 오래되었다고 말하는 사람이 등장하기 시작했다. 산꼭대기에서 발견된 해양생물의 화석은 지층이 오랜 시간에 걸쳐 융기했다는 것을 암시했다.

짧은 지구 나이를 믿는 자연학자들은 지질학적 증거와 성경의 전통적 연대기를 조화시키고자 했다. 프랑스의 자연학자 조르주 퀴비에(Georges Cuvier, 1769~1832)는 비교적 짧은 기간 안에 몇 번의 대격변이 일어나 거대한 지질학적 변화가 발생했다는 격변설(catastrophism)을 주장했다. 격변설에 따르면 지구 역사를 짧게 유지하고 종의 고정성에 대한 믿음을 위반하지 않을 수 있었다.

이에 반해 과거 어떤 격변이 있었던 것이 아니라 현재 지구에서 진행되는 것과 같은 동일한 과정이 오랜 세월에 걸쳐 지속되고 있다는 동일과정설(uniformitarianism)을 주장하는 학자들도 있었다. 영국의 지질학자 제임스 허튼(James Hutton, 1726~1797)이 대표적인 인물이다. 그는 『지구의 역사』(1795)에서 지구의 역사는 어마어마하게 길다고 주장했다.

왜냐하면 그는 지구를 평평하게 만드는 중력과 지구 내부의 열 때문에 생기는 융기력이라는 두 가지 상반된 힘의 작용으로 지구의 지질학적 특성이 생겼다고 생각했기 때문이다. 두 힘은 현재 느끼기에 매우 느리게 작용하는 것으로 보아 과거에도 느리게 작용했을 것이므로 지구의 나이는 엄청나게 많아야 한다는 것이다.

동일과정설은 찰스 다윈의 친구인 찰스 라이엘(Charles Lyell, 1797~1875)의 『지질학의 원리』(전 3권, 1830~1833)로 꽃 피웠다. 그는 수많은 지질학적 증거를 동원하여 지구의 물리적 특성은 오늘날 우리가 보는 과정이 천천히 지속해서 오랜 시간에 걸쳐 일어난 결과라는 허튼의 동일과정설을 지지했다. 그러나 찰스 라이엘은 생물종이 변화할 수 있다는 생각에는 전혀 동의하지 않았다.

한편 찰스 다윈은 1831년 '비글호' 항해를 시작할 때 『지질학의 원리』 제1권을 가지고 승선하였으며, 항해 도중 나머지 책을 우편으로 받아 보았다.

1859년, 역사의 임계점

1859년 1월 1일, 사람들은 다른 해와 다를 것 없는 새해를 맞았다. 런던 시민들은 아침 식탁에서 "올 한 해도 지난 10년과 다를 바 없을 것"이라는 「더 타임스」의 사설을 읽었다. 정오에는 유럽 각국의 중요 인물들에게 그 기사가 전달되었고, 영국 각 지방 사람들은 저녁 식탁에서 그 신문을 읽었다. 불과 2주 후에는 미국 전역으로 전달되었다. 불과 몇 년 전만 해도 상상할 수 없는 일이 벌어진 것이다. 기차, 전신망, 증기선이 이 놀라운 속도를 가능케 했다.

물론 이 속도가 가능한 해는 1858년일 수도 있고 1860년일 수도 있을 것이다. 그럼에도 불구하고 굳이 1859년이라고 적시하는 이유는 무엇일까? 1859년에 일어난 일을 몇 가지만 나열해 보자.

- 세계 인구가 10억 명을 넘는다. 인구 증가율은 점차 높아지고 있었다. 사람들은 반세기 전 토머스 맬서스 목사가 표명한 인구 증가에 따른 우려를 기억하고 있었다.

- 「사이언티픽 아메리칸」 1월 1일자에 "열이 물질이 아니라 에너지라는 사실이 분명하다"라는 글이 실린다.

- 2월 12일 에이브러햄 링컨(Abraham Lincoln, 1809~1865)과 찰스 다윈은 50세 생일을 맞이한다. 같은 해 링컨은 미국 공화당 대통령 후보가 되었고 다윈은 『자연선택에 의한 종의 기원』을 출판하였다.

- 파스퇴르는 9살짜리 딸이 장티푸스로 죽은 해 자연발생설을 뒤집는 실험에 성공한다. 1830년대에는 소설책보다 다섯 배나 더 많이 샀던 지질학 책에 대한 중산층의 관심이 1859년에는 생물학으로 옮겨갔다. 과학은 전문성을 띠기 시작하여 과학자조차도 다른 분야의 작업을 이해하지 못하는 지경이 되었다.

- 에드윈 드레이크는 최초의 유정油井을 시추한다(이미 1890년대에 이산화탄소 증가로 인한 지구 온난화를 예측했던 스반테 아레니우스가 같은 해에 탄생했다).

- 마침내 알루미늄이 금보다 싸진다(1852년 1lb당 1,200달러였던 알루미늄은 1859년 40달러까지 곤두박질쳤다).

- 대륙을 잇는 해저 케이블 설치가 시도된다(최초의 시도는 1857년에 있었다).

- 기차와 증기선의 대중화로 여행의 시대가 열린다. 여행 서적의 효시인 『머리의 마드라스와 봄베이 가이드 1859년』이 출간되었는데, 제목에 나오는 '머리'는 찰스 다윈의 『자연선택에 의한 종의 기원』

을 출판한 존 머리를 가리킨다.

- 기구를 타고 대서양 횡단에 도전한다.
- 수에즈 운하 공사가 시작된다. 영국인들은 수에즈 운하가 소중한 식민지에서 영국으로 가는 길을 좀 더 빠르게 해 줄 것으로 기대했다.
- 런던에서는 노동조합 운동이 활발해진다.
- 읽을거리와 도서관, 사진이 급속히 늘어난다. 1859년 미국에는 5만 곳의 도서관에 평균 240권의 장서가 있었다. 「더 타임스」는 사진사도 예술가라고 선언했다.
- 노예제 폐지론자인 존 브라운이 교수형을 당한다. 찰스 다윈은 모든 형태의 노예제를 반대했다. 하지만 비글호 선장인 로버트 피츠로이는 영화 〈어메이징 그레이스〉의 실제 주인공인 윌리엄 윌버포스(노예폐지론자)의 아들인 새뮤얼 윌버포스와 함께 다윈의 진화론을 한목소리로 비난했다.
- 「뉴욕 타임스」지는 1월 1일자에서 뉴욕의 조명이 충분하지 않다고 불평한다. 하지만 해가 가기 전 가스등이 도시 곳곳을 밝혔다.
- 미국과 오스트레일리아에서 골드러시가 시작된다.
- 좀 더 대칭되는 둥근 모양을 만들어준다는 브래지어가 특허 등록된다.

교통과 통신수단의 발전에 따라 지구의 크기가 점점 작아지는 것과는 반대로 지구사적 사건의 간격은 점점 더 멀어졌다. 6,000년이라고 생각했던 지구의 나이가 갑자기 46억 년으로 75만 배나 늘어남에 따라 지구 역사의 사건을 엿가락 늘리듯 늘려야 했기 때문이다. 그리고 이 어마

어마한 사건은 『자연선택에 의한 종의 기원』이란 책의 출간으로 시작되었는데, 그날은 1859년 11월 22일이다. 불과 160여 년 전의 일이다.

    1859년과 『종의 기원』은 세계 과학사의 분수령을 이룬다.

찰스 다윈과 『종의 기원』

. . . . . .

"하루는 오래된 나무의 껍질을 벗기다가 진귀한 딱정벌레 두 마리를 보았다. 한 손에 한 마리씩 집어 들고 보니 세 번째로 다른 딱정벌레가 나타 났다. 그 녀석을 놓칠 수 없었기에 나는 오른손 에 들고 있던 것을 입에 넣어버렸다. 그런데 세 상에, 그 녀석이 지독한 분비액을 쏴버렸다! 어 찌나 독하던지 혀가 타는 듯해서 딱정벌레를 뱉 어내야만 했다. 그 바람에 녀석을 잃어버렸을 뿐 만 아니라 세 번째 녀석도 놓쳐버렸다." (찰스 다 윈의 자서전 『나의 삶은 서서히 진화해 왔다』에서)

이번 장의 주인공은 찰스 다윈 한 사람이다. 나 머지는 모두 조연에 불과하다. 다윈의 과학적 업 적은 그러기에 충분하다.

. . . . . .

242

찰스 다윈의 성장기

주인공 찰스 다윈은 영국 농촌의 상류층 가문에서 태어났다. 그의 할아버지와 아버지는 의사로 성공하였으며, 외할아버지는 도자기의 여왕 본-차이나(bone china)를 최초로 만든 도자기 명문 브랜드 웨지우드의 설립자다.

그는 어린 시절부터 자연사에 관심이 많았다. 조개껍데기, 새알(한 번에 하나씩만 가져왔다), 암석과 광물, 곤충 등을 열심히 수집하고 눈에 띄는 식물의 이름은 모두 찾아보았다. 초·중등학교에 다니며 막힌 교실에서의 수업을 끔찍이도 싫어한 다윈은 교실 밖으로 나가 대자연에 펼쳐진 온갖 진기하고 다양한 동식물을 직접 관찰하는 것을 좋아했다. 덕분에 그는 여덟 살에 죽은 어머니 대신 동생을 키운 누나의 걱정거리였다. 아버지는 다윈에게 이렇게 말했다. "너는 신경 쓴다는 일이 고작 사냥하고, 강아지 돌보고, 쥐 잡는 것밖에 없구나. 그래서는 자신에게나 집안에나 망신거리밖에 더 되겠니?"

다윈은 할아버지와 아버지의 뒤를 이어 의사의 길을 가기 바랐던 집안의 영향으로 에든버러 의과대학에 진학한다. 하지만 당시 에든버러 의과대학에서는 강의만 했으므로 다윈은 말할 수 없이 따분했다. 후에 그는 자신이 억지로라도 해부학을 익히지 못한 것을 인생 최대의 실수로 꼽았다. 이것은 자신이 그림을 못 그린다는 것만큼이나 치명적인 약점이었다(당시 학자들은 카메라를 사용할 수 없었으므로 그림으로 관찰기록을 남겨야만 했다). 다윈은 에든버러 병원에서 수술에 두 번 참여한 적이 있다. 한 번은 어린아이를 수술했는데, (아직 클로로포름을 수술에 사용하기 전이라서) 마취제 없이 수술할 때라 어린아이가 고통스러워 하는 모습과 피가 사방으로 솟구치는 광경을 본 후 다시는 수술실에 들어가지 않았다.

결국 다윈은 의사의 길을 포기하고 케임브리지의 크라이스트 칼리지에서 신학을 공부하였다. 당시 그는 성경에 나오는 모든 표현의 문자적 의미를 추호도 의심하지 않았다. 그는 케임브리지에서 존 스티븐스 헨슬로(John Stevens Henslow, 1796~1861)의 식물학 강연을 듣고 그 명쾌함과 놀라운 삽화에 탄복했다. 다윈은 거의 매일 헨슬로 교수와 산책하며 식물학, 곤충학, 화학, 광물학, 지질학 전반에 대해 배웠다.

헨슬로 교수는 다윈에게 지질학을 공부할 것을 권하면서 애덤 세지윅(Adam Sedgwick, 1785~1873) 교수의 지질탐사대에 다윈을 추천하였다. 이때 다윈은 영국 땅 한복판에 있는 지표면 부근에서 열대 조개껍데기를 발견했다. 그러나 세지윅이 전혀 달가워하지 않는 모습을 보고 다윈은 당황했다. 이때까지만 해도 다윈은 과학이 사실들을 묶어서 법칙을 이끌어내는 행위라는 것을 깨닫지 못했다. 다윈은 1831년 22세의 나이로 학위를 받았다.

세지윅 교수와의 지질탐사를 끝낸 후 다윈은 자신의 인생을 바꾸어 놓을 편지 한 통을 받았다. 영국 군함 비글호가 해안 조사를 위해 남아메리카와 태평양, 인도양을 거쳐 영국으로 돌아오는 해양 탐사 계획에 헨슬로 교수가 찰스 다윈을 추천했다는 내용이었다. 봉급은 없으며, 다만 무료로 비글호에 승선할 수 있고 젊은 자연학자에게 선장의 선실 일부를 기꺼이 내어준다는 조건이 제시되어 있었다. 아버지는 완강히 반대하였으나 외삼촌이 아버지를 적극적으로 설득하여 그는 비글호에 오를 수 있었다.

비글호 항해기

1831년 12월 27일 영국 해군 피츠로이 함장이 지휘하는 10개의 포문을 갖춘 비글호가 플리머스항에서 출발했다. 피츠로이 함장은 27세에 불과했지만 수학과 과학에 탁월한 재능이 있는 귀족이었다. 그는 비글호 항해 중 마주치는 여러 동식물을 기록할 수 있으면서 어느 정도 신분이 있고, 또 세련된 대화를 나누며 고독을 이길 수 있도록 도와줄 사람으로 찰스 다윈을 선택하였다.

다윈은 비글호를 타고 다니면서 조사한 내용을 18권의 노트에 기록하였다. 이 기록은 나중에 『비글호 항해기』로 출판된다. 역사상 가장 위대한 과학 여행기로 평가받는 이 책은 1839년 초판이 나왔다.

비글호에 오르기 전 다윈의 주요 관심사는 생물학이 아니라 지질학이었다. 특히 그 당시 유행하던 격변설을 비판하고 동일과정설을 주장

〈그림 9-7〉 비글호 항해 지도

하는 찰스 라이엘의 『지질학의 원리』에 심취해 있었다.

1832년 2월 비글호는 남아메리카에 도착했다. 비글호는 리우데자네이루에 3개월 정박한 후 남쪽으로 향했다. 그로부터 3년간 비글호는 남아메리카 해안을 항해했지만 다윈은 대부분의 시간을 육지에서 보냈다. 다윈은 반딧불이, 타조 등 여러 생물들의 생태와 지질학적 특성, 노예들의 삶과 비애 등 마주치는 모든 것을 관찰하고 기록했다. 아르헨티나의 해안에서는 큰 코뿔소로 짐작되는 대형 포유류의 이빨과 대퇴골 화석을 발견하여 영국으로 보내기도 하였다.

1835년 1월 칠레의 오소르노 화산이 폭발하는 장면을 목격했다. 2월에는 해안의 숲에서 대지진과 쓰나미를 경험했다. 다윈은 라이엘의 지질학 책에서 그 같은 현상의 설명을 찾았다. 그는 녹은 바위의 압력으로 오소르노 화산이 폭발하고 남은 힘으로 지진이 일어났다고 해석했고, 녹은 바위의 밀어 올리는 힘으로 바다에서 땅이 솟아올랐고 오랜 시간이 지나면서 산맥이 생겼을 것으로 생각했다. 그해 8월 다윈은 찰스 라이엘의 절대 지지자임을 자처했다.

영국을 떠난 지 거의 4년 만인 1835년 9월 비글호는 갈라파고스 제도에 상륙한다. 갈라파고스 제도는 현재 에콰도르의 영토로 육지에서 서쪽으로 약 1,000km 떨어져 있다.

다윈은 갈라파고스의 주요 섬들을 둘러보며 특징적인 지질 구조를 살폈다. 그러다가 점차 이 제도의 유별난 생명을 눈여겨보기 시작했다. 다른 지역에서는 전혀 볼 수 없는 토착종들이 많았으며, 같은 생물일지라도 제도 내의 섬마다 조금씩 달랐다. 예를 들어, 이 제도에는 고유한 육지거북속이 있는데 각각의 섬마다 대표적인 거북종은 달랐다. 그중 가장 독특한 것이 바로 핀치군[#]이었다. 다윈은 13종의 핀치들의 부리의 구조, 몸통과 꼬리, 깃털의 모양이 서로 연관성을 보인다는 것을 파악했다.

갈라파고스까지 가는 데는 거의 4년이 걸렸지만 남태평양과 인도양을 거쳐 아프리카 남단을 돌아 다시 남미를 거쳐 영국으로 돌아오는 데는 불과 1년 남짓밖에 걸리지 않았다.

영국으로 돌아온 다윈에게는 새로운 화두가 생겼다. 아메리카 대륙과 지질학적으로 판이하게 다르며 기후 역시 독특한 갈라파고스 제도에 매우 다양한 토착종이 아메리카 대륙의 생물 유형 위에서 서로 다른 방식으로 영향을 주며 생겨난 이유가 무엇인지 궁금했다. 그는 제도에 있던 소수 토착종 새들 가운데 하나가 선택되어 여러 가지 다른 목적에 맞게 변종되었을지도 모른다고 상상하기 시작한다.

인구론과 자연선택설

5년간의 항해에서 돌아온 그는 다시는 영국을 떠나지 않았다. 불쌍하게도 그는 항해 내내 뱃멀미를 했기 때문이다.

다윈은 항해 중 수집한 수천 종의 표본들에 관해서 동물학자들에게 조언을 들은 후 갈라파고스 제도에서의 관찰이 의미하는 사실을 깨닫기 시작했다. 섬마다 다른 생물종의 모습은 신의 창조로는 도저히 설명할 수 없고 모종의 진화 과정을 통해서만 설명할 수 있었다. 그는 1837년까지 정리한 자기 생각을 노트에 기록하기 시작했고 '종의 문제'라는 제목

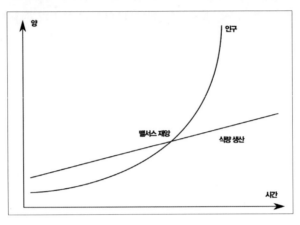

〈그림 9-8〉 맬서스 인구론 그래프

을 붙였다.

그는 생물의 진화를 확신했지만 그 진화 과정을 추진하는 과정을 알 수 없었다. 이때 영국 성공회 목사 토머스 맬서스의 『인구론』(1798년 출간)에서 영감을 받게 된다. 맬서스는 책에서 "인구는 통제하지 않을 경우 기하급수적으로 증가한다. (……) 반면에 생존을 위한 식량은 산술급수적으로 증가한다. 수학을 조금만 안다면 인구의 증가가 식량의 증가에 비해 얼마나 엄청난지 알 수 있을 것이다"라고 말했다. 즉 인구가 식량 공급보다 빠르게 증가하므로 자원을 둘러싼 경쟁이 점점 치열해지고, 그 경쟁에서 더 빠르고 튼튼하고 영리한 개체들이 살아남아 증식할 가능성이 높다는 것이다(맬서스의 의도는 노동자와 하위 계층 사람들은 생활조건을 개선하기 위해 출산율을 높이므로 임금을 최저생계비 이상으로 높이는 복지정책은 실패한다는 어처구니없는 주장을 펴는 것이었다).

인구가 자원을 압박하고 그 결과 개체들의 전쟁이 일어난다는 맬서스의 통찰을 다윈은 식물과 동물에 적용했다.

1859년 『종의 기원』이 세상에 나오다

다윈은 1839년 사촌인 에마 웨지우드와 결혼했다. 아내가 된 사촌누이 에마는 독실한 신앙인이었으며 둘 사이에는 열 명의 자녀가 태어났다. 1842년 런던에서 26km 떨어진 켄트주의 다운(Down)에 있는 73km² 규모의 농장을 매입하여 그곳에서 독립적인 생활을 하며 자연과학 연구에 몰두하였다. 1840~1850년대 초 다윈의 책 6종이 출간되었으며, 그는 영국 최고의 자연과학자 가운데 한 명으로 인정받았다.

하지만 그는 아직 '진화론'을 책으로 펴내지 않았다. 다윈은 1842년 진화는 일어나고 그 메커니즘은 자연선택이라는 생각을 담은 짧은 요약문을 썼고, 1844년에는 요약문을 확장하여 231쪽에 이르는 원고를 썼다. 하지만 마치 코페르니쿠스가 『천체의 회전에 관하여』를 생전에 출판하지 않기를 원했던 것처럼 다윈도 자기가 죽은 다음 출판해 달라는 부탁을 친구들에게 남겼다.

다윈이 자신의 이론을 요약문으로 정리한 1844년에는 로버트 체임버스(Robert

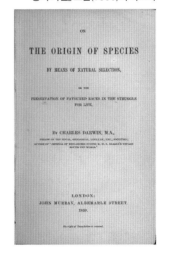

〈그림 9-9〉
『종의 기원』 초판(1859)의 속표지

Chambers, 1802~1871)가 "신의 계획에는 종의 변화가 포함되어 있다"라는 사상을 대중에게 알리기 위해 『창조의 흔적』이라는 책을 익명으로 발표하였다. 이 책에 대한 반응은 싸늘했고 과학·종교·철학계의 총체적인 비판이 쏟아졌다. 이 장면을 목격한 다윈에게 지동설을 주장하다 1592년 종교재판을 받고 8년간 복역한 후 1600년 화형당한 브루노가 떠올랐을지도 모른다. 다윈에게는 확고한 증거가 필요했다.

1858년 다윈의 인생에서 두 번째로 중요한 편지가 도착했다. 외톨이 과학자인 앨프리드 월리스(Alfred Russell Wallace, 1823~1913)의 편지였다. 월리스는 1840년대에 아마존을 탐험하면서 종들이 신의 힘이 아니라 자연적으로 발전한다는 확신을 가지고 있었다. 하지만 그도 다윈처럼 진화의 메커니즘은 몰랐다. 그러다가 1850년대에 말레이 제도를 탐험하면서 진화의 추진력이 자연선택이라는 생각에 미쳤다. 그 역시 맬서스의 『인구론』을 읽었던 것이다.

월리스의 사고가 담긴 편지를 받은 다윈은 당황했다. 과학에서 두 번째 발견자는 의미가 없기 때문이다. 다행히 그의 초고를 본 친구들이 있었다. 찰스 라이엘과 조지프 후커(Joseph Hooker, 1817~1911)는 찰스 다윈과 알프레드 월리스가 공동으로 '자연선택에 의한 진화론'을 발견하였다고 린네 학회에서 발표하였다.

"비둘기에 관한 내용만 남기고 뒤에 있는 어려운 내용을 덜어내면 이 책은 성공입니다." 1859년 존 머리 출판사의 편집자는 『종의 기원』 초고를 읽은 뒤 찰스 다윈에게 이렇게 조언했다. 편집자가 이렇게 말한 이유는 책을 보면 알 수 있다. 책의 첫 이야기는 "옆 동네에 사는 아무개 사육사가 그러는데 비둘기 이놈과 저놈을 교배시켰더니 이런 기막힌 놈이

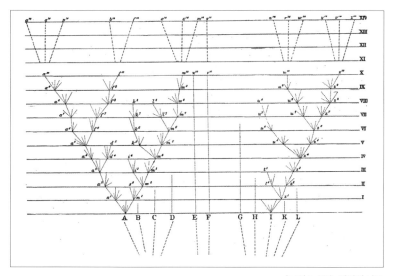

<그림 9-10> 생명의 나무

나왔대"와 같은 것이다. 흥미진진한 『비글호 항해기』와 달리 『종의 기원』은 다양한 변이들이 어떻게 탄생하는지 시시콜콜한 이야기가 담긴 매우 지루하고 읽기 힘든 책이다. 두 책의 저자가 같은 사람이라는 게 의심스러울 정도다. 그의 이론은 생명의 나무와 자연선택이라는 명확한 요소로 구성되어 있지만 『종의 기원』은 시종일관 신중하게 서술되어 있다.

코페르니쿠스의 혁명과 다윈의 혁명

무엇이 그를 그토록 신중하게 만들었을까? 아마도 다윈 스스로 진화론이 지닌 폭발성을 잘 알았기 때문일 것이다. 외부 환경에 따라 종의 생존이 결정된다는 논리에는 유물론적 요소가 들어 있다. 이것을 간파한 사람은 카를 마르크스(Karl Heinrich Marx, 1818~1883)였다. 그는 1869년 프리드리히 엥겔스(Friedrich Engels, 1820~1895)에게 보낸 편지에서 "이 책은 우리의 견해를 뒷받침하는 박물학적 근거를 충분히 제시하고 있다"라고 썼다. 당시 주류사회는 진화론보다 유물론을 훨씬 더 배척했다. 다윈은 종교에 대한 언급을 자제하였으며 집필활동도 과학에만 국한했다.

16세기의 코페르니쿠스와 19세기의 다윈 사이에는 300년이라는 시간 간격이 있지만 둘 다 과학혁명가라는 공통점이 있다. 코페르니쿠스는 인간이 살고 있고, 하느님이 성육신으로 내려온 지구가 우주의 중심이라는 당연한 세계관을 부정하였다. 그로 인해 지구는 태양계의 한 변방에 불과하며 다른 천체와 구별되지 않는다는 것이 밝혀졌다. 이로써 지구는 자유로워졌다.

다윈은 인간은 하느님이 영靈으로 창조한 특별한 존재가 아니라 다른 생물과 마찬가지로 공통 조상에서 진화하였으며, 인간과 다른 동물은 구별되지 않는다고 주장함으로써 인간을 특별한 지위에서 끌어내렸다. 다윈 덕택에 인간은 자유로운 생명이 되었다.

제10장

원자에서 우주까지

원자의 부활과 재해석

......

태초에 뉴턴이 있었다. 뉴턴으로 말미암아 물리학이 탄생하였다. 패러데이와 맥스웰은 전자기장 이론을 세웠으며 로렌츠는 전자이론을 발전시켰다. 볼츠만은 열역학을 바탕으로 통계역학을 발전시켰다. 이로써 고전물리학이 완성되었다. 이제 더 연구해야 할 근본이 남지 않았다.

18세기 산업혁명과 함께 물질에 대한 이해가 깊어지면서 과학자들은 기원전 5세기의 원자 개념을 다시 부활시켰다. 그러나 원자는 더 이상 쪼개지지 않는 가장 근본적인 입자가 아니었다. 원자에서는 엑스선과 방사선이 방출되었다. 원자에 대한 이해가 깊어지면서 뉴턴의 물리학이 아닌 새로운 물리학이 등장하게 된다.

......

원자의 부활

아주 오래전부터 세상 만물은 모두 다르지만 아주 단순한 기본 물질로 이루어졌을 것이라고 생각했다. 기원전 5세기경 그리스 북부에서 활약했던 데모크리토스는 '가장 작으면서 더 이상 나뉘지 않는' 물질의 근원을 원자(atomos)라고 하였다.

여기서 atomos란 부정을 뜻하는 a-에 '부수다'란 뜻의 tomos가 합쳐진 것이다.[*] 데모크리토스는 이 세상은 허공과 그 사이를 돌아다니는 원자만이 존재하며 원자는 매우 작다고 생각했다.

원자론은 데모크리토스 이후 2,000년 이상 자연철학에서 배제되었다. 그사이 뉴턴이 물리학을 정량 과학으로 만들었다. 즉 단순히 옳고 그름을 수학적으로 가리는 것에 그치지 않고 숫자로 표현하는 물리량으로 정밀하게 검증하는 지식 체계가 된 것이다.

뉴턴 이후 새로운 물리학적 방법론이 지식 전체 분야로 확산되었다. 18세기 영국의 토머스 뉴커먼과 제임스 와트가 증기기관을 발명하여 산업혁명이 일어나자 열과 증기의 자연 현상에 관한 연구, 즉 열역학도 비약적으로 발전했다. 한편 프랑스의 라부아지에는 기체에 대한 물리적·화학적 연구를 발전시켰다.

물질에 대한 지식과 이해가 깊어지면서 데모크리토스의 원자가 새롭게 부활하였다. 그 주인공은 영국의 화학자 존 돌턴[**]이다. 돌턴은 "물질

---

[*] 만화 영화 〈톰과 제리(Tom and Jerry)〉 그리고 말괄량이를 뜻하는 영어단어(tomboy)의 tom을 생각하면 tomos가 '부수다'라는 뜻이라는 것을 쉽게 떠올릴 수 있다.

[**] 돌턴은 색맹에 관한 연구로도 유명하다. 색맹이었던 그는 색맹에 관한 최초의 논문 「색 지각에 관한 아주 놀라운 사실들」을 발표하기도 했다. 적록색맹을 영어로 돌터니즘(daltonism)이라고 한다.

은 아주 작은 기본 입자로 이루어져 있고 입자 사이에 작용하는 힘에 따라서 기체, 액체, 고체라는 물질의 세 가지 상태로 나뉘며, 여러 가지 입자들이 결합해 수많은 화합물을 만들어 낸다"라고 설명했다. 그리고 이 기본 입자를 데모크리토스의 개념을 빌려와서 원자(atom)라고 불렀다. 데모크리토스의 원자가 2,500년 만에 부활한 것이다.

전자의 발견

원자론이 부활한 19세기 물리학의 최대 업적은 전기와 자기 현상을 통합적으로 이해한 것이다. 영국의 물리학자 마이클 패러데이(Michael Faraday, 1791~1867)는 전자기 현상을 밝히고 장場(field)이라는 개념을 창안했으며, 영국의 물리학자 제임스 클러크 맥스웰(James Clerk Maxwel, 1831~1879)은 맥스웰 방정식으로 전자기 이론을 완성했다.

패러데이는 1833년 유리관 속의 희박한 기체에 전기를 가하면 빛을 발하는 방전 현상을 소개하였다. 1876년 이 방전이 음극에서 일어난다는 게 밝혀진 다음부터는 음극선이라는 이름이 붙었다. 음극선은 논쟁의 대상이 되었다. 어떤 이들은 음극선이 빛의 일종인 전자기파라고 생각했으며, 어떤 이들은 입자라고 주장했다. 특히 아일랜드의 물리학자 조지 스토니(George Johnstone Stoney, 1826~1911)는 전기에 기본적인 단위가 있다고 생각하여, 기본 전하를 띠면서 전기를 운반하는 입자를 전자(electron)라고 불렀다.

음극선에 관한 논쟁은 흔히 제이제이(J.J.)로 불리는 조지프 존 톰슨

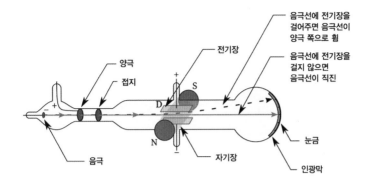

양극

접지

전기장

음극선에 전기장을
걸어주면 음극선이
양극 쪽으로 휨

S

D

음극선에 전기장을
걸지 않으면
음극선이 직진

N

눈금

음극

자기장

인광막

〈그림10-1〉 톰슨의 음극선 실험

(Joseph John Thomson, 1856~1940)이 등장한 후에야 끝났다. 1870년 케임브리지 대학은 옥스퍼드 대학에 대항하기 위해 캐번디시 연구소를 세웠다. 초대 소장은 맥스웰이었으며 제3대 소장이 톰슨이었다. 1897년 톰슨은 전기장으로 음극선을 휘게 하는 데 성공했다. 이것은 음극선이 전자기파가 아니라 입자라는 강력한 증거였다. 톰슨은 이 입자를 스토니가 부르던 대로 '전자'라고 하였다.

전자가 발견되자 원자에 대한 생각에 일대 전환이 왔다. 전자의 질량은 수소 원자의 2,000분의 1 정도로 가벼웠다. 가장 작은 존재라고 믿었던 원자보다 더 작은 입자가 자연에 존재한 것이다. 전자는 최초로 발견된 기본입자(elementary particle, 소립자)다. 전자가 존재한다는 것은 원자 내부에 구조가 있다는 뜻이다.

엑스선의 발견

〈그림10-2〉 최초의 엑스선 사진

이에 앞서 1895년 11월 22일 독일의 물리학자 뢴트겐(Wilhelm Conrad Röntgen, 1845~1923)은 검은 마분지로 완전히 감싼 음극선관* 앞에 사진 건판을 놓고 아내에게 그 사이에 손을 넣어 보라고 했다. 뢴트겐은 코일의 스위치를 켠 후 사진 건판을 현상하였다. 건판에는 사람의 뼈가 무명지에 낀 반지까지 나타나고 뼈 주변에는 근육이 희미하게 보였다. 산 사람의 몸속을 찍은 것이다.

뢴트겐은 광선의 정체를 몰랐다. 그래서 알 수 없다는 뜻으로 '엑스(X)선'이라고 불렀다. 뢴트겐은 실험을 정리하여 〈뷔르츠부르크 물리학-의학 협회지〉에 「새로운 종류의 광선에 관하여」라는 제목의 논문으로 발표하였으며, 1896년 1월 4일 독일 물리학회 50주년 기념학회를 통해 널리 알려졌다.

의사들은 누구보다도 빨리 엑스선의 중요성을 알아차렸다. 뢴트겐의 발견은 1월 5일자 신문을 통해 전 세계로 퍼져 나갔고 엄청난 주목을 받

---

* 음극선관이란 진공 방전을 연구하기 위해 원통 모양으로 만든 유리 진공관이다. 1879년 크룩스가 발명했다고 해서 크룩스관이라고 한다. 양쪽에 양극과 음극이 연결되어 있다. 크룩스관의 양극에 전류를 통하게 하면 관 안에 희미한 초록색 빛이 보였다. 과학자들은 음극에서 어떤 광선이 나와 유리관 안쪽에 충돌하는 과정에서 새로운 물질이 발생한다고 생각했고 이것을 음극선이라고 불렀다.

왔다. 1896년에만 전 세계적으로 엑스선에 관한 기사가 1,000편, 책이 50권 이상 나왔다.

1901년 뢴트겐은 역사상 최초의 노벨물리학상 수상자가 되었다. 전기 회사에서는 엑스선에 대한 특허를 사겠다고 제안했다. 그렇지만 뢴트겐은 "엑스선은 모든 인류의 것이다. 특허 같은 것은 내지 않겠다"라며 거절하였다. 그는 과학은 모든 사람에게 이익을 가져다주어야 한다고 생각했다.

뢴트겐의 엑스선 발견으로 과학은 새로운 시대를 열었다. 뢴트겐이 새로운 광선을 발견하자 놀라운 발견이 줄을 이었다.

방사능의 발견

독일 물리학자의 발견은 프랑스 물리학자들에게 큰 자극이 되었다. 형광과 광화학을 연구하던 프랑스 물리학자 앙리 베크렐(Antoine Henri Becquerel, 1852~1908)은 1896년 우라늄을 가지고 엑스선과 형광에 관해 연구 중이었다.

그는 우라늄 광석에 햇볕을 쬐고 나서 검은 종이에 싸서 사진 건판 위에 한동안 올려놓으면 사진 건판이 감광한다는 것을 발견하고 "우라늄 광석은 태양 에너지를 얻으면 엑스선을 방출한다"라는 내용의 논문을 학회에 제출했다.

그러나 햇볕에 쬐지 않고도 우라늄 광석이 사진 건판을 감광시킬 수 있다는 것을 후에 깨달았다. 그는 "나의 지난번 논문은 오류이며, 우라늄 광석은 엑스선과는 다른 광선을 방출하는데, 이것을 우라늄선이라고 부르겠다"라는 내용의 논문을 제출했다. 사람들은 그 광선을 베크렐선이라고 불렀다. 그는 방사선*을 발견한 것이다.

한편 마리아 스크워도프스카라는 폴란드 여인이 프랑스 파리로 유학 와서 피에르 퀴리(Pierre Curie, 1859~1906)와 결혼했다. 그녀의 이름은 마리 퀴리(Marie Curie, 1867~1934)로 바뀌었다.

퀴리 부부는 베크렐의 연구에 자극을 받아 1898년 우라늄보다 강한 방사선을 내는 원소 라듐(Ra)과 폴로늄(Po)**을 발견하고, 이들 원소가 방사선을 방출하는 능력을 방사능(radioactivity)이라고 불렀다. 마리 퀴리는 1903년 「방사성 물질에 관하여」라는 제목의 논문으로 박사학위를 받았다. 그리고 그 공로로 퀴리 부부는 베크렐과 함께 1903년 노벨물리학상을 수상하였다.

마리 퀴리는 최초의 여성 노벨상 수상자이자 박사학위 논문으로 노벨상을 수상한 최초의 인물이다.*** 그녀는 1911년에는 순수한 라듐을 분리한 공로로 노벨화학상을 수상하였다. 그녀의 딸과 사위 역시 인공적으로 방사성 물질을 합성하여 1935년 노벨화학상을 받았다. 마리 퀴리는 1934년 백혈병으로 사망했다. 그녀는 40년간 방사능을 연구하면서 일반인이 평생 받는 양의 600억 배에 해당하는 방사선에 쪼였을 것으로 추산된다. 그녀의 딸 역시 오랜 세월 동안 방사능을 연구했고 1956년 백

---

* 베크렐이 발견한 방사선은 알파선이다. 방사능의 SI 단위인 베크렐(Bq)은 앙리 베크렐을 기리는 것이다. 그의 이름은 달과 화성의 크레이터에도 남아 있다.
** 폴로늄은 마리 퀴리의 조국인 폴란드의 이름을 딴 것이다.
*** 박사 논문으로 노벨상을 받은 사람으로는 프랑스 물리학자 루이 드브로이(1929년, 물리학상)와 미국 수학자이자 경제학자 존 내시(1994, 경제학상) 등이 있다. 하지만 내시의 논문은 1950년에 제출된 것이다.

혈병으로 사망했다.

원자핵의 발견

1895년 뢴트겐은 엑스선으로 아내의 손을 촬영했다. 그리고 이어서 1897년 톰슨이 전자를 발견하고, 1898년 퀴리 부부가 방사능을 발견하기까지는 불과 3년밖에 걸리지 않았다. 과학자들은 원자보다 작은 입자를 알았고 엑스선과 방사선이라는 새로운 현상을 발견했다.

그러나 방사선의 발견은 몇 가지 문제를 일으켰다. 우선 원자의 개념을 바꾸어야 했다. 돌턴이 생각한 원자가 데모크리토스의 원자라고 한다면 원자는 더 쪼개지고 거기서 무엇인가가 나와서는 안 되기 때문이다. 이제 돌턴의 원자는 그 안에 더 작은 무엇인가를 포함하는 구조로 바뀌어야 했다.

뿐만 아니라 에너지 보존의 법칙도 문제였다. 방사선이 에너지를 가지고 있을 게 분명하므로 엑스선과 방사선이 원자에서 뿜어 나오는 순간 에너지 보존의 법칙에 위배되기 때문이었다. 하지만 과학자들은 에너지보존의 법칙만은 포기하고 싶지 않았다. 과학자들은 원자 속을 들여다봐야 했다.

뢴트겐이 엑스선을 발견한 해 어니스트 러더퍼드(Ernest Rutherford, 1871~1937, 1908년 노벨화학상 수상)가 뉴질랜드에서 영국으로 건너왔다. 러더퍼드는 톰슨과 함께 우라늄에서 나오는 방사선을 연구해 방사선에 두 종류가 있다는 사실을 밝히고 그것을 각각 알파선과 베타선이라고

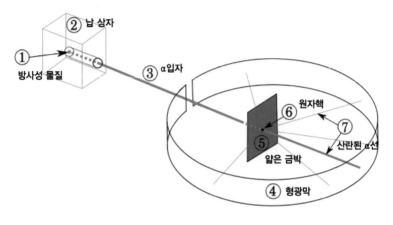

〈그림10-3〉 α 입자 산란실험

불렀다.

케임브리지에서 아무런 미래를 보장받지 못한 러더퍼드는 캐나다 몬트리올로 갔다. 그는 거기서 "방사능이란 원자가 순간적으로 붕괴될 때 일어나는 현상이며, 이때 방사성 원소는 다른 원소로 변한다"라는 결론을 내렸다.

또 방사성 원소가 붕괴되어 원래 양의 절반이 되는 시기가 항상 일정하다는 것을 관찰하고 이 시간을 반감기라고 했다. 그는 자기장에서 방사선을 관찰해 감마선은 자기장과 무관한 그야말로 선(ray)이지만, 알파선과 베타선은 자기장 때문에 휘어지는 전하를 띤 입자이며, 그중 알파선은 베타선보다 훨씬 무겁다는 사실을 알아냈다.

1907년 러더퍼드는 영국 맨체스터 대학의 교수가 되었다. 1909년 그는 자신처럼 뉴질랜드 출신이며 이름도 같은 어니스트 마스덴(Ernest

Marsden, 1889~1970)에게 얇은 금박에서 산란되는 알파 입자를 관찰하는 일을 맡겼다.

그는 알파 입자가 금박을 통과할 때 조금만 휠 것이라고 예상했다. 왜냐하면 알파선은 방사선 가운데 가장 무거운 입자이므로 원자 내부를 지나더라도 조금만 휘고 그냥 통과할 것이라고 믿었기 때문이다. 하지만 알파 입자는 예상보다 훨씬 많이 휘었으며, 8천 번에 한 번꼴로 뒤로 다시 튀어나오기까지 했다. 러더퍼드는 이것을 보고 "티슈에 함포를 쏘았더니 포탄이 튕겨 나온 것과 같다"라고 표현했다.

이것은 알파 입자처럼 양전하를 띤 무거운 덩어리가 원자 내부에 있다는 것을 의미한다. 러더퍼드는 원자핵을 발견한 것이다. 이제 원자는 무거운 원자핵과 가벼운 전자로 구성된다는 사실이 밝혀졌다.

원자의 구조

1911년 러더퍼드는 원자 모델을 제안했다. 그는 원자 중앙에 있는 양전하를 띠는 무거운 핵이 원자의 대부분을 차지하며, 음전하를 띠는 전자들은 행성들이 태양 주위를 도는 것처럼 핵 주위의 궤도를 따라 돌고 있다고 상상했다.*

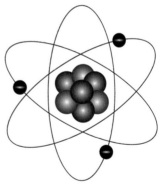

〈그림10-4〉 러더퍼드의 원자모델

---

* 실제로는 원자에서 핵이 차지하는 부피는 매우 작다. 원자가 축구장이라면 핵은 센터서클 한가운데 앉은 무당벌레라고 생각하면 된다.

그러나 그의 원자 구조에는 문제가 있었다. 행성은 자기 궤도를 돌면서 조금씩 에너지를 잃고 그 결과 해가 갈수록 궤도는 조금씩 작아지다 때가 되면 태양 속으로 떨어지고 말 것이다. 만일 전자가 행성을 그대로 닮았다면 전자 역시 핵 속으로 떨어지게 될 것이다. 그런데 원자는 영원하지 않은가? 따라서 원자 구조에서는 전자가 에너지를 잃지 않고 일정한 궤도 안에 묶어두는 장치가 필요하다. 그것이 무엇일까?

덴마크 물리학자 닐스 보어(Niels Bohr, 1885~1692, 1922년 노벨 물리학상 수상)는 1900년 독일에서 발간된 막스 플랑크(Max Karl Ernst Ludwig Planck, 1858~1947, 1919년 노벨물리학상 수상)*의 자서전에서 그가 찾던 단위를 발견했다. 플랑크는 물질이 무더기로 나타나는 세계에서는 에너지도 무더기로, 즉 양자量子로 나타나야 한다고 주장한 것이다. 보어에게는 러더퍼드의 원자와 보어의 양자뿐만 아니라 원자의 스펙트럼도 있었다. 원소마다 고유의 스펙트럼이 있는데, 이것은 뉴턴이 프리즘을 통해 백색 광선을 봤을 때처럼 연속적이지 않고 몇 개의 밝은 띠로 구성되었다. 예를 들어 수소의 가시광선 스펙트럼에는 적색, 청록색, 청색의 3개 띠가 보인다.

보어는 스펙트럼이 수소 원자에 있는 전자가 바깥 궤도에서 안쪽 궤도로 떨어질 때 방출하는 에너지라고 설명했다. 이것은 원자의 전자가 특정 궤도를 지키고 있는 한 그것은 에너지를 방출하지 않고, 바깥 궤도에서 안쪽 궤도로 떨어질 때마다 두 궤도의 에너지 차이만큼 빛의 양자로 방출된다는 것이다.

---

* 양자역학의 성립에 핵심적 기여를 한 독일의 물리학자. 독일에서 가장 중요한 연구기관은 그의 이름을 기려 MPI(Max Planck Institut)라고 한다.

원자의 궤도라는 개념은 지금까지와는 전혀 다른 물리학의 탄생을 예고하였다. 바로 양자역학이다.

양자역학 : 고전적인 직관과 결별하라!

......

물리학의 역사에는 몇 개의 큰 획이 있다. 첫 번째 획을 그은 것은 갈릴레이다. 갈릴레이가 나타나기 전까지는 물리학과 철학의 경계가 명확하지 않았다. 실험과 관측으로 가설을 검증하는 물리학은 갈릴레이에서 시작되었다. 갈릴레이가 근대 물리학의 문을 연 것이다. 두 번째 획을 그은 것은 갈릴레이가 사망하던 해 태어난 뉴턴이다. 뉴턴은 갈릴레이가 쌓은 업적을 운동법칙으로 완성했다. 세 번째 획을 그은 것은 맥스웰이다. 그는 전기와 자기에 대한 기본 법칙을 발견하였으며, 빛이 전자기파라는 것을 밝혔다. 갈릴레이에서 시작해 뉴턴을 거쳐 맥스웰에서 마무리된 물리학을 고전물리학이라고 한다. 19세기 말의 물리학자들은 '이제 물리학은 완성된 학문으로, 물리학 이론으로 설명하지 못할 자연현상은 없다'라고 생각했다. 그러나 물리학에서 네 번째 굵직한 변화가 나타났다.

......

양자물리학 시대의 개막

고전물리학은 바퀴와 도로의 마찰, 인공위성의 공전 속도, 롤러코스터의 원형 궤도처럼 우리가 일상생활에서 마주치는 물리적인 현상을 설명한다. 19세기 물리학자들은 당시 물리학 이론으로 설명하지 못할 자연현상은 없다고 생각했다. 그러나 뉴턴의 운동 법칙과 중력이론 그리고 맥스웰의 전자기이론으로는 설명할 수 없는 자연현상이 터져 나왔다. 그것은 바로 온도와 파장의 문제였다.

예를 들어 용광로에서 녹는 쇳물의 온도는 어떻게 측정할까? 1,000℃가 넘는 쇳물에 온도계를 꽂을 수는 없다. 뜨거운 쇳물의 열복사 현상을 이용하여 용광로의 온도를 측정하는 연구가 시작되었다. 그리고 1893년 독일 물리학자 빌헬름 빈(Wilhelm Wien, 1864~1928, 1911년 노벨물리학상 수상)은 물체의 온도가 높아질수록 색의 파장은 점점 짧아진다는 사실을 발견하고, 온도와 색깔 사이의 관계를 '빈의 법칙'으로 정리했다. 그런데 빈의 법칙은 파장이 짧은 색깔에서는 잘 맞지만, 파장이 긴 색깔에서는 잘 맞지 않았다. 별것 아닌 것처럼 보이는 온도 문제를 고전물리학이 완벽하게 설명하지 못한 것이다.

이때 막스 플랑크가 등장했다. 그는 용광로 속에서 끓고 있는 철의 온도를 측정할 때 빈의 법칙을 적용하면 오류가 생기는 원인을 열역학의 관점에서 풀려고 하였지만 풀지 못했다.

1900년 막스 플랑크는 흑체*에서 나오는 복사선의 스펙트럼을 설명

---

* 흑체(black body) : 모든 파장의 빛을 100% 흡수하고 반사율이 0인 가상의 물체.

하기 위해 에너지가 양자화되었다는 가설을 처음 도입했다. 그는 흑체에서 나오는 빛에너지를 고전물리학이 설명하는 것처럼 연속적이지 않고 뚝뚝 끊어진 작은 알갱이 같은 것으로 생각했다. 이러한 에너지 알갱이를 양자量子(quantum)라고 불렀다. 이 개념에 따르면 에너지 같은 물리량이 아무 값이나 가질 수 있는 것이 아니라, 마치 기본 입자로 이루어진 것처럼 어떤 단위의 정수배의 값만 가질 수 있다. 따라서 빛은 자신의 파장에 해당하는 에너지를 가진 입자이며, 그 에너지 값은 '(빛의 기본 에너지)×(빛 입자의 개수)'가 된다. 그의 흑체 복사 이론은 고전물리학으로는 불가능했던 온도와 색깔 사이의 관계를 정확히 예측했다.

막스 플랑크가 「흑체 복사 이론」 논문을 제출한 1900년 12월 14일 물리학의 네 번째 시기, 즉 양자물리학의 시대가 열렸다.

아인슈타인과 양자론

에너지는 연속적으로 흐른다고 믿던 당대의 물리학자들이 막스 플랑크의 이론을 받아들이기는 쉽지 않았다. 그들은 플랑크보다 오히려 빈이 새로운 복사 법칙을 발견한 공로로 노벨상을 받도록 작용했다. 막스 플랑크가 노벨상을 받으려면 빛의 입자설이 인정되어 양자 불연속 개념이 확증되어야만 했다.

플랑크 이전에도 불연속 개념은 있었다. 고전물리학자인 뉴턴 역시 빛이 다른 물질과 마찬가지로 입자로 이루어졌다고 생각했다. 그러나 뉴턴의 사망 후 나온 주장은 달랐다. 1807년 영국의 물리학자 토머스 영

(Thomas Young, 1773~1829)은 빛의 간섭 실험을 하였다. 광원에서 빠져나온 빛이 좁은 틈을 통과한 후, 두 번째 판 두 개의 좁은 틈을 통과하여 스크린에 도달하도록 하였다. 만약 빛이 뉴턴의 주장대로 입자로 이루어졌다면 스크린 위에는 틈과 직접 이어

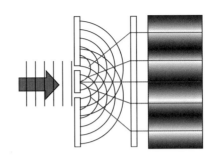

〈그림10-5〉 빛의 회절 실험

진 곳에만 흔적이 남을 것이다. 그런데 스크린에는 독특한 간섭무늬가 생겼다. 이 무늬는 틈을 통과한 빛이 파동으로 퍼져 나가면서 파동의 마루가 서로 교차하여 생긴 것이라고 해석되었다. 즉 빛은 파동이다.

뉴턴의 권위에 저항한 빛의 파동론은 격렬한 저항에 부딪혔다. 하지만 1864년 맥스웰이 "전기와 자기는 파동의 형태이며 두 파동이 함께 어우러져 전자기파를 만든다. 전자기파의 속도는 빛과 같다"라고 발표했다. 이 말은 빛이 곧 파동이라는 것이다. 그리고 독일의 물리학자 하인리히 헤르츠(Heinrich Rudolf Hertz, 1857~1894)는 실험을 통해 맥스웰의 전자기파설을 입증하였다. 이로써 빛이 파동이라는 사실이 분명해졌다. 그런데 플랑크가 이 사실을 부인하는 양자론을 제기한 것이다.

최초로 양자 개념을 전격적으로 받아들인 인물은 독일 물리학자 알베르트 아인슈타인(Albert Einstein, 1879~1955, 1921년 노벨물리학상 수상)이다. 1905년 아인슈타인은 「빛의 발생과 변화에 관련된 발견에 도움이 되는 견해에 관하여」라는 논문을 발표하였다. 이 논문의 핵심 주장은 빛이 입자로 되어 있다는 것이다.

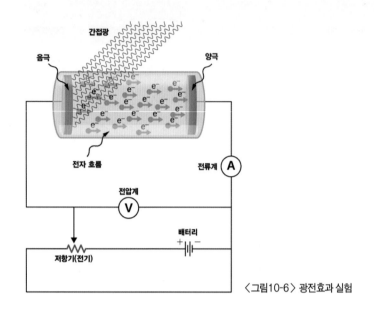

간접광

음극   양극

전자 흐름

전류계 (A)

전압계 (V)

배터리

저항기(전기)

〈그림10-6〉 광전효과 실험

아인슈타인은 광전효과(photoelectric effect)에 대해 설명하려고 했다. 19세기 말 발견된 광전효과는 금속에 빛을 비추면 금속 중의 전자가 빛의 에너지를 받아서 밖으로 튀어나오는 현상이다. 이때 전자가 튀어나오려면 일정량 이상의 에너지를 가해야 한다. 그런데 파장이 긴 빛은 아무리 강하게 비추어도 전자가 튀어나오지 않았다. 빛이 단순히 파동이라면 설명할 수 없는 수수께끼였다.

아인슈타인은 이 문제에 대한 사고실험을 통해 "빛은 파동이지만 그 에너지에는 더 이상 분할할 수 없는 최소의 덩어리가 있다"라는 결론을 내리고 빛을 이루는 알갱이를 광양자光量子(light quantum)라고 불렀다. 자외선처럼 파장이 짧은 빛은 에너지가 크고 충격이 강하기 때문에 그 수가 적어도 금속판 속의 전자를 튀어나오게 하지만, 파장이 긴 적외선은 개

별 광양자의 에너지가 너무 작아서 아무리 많은 수의 광양자가 금속판에 충돌해도 전자가 튀어나올 정도의 충격이 발생하지 않아 광전효과도 나타나지 않는다는 것이다.

아인슈타인의 논문에도 불구하고 광양자 가설은 1916년 미국 물리학자 로버트 밀리컨(Robert Andrews Millikan, 1868~1953, 1923년 노벨물리학상 수상)의 실험과 1923년 미국 물리학자 아서 콤프턴(Arthur Holly Compton, 1892~1962, 1927년 노벨물리학상 수상)의 실험으로 입증된 후에야 널리 인정되었다. 그 결과 플랑크의 양자론 역시 공인되었다. 오늘날에는 빛을 이루는 입자를 광양자 대신 광자光子(photon)라고 한다.

드브로이와 양자론

아인슈타인은 1905년 광전효과를 연구하면서 빛이 입자라는 사실을 밝혔지만, 1909년에는 빛이 입자와 파동의 성질을 모두 갖는다고 발표했다. 아인슈타인은 그 누구도 상상하지 못한 빛의 파동과 입자의 이중성(wave-particle duality)을 생각해낸 것이다.

아인슈타인은 빛의 이중성을 발표하면서 "앞으로 입자성과 파동성을 결합한 물리학 이론이 나올 것이고, 그것이 물리학을 발전시키고 자연의 원리를 캐내는 데 큰 역할을 할 것이다"라고 예측했다. 그의 예측을 실현한 사람은 프랑스 물리학자 루이 드브로이(Louis Victor de Broglie, 1892~1987, 1929년 노벨물리학상 수상)다.

드브로이는 전자의 이중성을 밝혀냈다. 즉 전자는 입자지만 파동의

 λ= 3m

 λ= 0.00000053m

 λ= 0.000000000022m
90 km/h

 λ= 0.000000000000000000000000000000035m
28 km/h

〈그림10-7〉드브로이 물질파

특성도 있다는 것이다. 이것은 많은 수의 전자가 모여서 파동이 된다거나 전자들이 물결치며 나아간다는 의미가 아니다. 한 개의 전자가 파동의 성질을 가진다는 것이다. 이러한 전자의 파동을 물질파 또는 드브로이파라고 한다.

드브로이의 주장은 영국의 물리학자 조지 패짓 톰슨(George Paget Thomson, 1892~1975, 1937년 노벨물리학상 수상)의 실험으로 증명되었다. 톰슨이 셀룰로이드에 전자를 통과시키는 산란 실험을 했는데 파동의 특징인 회절현상이 전자에서 나타난 것이다. 후에는 전자뿐만 아니라 양성자와 중성자에도 파동성이 있다는 사실이 밝혀졌다.

이로써 빛만 입자와 파동의 이중성을 갖는 게 아니라 모든 물질이 입자와 파동성을 갖는다는 사실이 밝혀졌다. 우주에 있는 모든 물질은 원자로 구성되어 있기 때문이다. 따라서 드브로이 이론에 따르면 사람의 몸에서도 파동이 나온다. 다만 그 크기가 작아서 측정할 수 없을 뿐이다.

슈뢰딩거와 하이젠베르크

뉴턴 이후 물리학은 수학적으로 기술되어야 했다. 드브로이의 물질파 이론 역시 양자역학이라는 수학으로 표현해야 했다.

독일의 물리학자 베르너 하이젠베르크(Werner Karl Heisenberg, 1901~1976, 1932년 노벨물리학상 수상)는 양자론의 개척자인 뮌헨 대학 아르놀트 조머펠트(Arnold Sommerfeld, 1868~1951) 교수의 제자가 되었다. 조머펠트는 노벨상을 받지 못했지만 하이젠베르크를 비롯한 네 명의 제자가 노벨물리학상을 수상하였다. 1922년 양자역학의 대가인 덴마크 물리학자 닐스 보어가 독일 괴팅겐에서 강연할 때 조머펠트는 하이젠베르크와 함께 참여했다. 하이젠베르크는 보어의 강연에 감명받았으며, 보어 역시 하이젠베르크의 재능을 알아봤다. 조머펠트는 미국에 객원 교수로 가면서 하이델베르크의 물리학자 막스 보른(Max Born, 1882~1970, 1954년 노벨물리학상 수상)에게 하이젠베르크의 지도를 부탁했다.

하이젠베르크는 1925년 7월 오스트리아의 물리학자 볼프강 파울리(Wolfgang Pauli, 1900~1958, 1945년 노벨물리학상 수상)와 보어와의 대화를 통해 새로운 역학 체계를 세우는 데 성공했다. 그는 논문에서 상징적인 곱셈을 사용하였는데, 보른은 이것이 일종의 행렬 곱셈이라는 것을 알아차렸다. 보른은 하이젠베르크의 양자역학을 체계화하는 공동연구를 하이젠베르크의 친구인 파울리에게 제안하였다. 하지만 파울리는 하이젠베르크의 독창적인 생각을 수학적으로 망친다며 거절하였다. 보른은 결국 자신의 제자인 파스쿠알 요르단(Ernst Pascual Jordan, 1902~1980)을 선택했으며, 1954년 노벨물리학상을 수상했다. 1926년 보른, 하이젠베르크, 요르

하이젠베르크   슈뢰딩거

$$H(P,Q)\Theta = W\Theta \qquad\qquad -\frac{h^2}{2m}\nabla^2\Psi + V\Psi = E\Psi$$

$$\left(H = \frac{1}{2m}P^2 + \frac{k}{2}Q^2\right)\Theta = W\Theta \qquad \left(\frac{1}{2m}\left(\frac{h}{2\pi i}\frac{d}{dx}\right)^2 + \frac{k}{2}x^2\right)\Psi = E\Psi$$

〈그림10-8〉 디랙의 변환 이론

단이 공동으로 논문을 발표한 후에야 행렬역학의 가치를 인정한 파울리가 수소의 발머 계열식을 행렬역학적으로 풀어내 행렬역학은 기본적인 모습을 갖추게 되었다.

거의 같은 시기 오스트리아의 물리학자 에르빈 슈뢰딩거(Erwin Schrödinger, 1887~1961, 1933년 노벨물리학상 수상)도 드브로이의 이중성 개념을 수학적으로 표현하는 방법을 연구했다. 그는 1926년 원자와 분자에 관한 문제를 대부분 해결해 주는 파동방정식을 발표했다. 슈뢰딩거의 이론은 드브로이의 물질파 아이디어와 정상파의 파동방정식에서 발전한 것이기 때문에 파동역학이라고 한다.

슈뢰딩거가 파동방정식을 내놓은 후부터 양자론은 양자역학이라는 보다 구체화한 이론으로 확고하게 자리를 잡을 수 있게 되었다. 양자역학이 태어나기 전까지의 양자 이론을 고전양자론이라고 한다.

영국의 물리학자 폴 디랙(Paul Adrien Maurice Dirac, 1902~1984, 1933년 노벨물리학상 수상)은 거의 동시에 등장한 하이젠베르크의 행렬역학과 슈뢰딩거의 파동역학 사이의 연관성을 연구했다. 그는 두 역학을 이론적으로 분석하여 마침내 행렬역학과 파동역학은 겉모양만 다를 뿐 물리학적으로는 같은 이론이라는 사실을 밝혔다. 행렬역학을 파동역학으로, 반대로 파동역학을 행렬역학으로 변환시켜도 물리학적 의미는 바뀌지 않는다는 것이다. 이것을 디랙의 변환 이론(transformation theory)이라고 한다. 디랙의 변환 이론은 하이젠베르크와 슈뢰딩거의 이론보다 더욱 일반적인 형태다.

양자론의 의미

인류는 고대 그리스 시대부터 무수한 현상 속에서 질서를 찾고 그것을 수학적으로 서술하고자 시도했다. 데모크리토스가 원자라는 이름을 지은 지 2,400년, 돌턴이 근대적 원자론을 제창한 지 120여 년, 러더퍼드가 원자 구조를 밝혀낸 지 16년 만에 마침내 인류는 원자를 설명하는 방법을 찾았다.

새로운 이론에서 원자의 에너지는 연속적이지 않고 양자화되었다. 그래서 이 이론 체계를 양자역학(quantum mechanics)이라고 한다. 양자역학은 원자를 설명하기 위해 발전했지만 원자를 설명하는 데 그치지 않고, 일상 세계도 설명한다. 양자역학이 없었더라면 원자력과 전자공학은 탄생하지 못했을 것이다. 또한 양자역학은 화학과 생물학처럼 생명을 다루는 분야에서도 중요한 역할을 하고 있다.

무엇보다 양자역학은 세상을 바라보는 새로운 방법이 되었다. 양자역학은 일상적인 경험에서 얻은 물리학의 고전적인 직관과 결별할 것을 요구한다.

우주론 : 우주는 한 점에서 팽창했다

······

"우물쭈물 하다가 내 이럴 줄 알았다"라는 유쾌
한 묘비명으로 유명한 아일랜드 극작가 버나드
쇼(George Bernard Shaw, 1856~1950)는 "합리적인 사람
은 자신을 세계에 맞춘다. 비합리적인 사람은 세계
를 자신에게 맞추려고 안간힘을 쓴다. 따라서 모든
발전은 비합리적인 사람이 이루어낸다"라고 말했
다. 합리와 비합리는 영원하지 않다. 사고의 틀이
달라지면 비합리가 합리로 바뀐다. 그게 혁명이다.
수만 년 전부터 같은 하늘을 보고 있지만 우주를
전혀 다르게 생각한 비합리적인 사람들이 있었
다. 우주가 하나의 점에서 시작되었다는 사실을
생각하는 것은 어렵지 않다. 스티븐 호킹은 "그
전에는 아무도 팽창하는 우주를 생각해 본 적이
없었다는 사실이 오히려 신기하다"라고 말했을
정도다. 우주에 관해 비합리적인 생각을 했던 사
람들의 발자취를 따라가 보자.

······

뉴턴, 현대를 열다

아이작 뉴턴의 중력법칙은 두 물체 사이의 질량(m_1, m_2)이 서로 작용하는 인력을 설명한다. 중력은 질량에 비례한다. 즉 무거운 물체 사이에서 작용하는 중력은 가벼운 물체 사이에서 작용하는 중력보다 크다. 중력은 또한 두 물체 사이의 거리(r)의 제곱에 반비례한다. 따라서 물체의 거리가 멀어지면 중력은 급속히 작아진다. 이외에도 중력의 크기를 정확히 계산하려면 중력상수(G)라는 비례상수가 필요하다. 지상의 작은 물체 사이에 작용하는 중력상수와 태양과 행성 사이에 작용하는 중력상수는 같다.

이로써 첫눈에 전혀 다른 현상처럼 보이는 복잡한 현상들을 하나의 역학 원리로 통일적으로 설명할 수 있게 되었다. 뉴턴의 중력법칙의 예측 능력은 탁월하다. 발견되지 않은 행성의 중력이 이미 알려진 행성(천왕성) 궤도에 미치는 영향을 계산하여 새 행성(해왕성)을 발견한 것이라든지, 인공위성의 궤도 계산이 그 예다. 그리하여 뉴턴은 현대

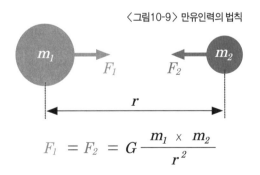

〈그림10-9〉 만유인력의 법칙

$$F_1 = F_2 = G \frac{m_1 \times m_2}{r^2}$$

(modern)를 열었다. 현대란 우주를 수학적으로 정확하게 기술하는 시대다.

뉴턴은 중력을 바탕으로 하는 우주를 설명했다. 그의 우주는 무한 (infinite)하고 정적靜的(static)이다. 왜냐하면 거시적인 관심에서 볼 때 우주는 가만히 있기 때문이다. 만약에 우주가 유한하다면 그것은 우주에 끄트머리가 있다는 뜻이다. 끄트머리에 있는 물질들은 중력 때문에 안으로 끌어당겨질 것이다. 그런데 우주에서는 그런 현상이 관찰되지 않는다. 따라서 우주는 끝이 없이 무한하다는 게 그의 생각이었다.

밤하늘은 왜 캄캄할까?

갈릴레이는 "우주는 무한하며 무수한 별들이 존재한다"라고 주장했다. 그러나 뉴턴 이전 요하네스 케플러(Johannes Kepler, 1571~1630)는 갈릴레이의 주장을 의심했다. 케플러는 우주가 무한히 넓고 별들이 무수히 많다면 밤하늘은 어둡기는커녕 오히려 대낮처럼 밝아야 한다고 생각했다. 나무들이 빽빽이 들어선 깊은 숲속에선 사방에 보이는 거라곤 나무밖에 없는 것처럼, 밤하늘의 어느 쪽을 바라보든 거기엔 무수히 많은 별 가운데 하나가 있어야 하기 때문이다. 케플러는 이 문제를 풀지 못하고 넘어갔다.

그런데 뉴턴이 다시 우주는 무한하다고 주장하면서 오랫동안 파묻혀 있던 케플러의 질문이 다시 제기되었다. 독일 천문학자 하인리히 올베르스(Heinrich Wilhelm Matthäus Olbers, 1758~1840)가 이 문제를 파고들었다. "우주가 무한하고 무수한 별들로 가득 차 있다면 밤이 왜 어두울까?"라는 질문은 올베르스의 역설(Olbers' paradox)로 알려지게 됐다.

일부 과학자들은 우주 공간에 있는 기체와 먼지가 별빛을 흡수하기 때문에 밤하늘이 어두운 것이라고 주장했다. 하지만 설사 그렇다고 하더라도 별빛을 흡수한 물체 역시 결국에는 에너지를 재복사할 정도로 뜨거워져 빛을 낼 수밖에 없다.

올베르스가 설명했다

지구에서 10광년 떨어진 곳에 별이 10개 있고 지구에서 관찰되는 그 빛의 총량이 1이라고 하자. 여기보다 10배 먼 100광년 떨어진 곳에서 오는 별빛의 세기는 100분의 1로 줄어든다. 하지만 그 거리의 우주의 단면

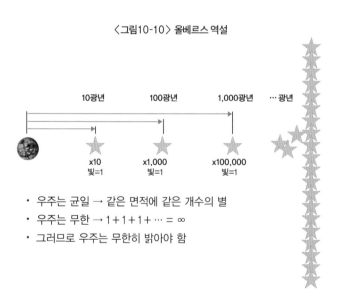

〈그림10-10〉 올베르스 역설

적도 100배 커지므로 우주가 균일하다면 100배 많은 별이 있을 것이고, 결국 지구에 도달하는 빛의 총량은 1이 된다. 우주가 무한하다면 이런 식으로 지구에 도달하는 빛의 양은 1+1+1+…=∞가 되어야 한다. 따라서 하늘은 늘 대낮처럼 밝아야 한다.

하지만 밤하늘은 어둡다. 이것은 우주에 끄트머리가 있으며, 아직 우리 눈에 도착하지 못한 별빛이 있을 수 있다는 것이다. 다른 말로 하면 아직 저 끝에 있는 별빛이 우리 눈에 도착할 정도로 우주의 나이가 무한하지 못하다는 뜻이기도 하다.

올베르스의 주장은 뉴턴의 주장과 충돌한다. 그렇다면 아인슈타인은 뉴턴의 중력 문제를 어떻게 해결했을까? 아인슈타인은 올베르스의 주장대로 우주는 유한하다고 생각했다. 그런데 중력이 문제였다. 중력 때문에 우주가 급격히 붕괴 또는 팽창해야 하는데 우주는 정적靜的(static)이었다. 그는 우주 붕괴를 막는 '우주상수宇宙常數(cosmological constant)'를 끌어들였다.

우주가 점점 커진다면

18세기 천문학자들에게 우주란 우리은하(은하수, Galaxy)가 전부였다. 19세기에 성운이 발견되면서 우주 속에 우리은하 외에도 다른 은하(galaxy)들이 있을 것이라고 짐작할 수 있게 되었고, 스펙트럼을 분석하는 광학 장치의 발달로 우주 전체가 같은 화학물질로 이루어져 있음을 알게 되었다. 1920년대 에드윈 허블(Edwin Powell Hubble, 1889~1953)은 우리은

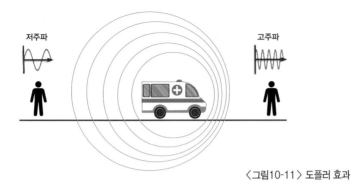

저주파

고주파

〈그림10-11〉 도플러 효과

하 바깥에서 은하를 발견하였으며, 스펙트럼의 적색편이 현상을 바탕으로 우주가 팽창한다는 사실을 밝혔다.

　여기에는 오스트리아 물리학자 크리스티안 도플러(Christian Johann Doppler, 1803~1853)가 발견한 도플러 효과(Doppler effect)가 작용하였다. 도플러 효과란 파동의 근원과 관찰자의 상대속도에 따라 진동수와 파장이 바뀌는 현상을 가리킨다. 예를 들면 관찰자에게 다가오는 앰뷸런스가 내는 사이렌 소리는 정지한 앰뷸런스가 내는 소리보다 더 높은 소리가

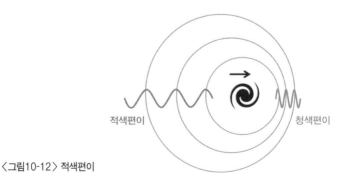

적색편이

청색편이

〈그림10-12〉 적색편이

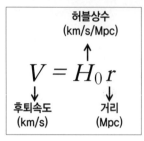

$$V = H_0 r$$

허블상수
(km/s/Mpc)

후퇴속도   거리
(km/s)   (Mpc)

〈그림10-13〉 허블 법칙

나며, 관찰자에게서 멀어지는 앰뷸런스는 더 낮은 소리를 낸다. 파동의 성질을 갖는 빛도 마찬가지다. 우리에게서 멀어지는 천체는 스펙트럼이 에너지가 낮은 붉은색 쪽으로 이동하고, 다가오는 천체는 스펙트럼이 푸른색 쪽으로 이동할 텐데, 허블은 스펙트럼의 적색편이를 관찰하였다.

이로써 우주는 정적인 상태가 아니며 팽창한다는 사실이 확인되었으며, 아인슈타인도 우주상수는 쓸모없게 되었다. 아인슈타인도 우주상수의 도입을 일생일대의 실수라고 후회하였다.*

끝이 있으면 시작도 있다

우주가 팽창한다는 증거가 보였지만 과학자들은 우주팽창설을 쉽게 받아들이지 않았다. 직관과 너무 다르기 때문이다. 이들은 우주는 시작도 끝도 없으며 지금과 같은 모습 그대로 존재한다고 주장했다. 이것을 정상우주론(steady state model)이라고 한다. 여기서 정상은 正常이 아니라 定常, 즉 변하지 않는 상태를 말한다.

정상우주론자들은 우주가 팽창한다는 증거가 나타난 다음에도 우주가 정상상태를 유지한다고 주장했다. 새로운 물질이 우주 공간에 계속

---

* 그러나 고전물리학에서는 우주상수가 없어도 되지만 양자물리학에서는 우주상수가 자연스럽게 생긴다. 실제로 관측 결과 미세하지만 0이 아닌 작은 값의 우주상수가 관측되었다.

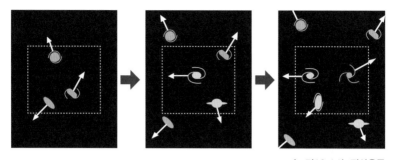

〈그림10-14〉 정상우주

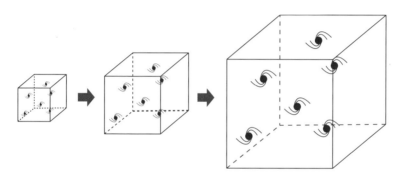

〈그림10-15〉 팽창우주

생겨 우주의 밀도가 일정하게 유지된다는 것이다.

반면 1917년 러시아의 수학자 알렉산더 프리드만(Alexander Friedmann, 1888~1925)은 우주의 밀도가 점점 작아진다고 주장했고, 1932년 벨기에의 신부 조르주 르메트르(Georges Lemaître, 1894~1966)는 원시 원자의 폭발로 우주가 탄생했다고 주장하였다. 1946년 우크라이나 출신의 미국 물리학자 조지 가모프(George Gamow, 1904~1968)는 초기 우주는 고온·고밀도 상태였으며 급격하게 팽창했다고 주장했다.

가모프는 최초 1초의 우주 온도는 100억℃였고, 3분에는 10억℃로 식었다가 100만 년이 지난 후에야 3,000℃로 식었다고 계산했다. 그에 따르면 우주 발생 초기에는 너무 뜨거워 무거운 원자들은 존재할 수 없어서 대부분 수소(H)와 헬륨(He)이었을 것이며, 당시 흔적이 남아 있다면 영하 268℃의 우주배경복사가 남아 있을 것으로 계산했다.

우주팽창설에 따르면 우주 최초의 순간 우주는 점 하나에 불과했다. 우주가 팽창하는 모습을 촬영한 영화가 있다면 그것을 거꾸로 돌리면 우주가 한 점에 불과한 순간이 있었다는 것이다.

당시까지도 가장 권위 있는 천문학자였던 프레도 호일은 라디오 과학프로그램에 출연해서 팽창우주론에 대한 견해를 묻는 질문에 "우주가 어느 날 갑자기 빵(bang) 하고 태어났다고요?"라고 되물었다. 여기에서 우주팽창론을 일컫는 빅뱅 이론(Big Bang theory)이라는 특이한 이름이 탄생했다.

빅뱅 이론의 증거

정상우주론과 빅뱅우주론 모두 논증과 지지자들이 있었지만 20세기 전반까지도 대부분의 우주론자들은 정상우주론을 지지했다. 논쟁은 1965년 벨 연구소의 과학자인 아노 펜지어스(Arno Allan Penzias, 1933~)와 로버트 윌슨(Robert Wilson, 1936~)이 2.7K에 해당하는 우주배경복사(cosmic microwave background, CMB)를 발견하면서 종결되었다.

우주 초기에는 매우 높은 온도와 밀도 때문에 빛과 물질이 뒤엉겨 있었다. 우주가 팽창하면서 밀도와 온도가 낮아지고 30만 년 후에 빛과 물질이 분리되는데, 이때 최초로 물질을 빠져나온 빛이 바로 우주배경복사다.

펜지어스와 윌슨은 그 공로로 1978년 노벨물리학상을 받았다. 우주배경복사를 더 자세히 연구하기 위해 우주 공간에 코비(COBE : Cosmic Background Explorer) 위성을 띄워 전체 하늘에 관한 CMB 지도를 작성하였다. 지난 2006년 노벨물리학상은 존 매더(John Cromwell Mather, 1946~), 조지 스무트(George Fitzgerald Smoot III, 1945~)에게 돌아갔다. 미 항공우주국(NASA)의 우주 마이크로파 관측 위성 COBE를 이용, 우주의 배경복사에너지를 관측한 공로였다. 현재는 유럽우주기구(European Space Agency)가 발사한 플랑크(Planck) 위성이 CMB를 관측하고 있다.

우주에 분포하는 원소의 양 역시 빅뱅 이론의 강력한 증거다. 가모프는 우주 생성 초기에 너무 뜨거워서 대부분 수소와 헬륨만 생성됐을 것으로 추정했는데 실제 우주의 원소 분포가 그러하다.

〈그림10-16〉COBE가 관측한 우주배경복사 지도

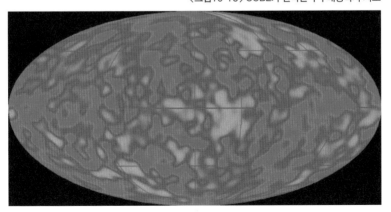

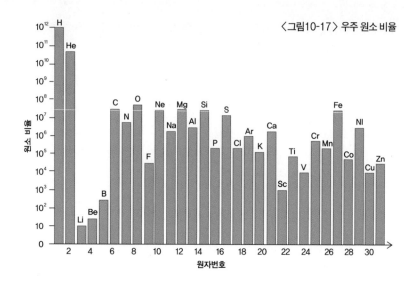

〈그림10-17〉 우주 원소 비율

빅뱅 이론의 한계

빅뱅 이론의 바탕은 공간과 시간 그리고 중력을 설명하는 일반상대성이론과 초기 우주를 구성하는 물질을 설명하는 양자이론이다. 두 이론은 온도가 매우 높았던 우주의 초기 상태에서 원자핵, 원자, 화합물이 만들어지고 은하가 형성되는 놀라운 과정을 설명한다.

그런데 우주의 시간적 진화에 대한 모델을 찾기 위해 일반상대성이론 방정식을 풀면 항상 우주의 온도가 무한대가 되는 빅뱅 특이점에 도달한다. 빅뱅 당시의 물리값이 무한대라고 한다면 그것은 이 이론이 물리학의 한계 밖으로 나갔음을 의미한다. 이 지점이 바로 빅뱅 이론이 드러내는 한계다.

최근 연구되고 있는 두 이론의 결합, 즉 양자중력은 빅뱅 특이점의 무한대 문제를 해결해 줄 것으로 기대하고 있다. 빅뱅은 정말 모든 것의 출발점이었을까? 아니면 그 이전에 무엇이 있었을까? 있었다면 그것은 과연 무엇일까? 양자중력은 우리에게 전혀 새로운 우주관을 보여줄지도 모른다.

제11장

생물학의 탄생과 발전

본질주의, 기계론, 실험과학의 확산

. . . . . .

과학은 인간이 자연에 관심을 갖고 자연의 이치를 깨달으면서부터 시작되었다. 과학은 언제나 단순한 하나의 원리와 법칙을 지향한다. 태초부터 해와 달 그리고 행성의 운동을 설명하는 방식을 찾던 인류는 뉴턴의 시대가 되어서야 천상과 지구에 모두 적용되는 공통원리인 만유인력을 찾아냈다. 이렇게 물리학은 발전하였다.

생물에 대한 관심 역시 고대부터 있었다. 고대 그리스인들도 생물체의 구조와 조직, 기능과 작용에 대해 연구하였다. 아리스토텔레스의 저술 5분의 1 이상이 생명현상에 관한 것이며, 플라톤 역시 『티마이오스』의 상당 부분을 여기에 할애했다. 하지만 고대와 중세에 생물학은 없었다.

. . . . . .

영원불변한 이데아는 없다

찰스 다윈의 『종의 기원』(1859)이 나오기 전까지 2,400년 동안 서양인의 자연과학의 사상적 토대는 플라톤의 본질주의였다. 이 세상은 완벽한 영원불변의 진리인 이데아로 이루어졌으며, 이데아에서 벗어난 변이(variation)는 불완전한 진리의 모방일 뿐이라는 입장이다. 생물의 종은 그 이데아가 존재하므로 영원불변할 수밖에 없다. 따라서 태곳적부터 지금까지 참새는 참새, 생쥐는 생쥐, 인간은 인간으로서 완벽한 종이라는 것이다.

철학자가 모든 것을 다 알고 가르치던 시대는 끝났다. 특히 18세기와 19세기 동안 식물학이나 동물학 같은 생명과학이 점차 전문적인 과학 영역으로 성장하였다. 라부아지에를 비롯한 물리과학자들은 물리학과 화학으로 생물 세계와 무생물 세계를 연결하기 시작했다. 알렉산더 폰 훔볼트(Alexander von Humboldt, 1769~1859) 같은 탐험적인 자연학자들은 생명체와 그들을 둘러싼 환경의 상호작용을 탐구하였다. 이들은 생물지리학, 생태학, 동물행동학의 토대를 세웠다.

자연학자들은 본질주의를 거부하고 종의 멸종과 변이성에 주목하기 시작했다. 자연선택에 의한 종의 진화를 설명하는 다윈의 이론에 따르면, 인간은 과거의 어느 순간에 원숭이와 같은 조상에서 갈라져 나왔을 수도 있고, 더 근원적으로 추적하다 보면 한낱 미생물에 도달할 수도 있다. 즉 종은 변화하고 진화하는 것이다. 영원불변하는 본질, 즉 플라톤이 말하는 이데아 따위는 없으며 생물종은 자연환경에 따라 변하는 존재라는 것이다.

생물학의 탄생

생물학(biology)이라는 말은 본질주의가 무너지기 직전인 1800년 독일 의학 책에 처음 등장하였지만 용불용설을 주창한 라마르크(Jean Baptiste Lamarck, 1744~1829)가 1820년 생물학을 정의한 후에야 어느 정도 통용되기 시작했다. 이전의 동물학과 식물학이 동물과 식물의 형태, 분포, 분류 등을 기술하는 자연사였다면 라마르크의 정의에 따른 생물학의 주된 대상은 생물체의 기능과 작용이다.

그렇다면 1800년 이전에는 생물체의 기능과 작용을 연구하지 않았을까? 그렇지 않다. 생리학(physiology)은 고대부터 존재했지만 생리학은 전적으로 의학에 속하였으며 그 관심이 철저하게 인체에 집중되었다. 때로는 동물의 생리학을 연구하기도 했지만 그것은 인체와 비교하기 위한 것이었다. 식물의 생리학은 생각할 수도 없었다. 이런 상황에서 전반적인 생명현상을 탐구하는 새로운 학문, 즉 생물학이 탄생한 것이다.

라마르크가 생물학을 정의했다고 해서 이 분야의 연구가 단숨에 변한 것은 아니다. 19세기 생물학은 여전히 두 갈래로 발전하였다. 이론적 사고와 추론을 사용하여 자연사를 기술하는 경향은 지속되었다. 진화 이론, 세포 이론, 발생학, 생물지리학, 분류학, 비교해부학 등이 여기에 해당한다. 세포 이론은 본질주의와 결별한 자연학자들에게 생명의 근본적인 토대에 관한 새로운 관점을 제공했다. 여기에 발생학과 고생물학(화석학)이 결합하여 다윈의 자연선택에 의한 진화 이론이 성립되었다.

이에 반해 생명체의 기능과 작용을 이해하려는 생리학은 많은 연구 업적을 이루었다. 동물의 몸에서 나는 열을 이해했고, 생명체 안에 있는 각종 에너지 사이의 관계를 분석하였으며, 신경작용과 영양에 대한 이해 또한 깊어졌다.

생리학자들은 대개 기계론자들이었다. 기계론(mechanism)에서는 생명체를 부품으로 된 기계와 같은 물질로 생각한다. 기계를 이해하려면 각 부품의 기능과 작용을 이해해서 종합하면 되는 것처럼, 생명체도 각 부분을 분리해서 연구하고 그 결과를 합치기만 하면 생명현상을 이해할 수 있다는 것이다. 생명체의 각 부분을 또 쪼개면 어떻게 될까? 결국에는 물리학과 화학의 대상인 물질로 환원된다. 기계론자들은 그렇게 되어야 한다고 믿었다. 기계론자들은 동시에 환원론자들이었다.

베르나르와 실험의 확산

생물학이 본질주의자들의 영역에서 기계론자들의 영역으로 바뀌면서 학문의 방법도 바뀌었다. 1865년 프랑스 생리학자 클로드 베르나르(Claude Bernard, 1813~1878)가 『실험의학 연구 서설』을 펴내면서 근대 실험의학이 시작되었다.

기존의 생기론(vitalism)*이 생명체에는 생명현상을 주관하는 어떤 특정한 힘이나 법칙이 따로 존재한다고 해석하는 것과 달리 베르나르는 이 책에서 생명현상은 기본적으로 물리화학적 법칙을 따른다고 주장하였다. 따라서 생리학에도 예외 없이 실험을 도입해야 한다는 것이다.

---

* 생명체에는 무기물에는 존재하지 않는 비물질적인 무엇인가가 있어서 그것이 생명체와 무기물 사이에 근본적인 차이를 만든다는 믿음.

『실험의학 연구 서설』을 기점으로 기술적記述的(descriptive)이고 사색적이던 생명과학에 실험이 도입되었다.

베르나르의 생리학 연구는 크게 두 방향으로 전개되었다. 우선『실험의학 연구 서설』이라는 책의 제목에서 볼 수 있듯이 베르나르는 생리학을 의학이라는 커다란 분야에 포함시켰다. 생리학이 의학의 기초가 되어야만 의학도 실험의학으로 발전할 수 있다고 보았기 때문이다.

그는 파리 소르본 대학과 국립 자연사박물관에서 '일반생리학'을 강의했다. 인간을 포함한 모든 동물에 공통되는 생명현상인 운동, 신경, 소화, 호흡 등 동물생리학의 거의 모든 주제를 망라했다. 의학과 어떠한 관련도 맺지 않은 순수한 동물생리학의 체계를 세운 것이다.

베르나르의 생리학 체계는 자연사박물관의 동물학과 식물학에서 영감을 얻었다. 자연사는 관찰에 의존하여 새로운 사실을 밝히는 경험과학이지만, 생리학은 자연을 인위적으로 조작해서 겉으로는 알 수 없는 숨은 사실을 밝히는 실험과학이다. 따라서 자연사가 알아낸 새로운 사실은 실험과학인 생리학이 연구할 기본 소재가 된다. 베르나르는 자연사와 생리학 사이에 일종의 연구 분업이 존재한다고 여겼다.

현대생물학의 등장

베르나르가『실험의학 연구 서설』을 발표한 이듬해인 1866년 오스트리아 신부 그레고어 멘델(Gregor Johann Mendel, 1822~1884)은 「브르노 자연사 학회지」에 역사상 가장 유명한 논문을 발표하였다. 하지만 당시에는 그 누구의 주목도 받지 못했고 그의 위대한 실험은 30년 넘도록 잊혀졌다. 게다가 그는 2년 후인 1868년 수도원장으로 뽑혀 더 이상 진지한 연구를 할 수 없었다.

1900년에 이르러서야 독자적으로 연구한 여러 명의 과학자들이 멘델의 연구에 주목하기 시작했다. 그 결과 19세기 멘델의 유전학 연구는 사실상 20세기가 되어서야 비로소 꽃피게 되었다.

20세기 초에는 양자이론이나 상대성이론 등 물리학 분야에 큰 변화가 있었다. 그동안 철저하게 기계론적이고 결정론적이었던 자연관이 보다 더 복잡하고 상호작용적인 자연관으로 자연스럽게 전환되었다. 즉 여러 부분이 단순하게 합쳐져 만들어진 커다란 기계로 자연세계를 보던 입장에서 벗어나, 각 부분이 서로에게 영향을 미치고 서로에게 변화를 일으키므로 각 부분만 이해해서는 전체를 제대로 파악할 수 없다는 입장으로 변하는 시기였다.

생물학도 이 영향을 받아 1910년대까지는 기계론에 빠져 있었지만 1920년대부터는 기계론의 영향이 현격하게 줄어들었다. 생리학자들은 개개의 신경세포(뉴런)의 성질의 합만으로는 신경계 전체의 성질을 나타낼 수 없으며, 혈액 성분 각각의 완충용량*이 혈액 전체 성분의 완충용량보다 크다는 사실을 알았다. 이런 관점은 유전학과 분자생물학으로 확산되었다.

---

* 완충용량(buffer capacity) : pH값의 큰 변화 없이 완충용액이 수용할 수 있는 산과 염기의 양.

DNA의 발견

멘델의 연구처럼 개체나 종의 형태, 색, 행동은 유전자의 짝짓기를 통해 결정된다. 유전자는 염색체 위에 줄지어 있고 염색체는 세포가 분열할 때만 보인다. 19세기 초·중반 생물학자들은 유전자들의 행동에 관심을 가졌다. 멘델이 유전 특징의 불변하는 매개체로 정의한 유전자의 정체는 DNA로 밝혀졌다. 1944년 캐나다 유전학자 오즈월드 에이버리(Oswald Avery, 1877~1955)가 그 사실을 화학적으로 증명하였다.

유전 정보가 한 세대에서 다음 세대로 전달되는 방법은 1953년에야 발견되었다. 미국 생물학자 제임스 왓슨(James Dewey Watson, 1928~)과 영국 생물학자 프랜시스 크릭(Francis Harry Compton Crick, 1916~2004)은 당시 이미 알려져 있던 사실, 즉 DNA가 당분과 인산 그리고 네 가지 조그만 염기로 구성되어 있으며, 염기 가운데 티민(T)과 시토신(C)은 탄소, 질소, 산소, 수소가 6각형으로 배열되었고, 구아닌(G)과 아데닌(A)은 원자들

〈그림11-1〉 DNA 구조

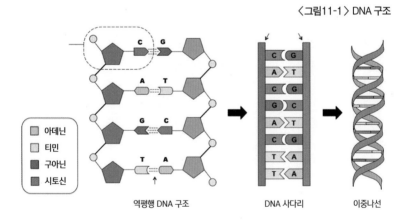

아데닌
티민
구아닌
시토신

역평행 DNA 구조   DNA 사다리   이중나선

이 6각형과 5각형으로 배열되어 있다는 사실로부터 DNA 이중나선 구조를 밝혀냈다. 여기에는 영국 생물물리학자 로잘린드 프랭클린(Rosalind E. Franklin, 1920~1958)의 DNA X선 회절 사진이 결정적인 역할을 하였다. 하지만 생존한 사람에게만 상을 수여하는 노벨상 위원회의 원칙에 따라 왓슨과 크릭이 1962년 노벨생리의학상을 수상할 때 프랭클린은 수상자 명단에 끼지 못했다. 왓슨과 크릭의 발견은 지금까지의 생물학 발견 중 가장 중요하다.

생물학의 시대

왓슨과 크릭 이후 생물학은 놀라운 속도로 발전함과 동시에 변화하였다. 많은 학자들이 생화학과 분자생물학 그리고 미생물학 연구에 종사하게 된다. 인간과 많은 동물의 전체 유전체(게놈)가 분석되어 유전자 치료와 생명산업의 토대가 되고 있다. 1997년 2월 「네이처」가 최초의 체세포 복제 양 돌리(1996~2003)의 탄생을 발표하면서 많은 동물들이 복제되었고, 현재는 줄기세포 연구가 한창이다.

생물학은 생명체를 분석하는 데 그치지 않고 생명체를 통째로 합성하려고 한다. 미국의 생물공학자 크레이그 벤터(John Craig Venter, 1946~)는 2010년 5월 21일자 「사이언스」 온라인판에 "유전체를 인공적으로 합성하였으며 그것을 박테리아 세포에 넣어 제대로 작동시키는 데 성공했다"라는 보고서를 발표했다.

생명 복제와 생명 합성의 성공은 새로운 윤리적 의문을 야기하고 있다.

생명 복제의 시대 : 호리병을 나온 지니

· · · · · ·

"누구나 세상을 살다 보면 마음먹은 대로 되지 않을 때가 있어. 그럴 땐 나처럼 노랠 불러봐. 꿍따리 샤바라 빠빠빠빠!"

2011년 가을 모 케이블 방송이 '당신을 춤추게 하는 노래'를 주제로 설문조사 했을 때 1위로 선정된 〈꿍따리 샤바라〉 가사의 첫머리다. 이 신나는 노래를 부른 댄스 듀오의 이름은 클론. 클론 (clone)은 복제라는 뜻이다. 그룹 클론이 〈꿍따리 샤바라〉로 데뷔한 때는 1996년으로 영국의 과학 전문지 「사이언스」를 통해 복제 양 돌리가 소개되어 클론이라는 생물학 용어가 비로소 일반인들에게 익숙해지기 시작한 1997년 2월 말보다 1년 가까이 빠르다. 하지만 클론, 즉 생명 복제의 역사는 〈꿍따리 샤바라〉의 역사보다 훨씬 길다.

· · · · · ·

클론

클론의 구준엽과 강원래는 그룹 이름을 시청자들에게 이렇게 설명했다. "저희는 둘 다 1969년에 태어났어요. 고등학교를 같이 다녔고요. 군대도 함께 다녀왔고 사회생활도 같이 했어요. 우리는 생긴 것뿐만 아니라 생각이나 행동도 같거든요. 그래서 우리는 클론이에요."

클론이라는 개념은 줄기와 가지를 뜻하는 그리스어에서 유래하였고 잔가지를 이용해 꺾꽂이하는 전통적인 복제 방법을 뜻한다. 원예학에서는 20세기까지도 클론이라는 단어를 사용했다. 하지만 우리는 이제 복제라는 단어를 '무성생식을 통해 자연 속에 생명체를 확산시키는 방식'으로 이해하고 있다. 한 개의 식물세포에서 전체 식물의 성장을 유도하는 것도 복제라고 할 수 있다.

복제에는 크게 세 가지 방식이 있다. 가장 간단한 복제는 DNA 복제다. 개별 유전자 혹은 유전자 조각을 만들어 내는 것이다. 이것은 전 세계 생화학 실험실에서 일상적으로 사용되고 있다. 예를 들어 사람의 인슐린 암호가 담긴 유전자를 대장균에 주입하여 대량으로 복제하고 대장균 속에서 인슐린을 합성하는 것이다.

두 번째 방법으로는 여러 쌍둥이를 만들어 내는 것이다. 사람이 일란성 쌍둥이를 출산하거나 강아지가 여러 마리의 쌍둥이를 출산하는 것과 똑같은 이치를 이용한다. 수정된 세포가 2~8세포기 사이의 분화 단계에 있을 때 이를 쪼개어 같은 쌍둥이를 만들어 낸다.

세 번째 방법은 위의 두 방법과는 전혀 다르다. 분화 단계에 있는 세포를 사용하지 않고 배아 또는 성체의 체세포의 유전정보를 핵이 제거된 난자에 옮겨 복제하는 방법이다. 두 번째 방법에서는 모계와 부계의 유전자가 새로 조합된 자매들이 형성되는 데 반해, 세 번째 방법에서는 유전자를 제공한 어미나 아비의 유전자와 생물학적인 특징만을 가진 개체가 발생한다.

돌리 이전

영국의 역사학자 에드워드 핼릿 카(Edward Hallett Carr, 1892~1982)는 "역사는 현재와 과거의 끊임없는 대화"라는 명제를 탄생시켰다. 이 말은 역사는 어제를 통하여 오늘을 보여주며, 오늘은 미래를 비추는 거울이라는 뜻이다.

복제 양 돌리는 미래의 생명 복제의 중요한 토대이지만 하늘에서 뚝 떨어지지 않았다. 돌리가 태어나기 전에도 수많은 사람들이 생식에 관여하였다.

돌리 이전의 생식에 관한 연구들을 정리해 보면 다음과 같다.

▶수정과 착상

1875년 독일의 생물학자 오스카 헤르트비히(Oskar Hertwig, 1849~1922)는 성게의 난자와 정자가 융합되는 과정을 처음 관찰하였다. 그제야 난자와 정자가 결합하여 새로운 개체가 된다는 사실이 확인된 것이다. 그런데 불과 3년 후인 1878년 오스트리아의 생물학자 레오폴드 쉥크(Leopold

Schenk, 1840~1902)는 기니피그의 난자를 자궁 점막 조직에 착상시키는 데 성공하였다.

그리고 제2차 세계 대전 중인 1944년 미국인 산부인과 의사 로크 (1890~1984)와 그의 뛰어난 조수 미리암 멘킨(1901~1992)은 138번의 실험 끝에 시험관에서 난자와 정자를 수정시켰다.

로크는 멘킨이 떠난 후인 1953년 인간의 냉동 정자를 수정시키는 데도 성공하였다. 그는 수정란을 며칠 동안만 발생시켰을 뿐 다시 여성의 자궁으로 옮기려는 시도는 하지 않았지만 언젠가는 이루어질 것이라고 믿었다.

▶시험관 아기

1959년 포유동물로는 처음으로 시험관 토끼가 탄생하였다. 그리고 1978년 7월 25일에는 최초의 시험관 아기 루이스 브라운(Louise Brown, 1978~)이 태어났다. 루이스의 부모는 9년 동안 아기를 갖기 위해 온갖 노력을 다했지만 허사였다.

영국의 생리학자 로버트 에드워즈(Robert Geoffrey Edwards, 1925~2013)는 루이스 어머니의 성숙한 난자와 아버지의 정자를 작은 시험관 속에서 인공수정시켰고, 48시간 후 이 인공수정 배아를 어머니의 자궁에 착상시켰다. 루이스는 분만 예정일을 3주 앞두고 제왕절개를 통해 건강한 아기로 태어났다.

루이스의 탄생은 전 세계 수백만 불임 부부에게 아기를 낳을 수 있다는 희망을 불어넣어 주었으며, 최초의 시험관 수정 시술(IVF, in vitro

fertilization)에 성공한 에드워즈는 그 공로를 인정받아 2010년 노벨생리의
학상을 수상하였다. 현재 전 세계에서 매년 300만 명 이상의 시험관 아
기가 태어나고 있다.

▶복제

1885년 독일의 유력한 진화생물학자 아우구스트 바이스만(August
Weismann, 1834~1914)은 세포가 분화할 때마다 각 세포에 들어 있는 유전
정보가 감소한다는 가설을 제시하였다.[*]

1902년 독일 발생학자 한스 슈페만(Hans Spemann, 1869~1941)은 2세포기
의 도롱뇽 수정란을 갓난아기의 머리카락으로 갈라놓았다. 그러자 각각
의 세포가 다른 도롱뇽으로 성장하였다. 유전적으로 똑같은 두 마리의
도롱뇽이 복제된 것이다. 이것은 초기 발달 단계에 있는 각각의 배아세
포에 성체로 성장하는 데 필요한 모든 유전정보가 다 들어 있다는 것을
증명한다.

바이스만의 가설이 틀린 것이다. 슈페만은 이 공로로 1935년 노벨생
리의학상을 받게 된다.

슈페만은 배아뿐만 아니라 성체도 복제할 수 있을 것이라고 생각했
다. 그는 핵을 제거한 난자에 성체의 체세포를 이식하였다. 하지만 핵 이
식된 난자는 성체로 발생하지 않았다.

---

[*] 이 가설은 틀린 것으로 밝혀진다. 하지만 그는 다윈 이후 가장 중요한 생물학자 가운데 한 사람으로 꼽힌
다. 그는 현미경으로 요충이 분열하는 모습을 관찰하면서 유전을 결정하는 것이 세포핵 속에 들어 있는
염색체라는 것을 처음 밝혀냈다. 그리고 유전을 결정하는 것은 난자와 정자뿐이고 다른 체세포는 유전에
아무런 영향을 미치지 못한다는 것을 밝혀냄으로써 라마르크의 획득 형질 유전을 반박하였다.

1952년 미국의 생물학자 로버트 브리그스(Robert Briggs, 1911~1983)와 토머스 킹(Thomas J. King, 1921~2000)은 개구리 배아 세포를 핵이 제거된 난자에 이식하여 올챙이 단계까지 키워내 개구리 복제에 성공하였다. 그들은 후생동물*에서 최초로 핵 이식에 성공한 것이다.

1962년 영국 생물학자 존 거든(John Gurdon, 1933~)은 개구리의 난자에서 핵을 제거하고 다른 올챙이 창자 세포의 핵을 이식해 다수의 복제 개구리를 만드는 데 성공했다. 최초의 체세포 복제에 성공한 것이다. 하지만 세상은 이 소식에 들썩이지 않았다. 개구리는 단지 양서류에 불과했기 때문이다.

▶대리모

양서류와 달리 포유류는 배아가 성체로 발생하기 위해서 자궁이 필요하다. 미세 조작 기술을 이용한 배아 세포의 분리, 핵 제거 및 치환 기술이 발달함에 따라 생식세포 복제가 가능해졌지만 포유류의 성체를 발생시키지는 못했다.

도롱뇽을 복제하듯 수정란을 나눠서 배양해 대리모의 자궁을 빌려 복제동물을 출산하는 기술은 생쥐(1981), 면양(1986), 토끼(1988), 소와 돼지(1989) 등에서 성공했다.

사람도 포유류다. 따라서 다른 포유류에서 가능한 일이 사람에게서 일어나지 않을 이유는 없다. 1983년 불임증의 한 여인이 남편의 정자와

---

* metazoan. 동물 전체를 크게 분류할 때 한 개의 세포로 이루어진 원생생물을 제외한 모든 다세포동물을 뜻한다. 후생동물은 그것을 구성하는 세포군이 분화하여 조직을 만든다.

수정된 다른 여자의 난자를 자신의 자궁에 착상시켜 아기를 출산하였다. 그리고 1992년에는 62세의 할머니가 다른 여자의 난자를 이용하여 남편의 아이를 낳았다.

한편 자궁을 빌려주는 대리모들이 등장했다. 1986년 메리 화이트헤드라는 여인이 다른 부부의 수정란을 자신의 자궁에 착상시켜 아기를 출산했으며, 1993년에는 53세의 할머니가 자기 아들 부부의 수정란으로 임신하여 손자를 낳는 기상천외한 사건도 벌어졌다.

돌리의 탄생

1996년 7월 5일 영국의 생물학자 이언 윌머트(Ian Wilmut, 1944)와 키스 캠벨(Keith Campbell, 1954~2012)이 체세포 유전자를 이용해 복제 양 돌리(Dolly)*를 탄생시켰다. 그림에서 보듯이 돌리에게는 유전자 어미, 난자 어미 그리고 자궁 어미라는 세 마리의 어미가 있다.

유전자 어미의 젖샘세포에서 세포를 떼어내어 세포의 상태를 변화시킨다. 다른 한편에서는 난자 어미에게서 얻은 난자의 핵을 제거한다. 그리고 이 두 세포를 전기적으로 융합시킨다. 유전자 어미의 유전정보를 가진 난자가 생긴 것이다. 이 세포를 배아 단계로 성장시킨 후 어미의 자궁에 착상시킨다. 그다음부터는 정상적인 임신 과정과 똑같다.

이렇게 간단한 것을 그동안에는 왜 못 했을까? 생물학자들에게는 분

---

* 윌머트와 캠벨은 자신들이 복제한 양이 젖샘세포에서 유래한 것에 착안하여 가슴이 예쁘고 크기로 유명한 미국의 컨트리송 가수 돌리 패튼(Dolly Parton, 1946~)의 이름을 자신들의 연구 결과물에 붙였다.

화를 끝낸 성숙한 체세포에 있는 모든 유전정보를 발현시켜서 성체로 만드는 것은 불가능하다는 도그마가 있었기 때문이다. 나머지는 그저 작은 기술적인 요인에 불과했다.

돌리 이후

생명 복제의 역사는 돌리 이전과 이후로 나뉜다. 이후 수많은 포유동물에서 체세포 복제에 성공하였다. 단지 같은 동물을 복제할 뿐만 아니라 다른 동물의 유전자를 융합시키기도 하였다.

1998년 돌리가 태어난 영국의 로슬린 연구소에서는 혈액응고인자를 생산하는 인간 유전자가 주입된 복제 양 몰리와 폴리를 만들어냈으며, 같은 해 미국의 제임스 로블은 인간 유전자가 들어간 송아지 조지와 찰리를 만들었다.

이것은 동물의 젖을 통해 인간에게 필요한 약을 생산하는 데 양보다 훨씬 많은 젖을 만드는 소를 이용할 수 있다는 것을 의미한다. 제약공장의 역할을 할 복제동물이 등장한 것이다.

한편 고양이, 개, 늑대 등 온갖 종류의 포유동물들이 복제되어 애완동물 산업에도 복제를 이용할 수 있는 길이 열렸다. 복제 기술과 유전자 재조합 기술은 자연선택이 아닌 인위선택으로 새로운 생명체를 만들 수 있다. 진화의 메커니즘이 달라질 수 있다는 뜻이다. 여기에 인간이라고 해서 예외는 아니다. 인간 복제는 금지되었기에 시도하지 않을 뿐이다.

돌리의 탄생은 우리에게 몇 가지 교훈을 주었다. 첫째, 자연법칙에 의

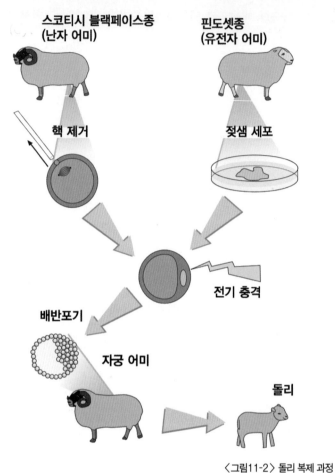

〈그림11-2〉 돌리 복제 과정

해 절대 금지된 것이 아니라면 무엇이든 가능하다. 둘째, 과학은 그 결과의 좋고 나쁨을 떠나 항상 승리한다. 윤리적 가책이 그 진행에 장애가되거나 그 기술의 파급 범위를 제한할 수는 있겠지만 도덕적인 불안감으로 밀려오는 과학의 진행을 막을 수 없다.

요술 램프를 열자 요정 지니가 나왔다. 지니는 결코 다시 램프 속으로 돌아가지 않을 것이다.

인간의 미래 :
진화의 주도권을 유지할 수 있을 것인가?

......

역사란 현재를 사이에 놓고 하는 과거와 미래의
대화다. 현재 우리의 모습은 과거의 반영이고 미
래의 모습은 현재에서 유추할 수 있다. 그래서
우리는 역사를 연구한다.

제1장에서 '과학사란 무엇인가?' 하는 질문에
"과학사란 지구에 살고 있는 3천만 종 이상의 생
물 가운데 과학과 역사에 관심이 있는 단 하나
의 종, 즉 호모 사피엔스(슬기사람)의 이야기다"라
고 대답했다. 이제는 인간의 미래를 물어야 한다.
왜냐하면 우리 호모 사피엔스들은 가깝고 먼 미
래에 대해 궁금하기 때문이다. 그리고 그 미래는
이 글을 읽는 독자들이 살아있는 동안에 만날 시
대다.

......

멈춘 뇌의 성장

1859년 찰스 다윈이 『종의 기원』을 출간하자마자 자연선택에 의한 진화이론은 세계 지식인들의 사고 체계를 근본적으로 흔들어 놓았다. 세상은 고정되어 있지 않으며 끊임없이 적응하고 변화한다는 인식이 자리 잡았다. 말년을 타히티의 섬에서 보낸 고갱(Paul Gauguin, 1848~1903)도 그 영향권에서 벗어나지 못했다. 고갱의 "우리는 어디에서 왔는가? 우리는 누구인가? 우리는 어디로 가는가?"라는 물음은 다윈이 추구한 질문 "어디에서 왔고, 무엇이며, 어디로 가고 있는가"와 일치한다.

답은 명확하다. 우리는 약 38억 년 전에 생긴 어떤 작은 세포로부터 자연선택을 통해 조금씩 변화해서 생겼다. 호모 사피엔스뿐만 아니라 모든 생명이 자연선택의 결과물이고 그들은 모두 다윈이 그린 생명나무의 꼭대기에 자리 잡고 있다.

약 700만 년 전 인류 계통은 침팬지 계통과 갈라섰다. 그 후 수백만 년 동안 인간의 뇌는 급속도로 커졌다. 태어날 때 뇌의 용량을 비교하면 호모 에렉투스는 침팬지와 큰 차이가 없다. 하지만 호모 사피엔스의 뇌는 이들보다 훨씬 크다. 지난 수백만 년 동안 인류의 뇌가 급속도로 커진 것이다.

영리한 호모 사피엔스는 지구 환경에 효과적으로 적응했다. 30만 년 전 아프리카를 탈출한 호모 사피엔스는 그 짧은 시간에 수많은 생물종과 더불어 자신과 동시대를 살던 모든 인류종을 멸종시키고 지구의 지배자가 되었다.

그러나 지난 1만 세대 동안 호모 사피엔스는 더 영리한 후손을 얻지

〈그림11-3〉 고갱, 우리는 어디서 왔는가? 우리는 누구인가? 우리는 어디로 갈 것인가?

못했다. 뇌가 더 이상 커지지 않은 것이다. 여기에는 골반 크기가 결정적인 역할을 했다. 현재 인류보다 훨씬 큰 두뇌를 가진 태아에게는 작은 골반 사이로 태어날 기회가 주어지지 않았다. 따라서 그들이 더 많은 후손을 남길 수도 없었다. 이제 지능을 기반으로 한 선택적 진화가 더 이상 일어나지 않는 것이다.

그런데 자연선택이라는 진화의 메커니즘이 현대인류에게도 여전히 유효할까? 호모 사피엔스는 지금도 진화하고 있을까?

인류세가 시작되다

인류의 두뇌 성장은 멈추었지만 인류의 진화는 계속되었다. 진화의 흔적은 DNA에 남아 있다. DNA는 컴퓨터 프로그램과 비슷해서 유전암호 철자 한 개에 일어난 변화가 때로 엄청난 효과를 불러온다. 지난 1만 년을 놓고 보면 인류의 진화는 지난 600만 년 평균보다 약 100배 빠른 속도로 일어났다.

두뇌 말고 그 어떤 것이 인류의 진화를 촉발시켰을까? 그것은 바로 문명이다. 특히 농경사회는 인류의 진화를 폭발적으로 일으켰다. 수렵사회에서 농경사회로 바뀔 때 인류의 유전자 역시 여기에 맞추어 변하면서 진화의 속도가 그 이전보다 100배나 빨라졌다. 농경은 인류에게 새로운 식이, 질병, 사회, 장기적인 계획의 새로운 이점들을 안겨주었다. 당연히 유전적 혁신도 일어났다.

소화과정에서 빠르게 부서지는 탄수화물이 증가하자 혈당 조절이 잘 안 되어 당뇨병 같은 대사질환이 생겼고, 탄수화물 함량이 높은 식단은 여드름과 충치를 유발했다. 가장 극적인 예는 우유에 주로 들어있는 당인 락토오스를 성인들도 소화할 수 있게 만든 돌연변이의 등장이었다. 맥주를 마셨던 고대인들은 인구밀도가 높은 집단에서 치명적이었던 수인성 전염병을 피할 수 있었다.

인류는 스스로 만든 문명에 적응하는 진화를 하였다. 그뿐만 아니다. 인류는 다른 생명의 진화에조차 영향을 미쳤다. 환경을 바꾼 것이다. 단 1만 년 동안 인류는 전체 지구의 환경을 통째로 바꾸어 놓았다. 더 이상 인류는 자연에 의해 선택되지 않고 자연을 바꾸어버린다. 습지를 거주지로 선택한 인류는 습지에 맞춰 살기보다는 먼 곳의 흙으로 습지를 메우고 거기에 동산보다 높은 건물을 세운다. 이제 자연이 인류를 선택하는 것이 아니라 인류가 자연을 자신의 필요에 따라 기술로 변화시킨다. 자연선택이란 과거의 일이 되었다. 적어도 미래의 방식은 아니다.

2001년 네덜란드 화학자 파울 크뤼천(Paul Jozef Crutzen, 1933~2021, 1995년 노벨화학상 수상)은 인류세人類世(Anthropocene)라는 새로운 지질연대 도입을 진지하게 검토해야 한다고 주장했다. 인류세란 인류가 지구 기후와 생태계를 변화시켜 만들어진 새로운 지질시대다. 신생대 마지막 시기인 홀로세를 잇는다. 2004년 유로사이언스 포럼에서 과학자들은 인류세 이론을 지지했고, 2011년 이후 서구 과학자들을 중심으로 본격적인 논의가 진행되고 있다. 현재 논쟁의 중심은 인류세의 시작점을 언제로 하는가이다. 한편에서는 산업혁명 때부터 시작해야 한다고 하고 다른 한편에서는 제2차 세계대전이 끝난 1945년부터라고 주장한다. 최근에는 1950년부터라는 주장이 힘을 얻고 있다. 학자들 사이에서 결론이 어떻게 나든 우리가 인류세에 살고 있다는 사실은 분명하다.

호모 사피엔스와 포스트휴먼

인류세에서는 더 이상 자연이 인류와 다른 자연을 선택하지 않는다. 이제 기술을 통해 인류가 자연을 선택하고, 인류가 인류를 선택한다. 현재 자연의 선택에 의해 생성된 우리 인류를 호모 사피엔스라고 하듯이, 장차 인류가 스스로 선택하여 만든 인류를 포스트휴먼(Post-Human)이라고 부르자.

포스트휴먼은 뇌 용량의 성장 없이도 성장한 인식을 가진 사람이다. 여기에는 유전학(genetics), 로봇기술(robotics), 정보기술(IT)과 나노기술(NT)이 적극적으로 개입한다. 이 네 가지 기술의 첫 글자를 따서 GRIN 테크놀로지라고 한다.

미국인 한스 모라벡(Hans Moravec, 1948~), 닐 거셴펠드(Neil Gershenfeld,

1959~), 레이 커즈와일(Ray Kurzweil, 1948~) 등과 같은 미래학자와 로봇 연구자들은 늦어도 21세기 말에는 기계가 인간을 지적知的으로 앞질러 나가리라 전망한다. 커즈와일은 2029년이면 컴퓨터가 독자적인 의식을 지니고, 2099년이면 인간과 기계의 차이가 완전히 없어질 것이라고 예측한다. 그는 로봇이 인류 신화의 다음 단계이며, 이 모든 것은 현재 우리 문명의 한복판에서 일어나고 있다고 설명한다. 그들은 대표적인 미래학자이지만 이런 현상들을 너무 먼 미래의 일로 생각하고 있다. 실제는 그들의 예상보다 훨씬 빠르게 진행되고 있다.

영국 레딩(Reading)의 전자계산학 교수 케빈 워릭(Kevin Warwick, 1954~)은 멀지 않은 시점에 로봇이 인간을 노예처럼 부릴 날이 올 것이라고 확신한다(전혀 동의하지 않는다. 로봇은 인간 활동의 보조자에 불과하다). 그는 이미 1998년과 2002년 자신과 아내의 몸에 전자 칩을 이식하여 신경과 연결하였다. 그는 파리에 앉아서 생각하는 것만으로 런던에 있는 로봇 팔을 작동하여 모니터에 보이는 물컵을 집어 들었다. 인간의 신경과 컴퓨터 칩을 연결한 것이다.

그는 한 발 더 나아갔다. 그는 바퀴 달린 로봇을 만들었다. 사방에 8개의 카메라를 달았고 칩이 카메라에 잡힌 영상을 분석하여 벽에 부딪히지 않도록 바퀴를 조종한다. 그런데 그 칩은 IT 기술로 만든 컴퓨터 칩이 아니다. 거기에는 살아있는 생쥐의 뇌세포들이 들어 있다. 뇌세포와 카메라를 연결시킨 것이다.

포스트휴먼은 사이보그(cyborg)다. 즉 기계로 변화되거나 확장된 인간이다. 기계를 인간의 두뇌 능력 또는 정서와 연결시키는 데는 1mm밖에 남지 않았다. 모든 기술은 준비되어 있고 연결만 하면 되는 것이다.

발전한 기술을 구현하려면

인간의 기술은 인간을 바꾼다. 단지 외형만 바꾸는 것이 아니다. 인간의 기술은 마음, 기억, 성격, 물질대사에 이르기까지 지난 600만 년 동안 일어나지 않은 변화를 앞으로 수십 년 안에 일으킬 것이다. 그것은 단지 미래의 이야기가 아니다. 이미 시작된 일이다.

최근 인공지능과 로봇 같은 첨단기술이 급격히 발전하고 있다. 그런데 문제는 기술이 아니라 자원이다. 아무리 기술이 발전한다고 하더라도 에너지와 자원이 없다면 그 기술은 구현할 수 없다. 기술은 우리가 따라갈 수 없을 정도로 빨리 발전하고 있지만 반대로 에너지와 자원은 급속도로 고갈되고 있기 때문이다. 석유가 가장 많은 나라인 사우디아라비아에 이런 격언이 있다. "내 아버지는 낙타를 타고 다녔다. 나는 차를 몰고 다닌다. 내 아들은 제트 여객기를 타고 다닌다. 내 아들의 아들은 다시 낙타를 타고 다닐 것이다."

지난 수십만 년처럼 진화의 주도권을 인류가 가질 것인가, 아니면 그전 수십억 년처럼 다시 자연이 찾아갈 것인가? 이것은 앞으로 20~30년 동안 인류가 어떻게 행동하는가에 달려 있다.

이정모의 서양과학사
슬기사람 과학하다

펴낸날	**초판 1쇄 2021년 10월 29일**

지은이	**이정모**
펴낸이	**심만수**
펴낸곳	**(주)살림출판사**
출판등록	**1989년 11월 1일 제9-210호**

주소	**경기도 파주시 광인사길 30**
전화	**031-955-1350 팩스 031-624-1356**
홈페이지	**http://www.sallimbooks.com**
이메일	**book@sallimbooks.com**

ISBN	978-89-522-4324-9 03900